项目成本管理

主 编 刘 萍
副主编 尹德利 卢 焱

哈尔滨工业大学出版社

内 容 简 介

　　项目成本管理是项目管理的三个重点内容之一。本书对项目的成本管理概念、知识体系的构成进行了分析,着重阐述了项目的资源配置、成本估算和预算、成本控制与分析、成本决算与审计等。本书共8章,包括项目成本管理概述、项目资源计划编制、项目成本估算、项目成本预算、项目成本控制、项目成本核算与分析、项目成本决算、项目成本审计与经济评价等.在论述过程中通过案例导入的方式较为自然地引入到研究的内容中,并以阅读材料来加深学习者对内容的理解,为项目成本管理的实际操作提供了理论依据。

　　本书适合于各类项目经理和企业的领导者阅读,也可作为高等院校本科、自考和研究生班项目管理专业的教材。

图书在版编目(CIP)数据

　　项目成本管理/刘萍主编. —哈尔滨:哈尔滨工业大学出版社,2011.6
　　ISBN 978 – 7 – 5603 – 3239 – 0

　　Ⅰ.①项… Ⅱ.①刘… Ⅲ.①项目管理:成本管理 Ⅳ.①F224.5

　　中国版本图书馆 CIP 数据核字(2011)第 038394 号

责任编辑	田新华　孙　竞
封面设计	刘长友
出版发行	哈尔滨工业大学出版社
社　　址	哈尔滨市南岗区复华四道街10号　邮编150006
传　　真	0451 – 86414749
网　　址	http://hitpress.hit.edu.cn
印　　刷	哈尔滨市工大节能印刷厂
开　　本	797mm×960mm　1/16　印张15.5　字数315千字
版　　次	2011年6月第1版　2011年6月第1次印刷
书　　号	ISBN 978 – 7 – 5603 – 3239 – 0
定　　价	35.00元

(如因印装质量问题影响阅读,我社负责调换)

前　言

项目成本管理主要是在批准的预算条件下，确保项目保质按期完成的管理活动，是项目管理主要目标之一。近些年来，项目管理水平有所提高，但项目成本管理的现状仍然不乐观。项目成本管理的现状说明项目成本管理的理论和知识的普及和教育仍然任重而道远。

本书既可作为项目管理专业自学考试的教学用书，同时又可作为高等院校的经济、管理专业的教材或教学参考书，也可供各级政府部门、金融机构、投资公司、咨询机构、企事业单位的工作人员和项目评估决策者的参考。

全书共 8 章，第 1 章简要地介绍了项目成本管理的概念、原则、内容、步骤等内容。第 2~8 章依照项目成本管理的流程展开，分别介绍了项目资源计划、项目成本估算、项目成本预算、项目成本控制、项目成本核算与分析，项目成本决算与项目成本审计。每章前配有导入案例，每章后配有本章小结、练习题、思考题及阅读材料，旨在帮助读者及时理解、消化本章内容。本书由哈尔滨理工大学的刘萍、尹德利、卢焱共同编写。在编写过程中，编者参阅了大量的书籍、论文，对这些无形的帮助表示衷心的感谢。由于参考文献众多，有的资料难以确定原始出处，不能将参考的文献一一列举。如有遗漏，敬请谅解。

由于编者水平有限和时间仓促，书中缺点和疏漏在所难免，敬请专家和读者提出宝贵意见。

编　者

2011 年 2 月 1 日

目 录

第1章 项目成本管理概述 …………………………………………… 1
1.1 项目成本 ……………………………………………………… 2
1.2 项目成本管理 ………………………………………………… 4

第2章 项目资源计划编制 …………………………………………… 25
2.1 资源类型及项目资源需求的特点 …………………………… 26
2.2 项目资源计划编制的依据 …………………………………… 32
2.3 资源计划的编制步骤、方法及工具 ………………………… 38
2.4 资源规划的目的 ……………………………………………… 56
2.5 单一资源的平衡 ……………………………………………… 59

第3章 项目成本估算 ………………………………………………… 71
3.1 项目成本估算概述 …………………………………………… 73
3.2 项目成本估算的依据 ………………………………………… 78
3.3 项目成本估算的技术路线 …………………………………… 83
3.4 项目成本估算的方法 ………………………………………… 84

第4章 项目成本预算 ………………………………………………… 102
4.1 项目成本预算概述 …………………………………………… 103
4.2 项目成本预算的依据和方法 ………………………………… 106
4.3 项目成本预算的编制 ………………………………………… 108
4.4 工程项目成本计划编制中的问题 …………………………… 115
4.5 软件开发项目预算编制中的问题 …………………………… 120

第5章 项目成本控制 ………………………………………………… 124
5.1 项目成本控制概述 …………………………………………… 125
5.2 项目成本控制的方法 ………………………………………… 129
5.3 项目成本控制的流程 ………………………………………… 141
5.4 项目成本控制的输出结果 …………………………………… 148
5.5 不可预见费用 ………………………………………………… 152
5.6 项目经理班子中相关人员的职责 …………………………… 159

第6章 项目成本核算与分析 ... 166
- 6.1 项目成本核算概述 ... 166
- 6.2 项目成本会计核算的对象和原则 ... 168
- 6.3 项目成本会计核算的方法 ... 171
- 6.4 项目成本分析 ... 180

第7章 项目成本决算 ... 196
- 7.1 项目成本决算概述 ... 196
- 7.2 项目成本决算的编制 ... 200
- 7.3 项目成本决算的管理 ... 201

第8章 项目成本审计与经济评价 ... 210
- 8.1 项目审计的概述 ... 211
- 8.2 项目审计的阶段 ... 212
- 8.3 项目费用审计 ... 214
- 8.4 项目审计的内容 ... 215
- 8.5 有效进行工程项目审计 ... 216
- 8.6 项目财务评价 ... 219
- 8.7 国民经济评价 ... 231

参考文献 ... 239

第1章 项目成本管理概述

导入案例

　　1990年1月8日,美国宾夕法尼亚的利莫里克核能发电厂开始投入商业运营,同时它还创造了一项核电设施建设的记录。当今,很多核电厂大幅超出预算,并且进度也严重超期的实例,人们已经耳熟能详了。但利莫里克核电站却恰恰相反,其工期比最初预计的49个月减少了8个月,实际投资也比预计的少用了4亿美元。所以,利莫里克被誉为业界的楷模。

　　利莫里克核电站能够提前完工,并且节省预算并非出于偶然,早在1982年2月核电站开工之际,承担该项目的项目团队就决定要比计划完成时间提前8个月竣工,而这种做法也会保证资金花费能够控制在预算以内。为了实现提前完工的目标,他们采用了一系列的创新方法,其中最为重要的两个方法是保证员工人尽其才和广泛使用准备充分的两班倒生产方式。采用这两种方法后,项目一开工就以飞快的速度向前推进。两个班的工人们都得到了非常优厚报酬,第二班的生产率达到或超出了第一班工人的水平。

　　项目团队采取的措施有助于缩减成本或缩短工期。例如,由于使用了两班倒的生产方式,所以就不再允许加班了,减少了工资的支出。另外,作为当初批准立项的条件之一,该项目还与当地的工会(而不是与全国工会)就减少罢工、停工和怠工达成了协议,双方本着和平的原则去解决争端。同时,他们还与建筑承包商签订了一份奖励协议,其中规定建筑商在保证质量的前提下提前竣工,将获得额外奖励。

　　整个团队(1987年6月工人总数几乎达到了3 000名)都以提前完工并节省预算为目标,勤奋工作、士气高昂,终于如愿在1990年1月实现目标。

　　(资料来源:T. P. Gotzis. Limerick Generating Stnton No. 2. PM Network, January 1991)

1.1　项目成本

1.1.1　项目

关于项目的定义,国内外出现很多的版本,有代表性的主要有以下几种:

(1)美国项目管理协会(Project Management Insititute,PMI)给项目下的定义是:项目是为了完成某一独特性的产品、服务或任务所作的一次性努力。

(2)R.J.格雷厄姆认为:项目是为了达到特定目的而调集到一起的资源组合,它与常规任务之间的关键区别是,项目通常只做一次;项目是一种独特的工作努力,即按某种常规范围及应用标准或生产新产品或完成某项新任务。这种工作努力应当在限定的时间、成本费用、人力资源及资产等项目参数内完成。

(3)Harold Kerzner博士认为,项目是具有以下条件的任何活动和任务的序列:

①有一个将根据某种技术规格完成的特定目标。

②有确定的开始和结束日期。

③有经费限制。

④消耗资源(如资金、人员、设备)。

综上所述,可以看出,不同学者,从不同角度对项目所下的定义不尽相同,在本书中项目的定义是:为了完成特定的目标,在一定的资源的约束下,有组织地展开的一系列非重复性的活动。

1.1.2　项目成本

(一)项目成本的概念

什么是成本?学过会计的人可能会非常专业地给出它的定义——成本就是为达到一个特定的目标而牺牲或放弃的资源。在韦义伯斯特字典中,将成本定义为:交换中所放弃的东西。成本常常用货币量来衡量,如元、盾、英镑等。任何项目,无论大小,都要耗费成本。在这里,成本不仅仅是指资金,还包括完成一个项目所需的所有资源,如人、设备、材料、软件和硬件等。因此,项目成本是指项目从设计到完成期间所需全部费用的总和。项目成本包括基础投资、前期的各种费用、项目建设中的贷款利息、管理费及其他各种费用等。准确估算项目投资额,科学制定资金筹措方案,是降低项目成本,提高投资效益的重要途径。同时,只有依据现行的经济法规和价格政策,准确地估算出有关财务数据,才能控制计划成本,提高投资效益。成本是每一个项目经理必须关注的环节,而他们的期望则是为了追求效益的最大化。

(二)项目成本的构成

项目成本一般包括:(1)项目决策成本。决策是项目形成的第一个阶段,对项目建成后的经济效益与社会效益会产生重要影响。为对项目进行科学决策,在这一阶段要进行翔实的市场调查,掌握资料,进行可行性研究。完成这些工作所耗用的资金,构成项目的决策成本。投资者不管是自行招标或委托招标,都需一笔费用开支,这就是招标费用。(2)勘察设计成本。根据可行性研究报告进行勘察;根据勘察资料和可行性研究报告进行设计,这些工作耗用的费用总和构成勘察设计成本。(3)项目施工成本。在施工过程中,为完成项目的建筑安装施工所耗用的各项费用总和,包括施工生产过程中所耗费的生产资料转移的价值和活劳动耗费所创造的价值中以工资和附加费的形式分配给劳动者的个人消费金。具体包括人工费、材料费、机械使用费、其他直接费和施工管理费,其中前四项称为"直接费或直接成本",施工管理费称为"间接费或间接成本"。

项目的施工成本是项目总成本的主要组成部分,虽然决策质量、勘察设计结果都将直接影响施工成本,但在正确的决策和勘察设计条件下,在项目总成本中,施工成本一般占总成本的90%以上。因此,项目成本管理,在这种意义上讲实际上是施工成本的管理。

(三)影响项目成本的因素

影响项目成本的因素很多,主要有以下几个:

(1)质量对成本的影响。质量总成本由质量故障成本和质量保证成本组成。质量越低,引起的质量不合格损失越大,即故障成本越大,反之,则故障成本越低。质量保证成本,指为保证和提高质量而采取相关的保证措施而耗用的开支,如购置设备改善检测手段等。一般地,这类开支越大,质量保证程度越可靠,反之,质量就越低。

(2)工期对成本的影响。每个项目都有一种最佳施工组织,若工期紧急需要加大施工力量的投放,采用一定的赶工措施,如加班、高价进料、高价雇用劳务和租用设备,势必加大工程成本,进度安排少于必要工期时成本将明显增加。反过来,进度安排时间长于最佳安排时成本也要增加。这种最佳工期是最低成本下持续工作的时间,在计算最低成本时,一定要确定出实际的持续时间分布状态和最接近可以实现的最低成本。这一点如不限定,成本会随着工期变动而增加。

(3)价格对成本的影响。在设计阶段对成本的影响主要反映在施工图预算,而预算要取决于设计方案的价格,价格直接影响到工程造价。因此,在做施工图预算时,应做好价格预测,特别是准确估计由于通货膨胀而引起的建材、设备及人工费的涨价率,以便较准确地把握成本水平。

(4)管理水平对成本的影响:①对预算成本估算偏低。例如征地费用或拆迁费用大大超出计划而影响成本;②由于资金供应紧张或材料、设备供应发生问题,从而影响工程进度,延长工期,造成建设成本增加;③甲方决策失误造成的损失;④更改设计可能增加或减少成本开支,但又往往会影响施工进度,给成本控制带来不利影响。

1.2 项目成本管理

1.2.1 项目成本管理的概念

项目的成本管理就是在整个项目的实施过程中,为确保项目在批准的成本预算内尽可能好地完成而对所需的各个过程进行管理与控制。

项目成本管理旨在预测和计划项目成本,并控制项目成本,确保项目在预算的约束条件下完成。项目成本管理是在整个项目的实施过程中,为确保项目在批准的成本预算内尽可能好地完成而对所需的各个过程进行管理和控制。项目成本管理的内容和方法不只限于项目经理部(项目组织)进行的成本管理,而是包括围绕项目进行的全面成本管理,包括项目所在组织,如企业、团体的其他职能部门也会参与到项目的成本管理中,如企业的财务部门对项目成本的会计核算。

1.2.2 项目成本管理的特点

根据项目成本的一些特点,结合项目成本管理的概念,可以发现项目成本管理具有以下特点:

(1)项目成本管理是一种事先能动的管理。这是由项目的一次性决定的,项目成本管理只能在这种不再重复的过程中进行管理,必须是事先的、能动的、自为的。在项目起始点就对成本进行预测,制订计划,明确目标,然后以目标为出发点,进行全面的成本管理。

(2)项目成本管理是一个动态控制过程。每一个项目从立项到施工都要经过很长的周期过程,项目实施过程中会有很多的因素对成本产生影响,最终的成本在项目运作过程中是不确定的,只有在项目的收尾阶段,形成成本决算后,才能最终确定项目成本。

(3)项目成本管理影响项目质量与项目进度。一个完整、成功的项目既要看项目的质量,又要看项目的进程,而项目成本管理的效率直接关系到项目的成败。高效的项目成本管理不但可以保证项目的质量与进度,还能节约资源,避免过多浪费。

1.2.3 项目成本管理的原则

(一)全生命周期成本最低原则

项目成本管理的效果直接影响到项目的绩效。因此,应尽可能降低项目成本。但是,在进行成本管理时不能片面要求项目形成阶段成本之和最低,而是要使项目全生命周期成本最低,即考虑项目从启动到项目产品的寿命期结束的整个周期的成本最低,这是项目经济性评价的合理期限。

(二)全面成本管理原则

全面成本管理是针对成本管理的内容和方法而言的。从全面性出发,需要对项目形成的全过程开展成本管理,对影响成本的全部要素开展成本管理,由项目全体团队成员参加成本管理。因此,全面成本管理就是全员、全过程和全要素的成本管理。

(三)成本责任制原则

为了实行全面成本管理,必须对项目成本进行层层分解,使成本目标落实到项目的各项活动、各个人员。项目的各个参与人员都承担不同的成本责任,按照成本责任对项目人员的业绩进行评价。

(四)成本管理有效化原则

成本管理的有效化包括两层含义。一是使项目经理部以较少的投入获得最大的产出;二是以最少的人力和财力,完成较多的管理工作,提高工作效率。

(五)成本管理科学化原则

成本管理的科学化原则,即把有关自然科学和社会科学中的理论、技术和方法运用于成本管理,包括预测与决策方法、不确定性分析方法和价值工程等。

项目成本管理的基本原理,我们可以用图1-1表示。

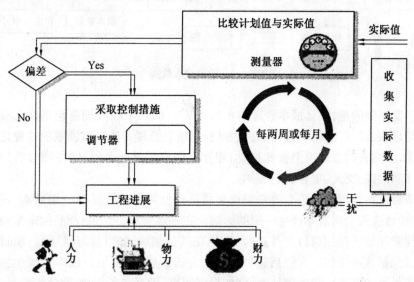

图1-1 项目成本管理的基本原理

从图中我们可以看出,项目的成本管理其实是一个循环系统,项目开始,我们依据已经经过审批的计划实施。在工程的进展过程中,需要不断投入各种资源,包括人力、物力和财力等。任何项目的进行都不可能是一帆风顺的,项目团队成员要不断排除外界的各种干扰因素,使项目得以顺利展开。在这个过程中,为了更好地控制项目成本及各个方面,项目团队应该随时收集实际数据,汇总整理,并将实际值与我们的计划值进行比较——即设立一个测量器,看看是否存在着偏差。如果实际情况与计划之间基本没有较大的差异,则工程可以顺利进行;如果存在偏差,则需要分析偏差出现的原因,并采取相应的纠正、控制措施——如同在调节器中进行协调。在采取措施之后再对实际情况进行观察,并将实际数据与计划值进行比较,看看纠偏之后的效果如何,如果使得项目进展状况又回到预定轨道,那么工程继续进行。因此,整个过程是贯穿项目始终的。实际上,这一过程应该是定期进行的,根据项目的大小,通常可以每两周或每个月进行一次比较分析。

1.2.4 项目成本管理的内容

项目的成本管理就是在整个项目的实施过程中,为确保项目在批准的成本预算内尽可能好地完成而对所需的各个过程进行管理与控制。

项目成本管理主要包括资源计划、成本估算、成本预测、成本核算、成本决算。具体见如图1-2所示。

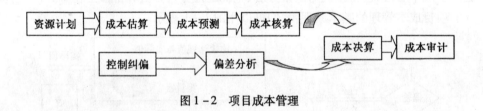

图1-2 项目成本管理

需要强调的是,项目成本管理不单纯是某一方面的工作,而是包括在批准的预算内完成项目所需的各个过程。这些过程与项目管理其他知识领域的过程之间相互作用,虽然它们在理论上彼此独立,相互之间有明显的界限,但在项目管理的实践中,随时可能交叉、重叠、相互影响。

项目成本管理首先关心的是完成项目活动所需要的资源等一切成本,在此过程中,项目决策会对成本产生一定的影响。在许多领域,对项目产品的未来财务执行的预测和分析是在项目之外进行的,但在其他领域,如资金筹措项目,项目成本管理也包括这一工作。在包括这种预测和分析的情况下,项目成本管理包括一些附加的过程和许多一般管理技术,例如投资回报、折算成本、回收期分析等。

项目成本管理应该考虑项目利益关系者的信息需求,不同的项目利益关系者会在不同的时间,以不同的方式测量项目费用。例如,项目采购的成本可能会在承诺、订购、发货、收货或会计记账的不同时期计量。当项目费用被作为奖励和激励的依据因素时,为了确保奖励反映实际绩效,可控的和不可控的费用应该分别估算和预算。在某些项目上,特别是小型项目,资源计划编制、成本估算、成本预算彼此之间联系极为紧密,通常被视为一个过程。

(一)资源计划编制

资源计划编制,就是确定完成项目活动所需要的物质资源的种类以及每种资源的需要量,包括人力、设备和材料等。资源计划必然与成本估算紧密相关。例如,建筑工程队需熟悉当地建筑方面的法规,如果是利用当地劳动力,这些法规往往可以通过利用当地劳动力获得而不需增加其他费用。如果当地劳动力中缺乏专门建筑技术人才时,则获得当地建筑法规的最有效方法是雇用一名咨询人员,但这需要增加成本。

1. 资源计划过程的输入

(1)工作分解结构。工作分解结构(WBS)确认了项目的各项工作,完成这些工作的资源。WBS是资源计划过程最基本的输入。为确保控制恰当,其他计划过程的相关结果应通过WBS作为输入。

(2)历史信息。先前项目中类似工作需什么样资源的资料应被利用。

(3)范围说明。范围说明明确了项目的合理性论述和项目的目标,这两者均应在资源计划中考虑。

(4)资源库的描述。对资源计划而言,应知道什么资源(人、设备、材料)可供利用。资源库里资源的详尽程度前后不同,例如,在一个工程设计项目的早期,资源库也许是"许多初级与高级工程师",然而,在同一工程的后期,资源库限定对这个项目有一定了解的工程师,这些工程师参加过早期的工作。

(5)组织方针。在资源计划过程中,必须考虑执行组织关于人员或设备的租与购买方面方针、策略。

2. 资源计划的编制工具与方法

(1)专家评定。需要用专家评定的方法对本过程的输入进行评估。这样的专家应具有专业知识和受过专门训练。

(2)项目方案识别技术。顾名思义,涵盖面非常广,可以包括一切用于选择方案的方法和技术。许多一般的管理技术常在此发挥作用,如最普通的有头脑风暴法和横向思维法等。

3. 计划资源的输出

计划资源的输出就是要讲清楚对WBS下的每一项工作需要什么资源以及资

源的数量,这些资源需求可以通过人员引进或采购予以解决。

(二)成本估算

成本估算,就是编制一个为完成项目各项活动所需要的资源成本的近似估算,涉及计算完成项目所需各资源成本的近似值。

当一个项目按合同进行时,应区分成本估算和定价之间的不同执行组织为它提供服务的意义。成本估算涉及的是对可能数量结果的估计——供产品或服务的花费是多少。而定价是一个商业决策执行组织为它提供的产品或服务索取多少费用,而成本估算只是定价要考虑的因素之一。

成本估算包括确认和考虑各种不同的成本替代方案。例如,在许多应用领域,在设计阶段增加额外工作量可减少生产阶段的成本。成本估算过程必须考虑增加的设计工作所多花的成本能否被以后的节省所抵消。

1. 成本过程输入

(1)工作分解结构。工作分解结构可用于成本估算以及确保所有工作均被估计成本了。

(2)资源需求。资源计划编制产生的结构详细说明了对WBS下的每一项工作需要什么资源以及资源的数量。

(3)资源单价。按资源单价做成本估算的个人和小组必须知道每种资料单价(例如每小时人员费用,单位体积材料价格)以计算项目成本。如果实际单价不知道,那么必须要估计单价本身。

(4)活动时间估计。活动时间估计会影响项目成本估算,项目预算中包括财务费用(例如由利息引起的财务费用等)。

(5)历史信息。许多有关资源成本的信息可从以下一些来源获得。

①项目档案。项目的一个或数个组织可能保留有先前项目的一些记录,这些记录相当详尽,可用以成本估算。在一些应用领域,个别小组成员也许保留这样的纪录。

②商业性的成本估算数据库。历史数据经常可从市场买得到。

③项目团队知识。项目团队的个别成员也许记得先前的实际数或估计数,这样的信息资料也是有用的,但可靠性通常比档案记录要低得多。

(6)会计科目表。会计科目表是一个组织机构在总账系统中使用的,用于报告该组织财务状况的一套代码。在项目成本估算中,应把不同成本对应到不同科目上。

2. 成本估算的工具及方法

(1)类比估算。类比估算是用先前类似项目的实际数据作为估算现在项目的基础。这种估算法适用于早期的成本估算,因为此时有关项目仅有少量信息可供利用。类比估算是专家判断的一种形式。

类比估算是花费较少的一种方法,但精确性较差。以下情况下类比估算是可靠的:

① 先前的项目不仅在表面上,而且在实质上和当前项目是类同的。

② 进行估算的个人或小组具有必要经验。

(2) 参数建模。参数建模是把项目的某些特征作为参数,通过建立一个数学模型预测项目成本。模型可简单(居民住房成本是以每平方米的居住面积的成本作为参数)也可复杂(软件研制的模型涉及13个独立参数因子,每个因子有5~7个子因子)。

参数建模的成本和可靠性各不相同,参数建模法在下列情况下是可靠的。

① 用来建模的历史数据是精确的。

② 用来建模的参数容易定量化。

③ 模型对大型项目适用,对小型项目也适用。

(3) 累加估计。该方法涉及单个工作的逐个估计,然后累加得到项目成本的总计。累加估计的成本和精度取决于单个工作的大小:工作划得小,则成本增加,精确性也增加。项目管理队伍必须在精确性和成本之间做权衡。

(4) 计算机工具。有一些项目管理软件被广泛应用于成本控制。这些软件可简化上述几种方法,便于对许多成本方案的迅速考虑。

3. 成本估算的输出

(1) 成本估算。成本估算是项目各活动所需资源的成本的定量估算,这些估算可以简略或详细形式表示。

对项目所需的所有资源的成本均需加以估算,这包括(但不局限于)劳力、材料和其他内容(如考虑通货膨胀或成本余地)。

成本通常以现金单位表达(如元、法郎、美元等),以便进行项目内外的比较,也可用人/天或人/小时这样的单位(除非这样做要混淆项目成本,例如不能区分具有不同成本的资源)。为便于成本的管理控制,有时成本估算要用复合单位。

成本估算是一个不断优化的过程。随着项目的进展和相关详细资料的不断出现,应该对原有成本估算做相应的修正,在有些应用项目中提出何时应修正成本估算,估计应达什么样精确度。例如AACE已经确认工程建筑成本估算的五个精度等级:数量化、粗略估计、初步估计、精确估计和成本控制。

(2) 详细说明。成本估算的详细说明应该包括:

① 工作范围的描述,这通常可由WBS获得。

② 对估计的基础做确定,即确认估计是合理的,说明估计是怎样做出的。

③ 确认为成本估算所做的任何假设的合理性。

④ 可能结果用一个范围表示。例如 $10 000 ± $1 000 表示:估计成本在

$9 000和$11 000之间。不同应用领域细节的总量和种类也不同。留下甚至是粗糙的注释也常被证明是有价值的,因为它能提供如何估算成本的一个较好的说明。

(3)成本管理计划。成本管理计划描述当实际成本与计划成本发生差异时如何进行管理(差异程度不同则管理力度也不同)。一个成本管理计划可以是高度详细或粗框架的,可以是正规的也可非正规的,这些取决于与项目相关人员的需要。项目成本管理计划是整个项目计划的一个辅助部分。

(三)成本预算

成本预算就是把预算的总成本分配到各个工作细节,建立基准成本衡量项目执行情况。

1. 成本预算的输入

(1)成本估算。成本估算是项目各活动所需资源的成本的定量估算。

(2)项目进度计划。项目进度计划包括了项目细目的计划开始日期和预计结束日期。为了将成本分配到时间区间,进度信息是不可缺少的。

(3)工作分解结构。工作分解结构确认了项目的细目,而成本要分配到这些工作中去。

2. 成本预算的工具和方法

项目成本估算中所用的工具和方法同样适用于编制各项工作成本的预算。

3. 成本预算的输出

基准成本是以时间为自变量的预算,被用于度量和监督项目执行成本。把预计成本按时间累加便为基准成本,可用S曲线表示。

许多项目(尤其大项目)可有多重基准成本,以衡量成本的不同方面。例如,一个费用计划或现金流量预测是衡量支付的基准成本。

(四)成本控制

成本控制与下列内容有关:

(1)影响那些会使基准成本发生改变的因素朝有利方向改变。

(2)偏离基准成本的识别。

(3)对实际发生的成本改变进行管理。

成本控制包括:

(1)监督成本执行情况以及发现实际成本与计划的偏离。

(2)要把一些合理的改变包括在基准成本中。

(3)防止不正确的、不合理的、未经许可的改变包括在基准成本中。

(4)把合理的改变通知项目的涉及方。

成本控制包括寻找产生正负偏差的原因。成本控制必须和其他控制过程结合

(范围控制、进度控制、质量控制等)。例如,对成本偏离采取不恰当反应常会引起项目的质量或进度问题或增大风险。

1. 成本控制的输入

成本控制输入的主要内容有:

(1) 费用基准计划。

(2) 绩效报告。绩效报告提供了项目实施过程中成本方面的信息,例如,超预算的是哪些工作,仍在预算范围内的是哪些工作。执行报告可提醒项目团队将来可能会发生的问题。

(3) 变更申请。变更申请可以有多种形式,口头的或书面的;直接的或间接的;组织外部要求的或内部提出的;强制规定的或可选择的。实现这些改变可能要增加或减少预算。

(4) 成本管理计划。

2. 成本控制的工具和方法

(1) 成本变更控制系统。成本变更控制系统规定了改变基准成本的一些步骤,它包括一些书面工作、跟踪系统和经许可的可改变的成本水平。成本改变控制系统应和整体改变控制系统相结合。

(2) 绩效评价。绩效评价方法帮助估计已发生偏离的程度。盈余量分析对成本控制特别有用。成本控制的一个重要内容是确定什么原因引起偏差以及决定是否需要采取纠正措施。

(3) 补充计划编制。很少有项目精确按计划进行,可预见的改变可能需要对原成本估算进行修正或用其他方法估计成本。

(4) 计算机工具。一些管理软件经常被用以成本控制,可进行计划成本与实际成本间的对比以及预测成本改变的后果。

3. 成本控制的输出

(1) 修订成本估算。修订原有成本数据并通知与项目有关的涉及方。修改成本估算可能要求对整个项目进行调整。

(2) 预算修改。预算修改是一种类型的成本修改。预算修改是对原基准成本的更改,这些数字通常在范围改变时做修改。有时成本偏差是如此之大以至于重新制订基准成本显得必要,以便对下一步执行提供一个现实的基准成本。

(3) 纠正措施。指采取措施使项目执行情况回到项目计划。

(4) 完工估算。完工估算——完成项目所需成本估算(EAC)是以项目执行的实际执行情况为基础,对整个项目成本的一个预测。最常见的 EAC 有以下几种:

EAC = 实际已发生成本 + 对剩余的项目预算。在项目现在的偏差可视为将来偏差时,这种方法通常被利用。

EAC = 实际已发生成本 + 对剩余项目的一个新估计值。当过去的执行情况表明先前的成本假设有根本缺陷或由于条件改变而不再适用新的情况时,这种方法最为常见。

EAC = 实际已发生成本 + 剩余原预算。当现有偏差被认为是不正常的(由偶然因素引起)且项目管理小组认为类似偏差不会发生时,用这种方法最为常见。

不同的工作可选用上述方法中的一种。

(5)教训记录。应记录下产生偏差的原因、采取纠正措施的理由和其他的成本控制方面教训,这样记录下来的教训便成为这个项目和执行组织其他项目历史数据库的一部分。

(五)成本核算

成本核算就是将项目实施过程中发生的各项生产费用,根据有关资料,进行科目汇总,然后再直接或分批计入有关的成本核算对象,计算出各个工程项目的实际成本。项目成本核算是项目成本管理中一个重要的组成部分,其重要性主要体现在:一是项目成本核算是对项目进行成本估算,制定成本预算和实行成本控制所需要的信息的重要来源;二是项目成本核算是对项目进行成本分析和成本考核的基本依据。

1. 会计核算

会计核算主要是以货币作为主要量度单位,以各项业务经济凭证为基础,会计记账凭证为依据,对各项资金来源和去向进行综合,系统完整地记录、计算、加工整理、分类汇总,实行货币量度计算,具体核查办理内外往来业务的货币结算,反映监督生产经营活动中货币收、支、存等各个环节的生产经营成果、盈亏情况,搞好资金筹集调度、管理运用,保证生产经营活动的正常进行,以取得最好的经济效益。会计核算在核查办理货币结算手续时,应当经过会计复核、计算、记账。如果具体办理往来资金、账务与货币结算手续,说明生产经营业务已经正式完成。

2. 统计核算

统计核算是利用业务核算、会计核算的资料,用统计特有的方法记录、计算、整理、汇总生产经营活动的情况,提供统计资料,实行统计监督,揭示事物发展变化的原因及其规律性。统计核算的计量尺度比会计核算宽,可以用货币计量,也可以用实物或者是劳动量来计量。统计核算的主要内容包括产值指标、劳动指标、机械指标、质量指标和成本指标等。它能提供绝对数指标,也能提供相对数和平均数指标,可以计算当前的实际水平并预测未来的发展趋势。对会计核算的资料进行综合性的研究分析,可反映企业生产、劳动、物资、财务等各方面经济活动的全貌。

3. 业务核算

业务核算是各个业务部门以业务工作的需要而建立的核算制度。业务核算对业务的各个环节程序,用各种凭证进行具体核算管理,建账建卡、手续完备,详细记录发生业务活动的具体时间、地点、对象、计量单位、规格型号、产地、价格、数额、分类、分库存放收发、分类指导、动态活动。业务核算的范围比会计核算与统计核算都要广,不仅对已经发生的,而且还要对尚未发生或正在发生的经济活动进行核算,看看是否值得去做,及其效果如何。其特点是具体、生动、差异大,对个别的经济业务进行单项核算,只是记载单一的事项,最多是略有整理或稍加归类,不求提供综合性、总括性指标。业务核算的范围不太固定,方法也很灵活。

业务核算是会计核算和统计核算的基础,既有实物量又有价值量,是数量和价值量的双重完整核算。从内容和形式上看,它是会计核算与统计核算的雏形,会计核算和统计核算的资料来源于业务核算的各种原始凭证。

项目成本核算应采取会计核算、统计核算和业务核算相结合的方法,并应作下列比较分析。

(1)实际成本与责任目标成本的比较分析;实际成本与计划目标成本的比较分析。

(2)项目经理部应在跟踪核算分析的基础上,编制月项目成本报告,并报请企业成本主管部门进行指导检查和考核。

(3)项目经理部应在每月的分部、分项成本的累计偏差和相应的计划目标成本余额的基础上,预测后期成本的变化趋势和状况;根据偏差原因制定改善成本控制的措施,控制下月项目任务的成本。

(六)项目成本分析

项目成本分析是项目施工管理的重要步骤和主要内容之一,它是借助一定的方法,通过对项目成本的收入和成本的形成过程中各个阶段和各个要素的组成进行分析,具体来讲,就是按照时间的顺序,将当期的成本数据与其他项目的先进成本数据,或者是与计划成本数据相对比,发现成本差异或者是成本变动的程度,并找出其发生原因以寻求和探索项目成本的有效降低手段和方法的过程;离开项目成本分析,就谈不上科学的成本管理,也就谈不上其功能的充分发挥。

项目成本分析的最终目的是寻求进一步降低成本的方法,同时还可以从账簿、报表反映的成本现象中掌握成本的实质,从而增强项目成本的透明度和可控性,为加强成本控制、实现项目成本目标创造有利的条件。

项目成本分析主要从项目的视角提供了企业成本分析功能,项目成本的来源分为多种类别,比如工作量成本、出差成本、电话成本、项目工资奖金、出图打印等。数据的来源有多种途径:有的来自系统自动提供(如出图管理模块),有的由相关部门或人员填写,最终获得一个项目的总体成本,包括直接成本,人力成本,项目奖金,外委成本。

由此可见,项目成本涉及的范围很广,需要分析的内容也很多,成本分析的方法也很多,所以应该在不同的情况下采取不同的分析方法。

(七)项目成本决算

决算是以实物量和货币为单位,综合反映项目实际投入和投资效益、核定交付使用财产和固定资产价值的文件。费用决算是指项目从筹建开始到项目结束交付使用为止的全部费用的确定。

建设项目竣工决算是指建设项目竣工后,建设单位按照国家有关规定在新建、改建和扩建工程建设项目竣工验收阶段编制的竣工决算报告。竣工决算,是以实物数量和货币指标为计量单位,综合反映建设项目从筹建开始到项目竣工交付使用为止的全部建设费用、建设成果和财务情况的总结性文件,是竣工验收报告的重要组成部分。竣工决算是正确核定新增固定资产价值,考核分析投资效果,建立健全经济责任制的依据,是反映建设项目实际造价和投资效果的文件。

要编好项目决算,首先要编好结算,结算是决算的主要资料来源。项目决算依据主要是合同、合同的变更。在项目的收尾阶段有必要对项目实施的所有支出进行核算,以便确定项目的最终实际支出以及项目实际成本是否超出了项目成本预算。对工程项目而言,成本决算包括承包商编制的项目成本决算和业主编制的成本决算。

(八)项目成本审计

项目成本审计是整个项目成本管理系统的一个组成部分。它是指国家或企业的审计机构依据国家的法令和财务制度以及企业的经营方针、管理标准和规章制度,对项目的全部或部分建设活动成本用科学的方法和程序进行审核检查,判定其是否合法、合理和有效,借以发现错误、纠正弊端、防止舞弊、改善管理,保证投资目标的顺利实施的一种活动。

项目成本审计独立于项目组织之外,其工作不受项目管理人员的制约,审计人员与项目无任何直接的行政或经济关系。审计人员的权力由国家或企业授予,代表国家或企业对项目建设实施审计监督并评价其经济责任,客观地向国家或企业报告审计结果。项目成本审计具有高度的权威性,其依据是法规和标准。法规是指法律、法令、条例、规章制度以及方针、政策等。标准则是指各种技术标准和管理标准,不代表任何个体的主观意志,因而审计机构具有很高的权威性。对项目建设成本实行审计制度可以有效地监督项目实施活动,防止不符合国家法规、企业标准的行为发生;可以对项目成本的计划、实施工作进行科学评价;可以对项目有关资料的真实性和正确性予以权威性的鉴定;可以为项目组织提供有力的支持,帮助其改善管理、提高工作效率,更加有效地利用现有资源,提高项目的经济效益。

项目成本审计工作的目的包括:一是对项目成本计划编制的合理性进行审核,

突出计划的控制重点;二是对项目成本支出的真实性和必要性进行审查,注重成本效益的协调。

1.2.5 项目成本管理的目标与意义

(一)项目成本管理的目标

项目成本管理是对项目全过程中发生的资本消耗进行全员、全过程的科学管理,最终就是为了争取经济效益最优、节约费用、降低成本,具体来说,项目成本管理以保证、促进、监督、协调为四大目标。

(二)项目成本管理的意义

项目成本管理的意义主要体现在增加项目的盈利能力、减少资源浪费;提高项目的全面管理水平,增强整体实力。

本章小结

项目的定义是为了完成特定的目标,在一定的资源的约束下,有组织地展开的一系列非重复性的活动。

成本就是为达到一个特定的目标而牺牲或放弃的资源。

项目成本一般包括:1)项目决策成本。决策是项目形成的第一个阶段,对项目建成后的经济效益与社会效益会产生重要影响。2)勘察设计成本。根据可行性研究报告进行勘察;根据勘察资料和可行性研究报告进行设计,这些工作耗用的费用总和构成勘察设计成本。3)项目施工成本。在施工过程中,为完成项目的建筑安装施工所耗用的各项费用总和。项目的施工成本是项目总成本的主要组成部分,虽然决策质量、勘察设计结果都将直接影响施工成本,但在正确的决策和勘察设计条件下,在项目总成本中,施工成本一般占总成本的90%以上。因此,项目成本管理,在这种意义上讲实际上是施工成本的管理。

影响项目成本的因素:(1)质量对成本的影响。质量总成本由质量故障成本和质量保证成本组成。(2)工期对成本的影响。工期对成本产生影响,每个项目都有一种最佳施工组织,若工期紧急需要加大施工力量的投放,采用一定的赶工措施,如加班、高价进料、高价雇用劳务和租用设备,势必加大工程成本,进度安排少于必要工期时成本将明显增加。反过来,进度安排时间长于最佳安排时成本也要增加。(3)价格对成本的影响。在设计阶段对成本的影响主要反映在施工图预算,而预算要取决于设计方案的价格,价格直接影响到工程造价。(4)管理水平对成本的影响。

项目的成本管理就是在整个项目的实施过程中,为确保项目在批准的成本预算内尽可能好地完成而对所需的各个过程进行管理与控制。

项目成本管理具有以下特点:(1)项目成本管理是一种事先能动的管理。(2)项目成本管理是一个动态控制过程。(3)项目成本管理影响项目质量与项目进度。

项目成本管理的原则:(1)全生命周期成本最低原则。(2)全面成本管理原则。(3)成本责任制原则。(4)成本管理有效化原则。(5)成本管理科学化原则。

项目成本管理的内容主要包括项目资源计划,项目成本估算,项目成本预算,项目成本核算,项目成本控制,项目成本决算,项目成本审计。

项目成本管理的目标是对项目全过程中发生的资本消耗进行全员、全过程的科学管理,最终就是为了争取经济效益最优、节约费用、降低成本,具体来说,项目成本管理以保证、促进、监督、协调为四大目标。

项目成本管理的意义主要体现在增加项目的盈利能力、减少资源浪费;提高项目的全面管理水平,增强整体实力。

练习题

(一)选择题(如无说明,选择题为单项选择)

1.下列哪一项不是一个项目成本管理过程?(　　)
   A.资源规划　　　　　B.资源分配
   C.成本预算　　　　　D.成本控制

2.项目成本管理的主要过程包括(　　)。(多选题)
   A.项目资源规划　　　B.项目成本估算
   C.项目成本预算　　　D.项目成本控制

(二)简答题

1.什么是项目?
2.什么是成本?
3.项目成本的构成及其影响因素是什么?
4.什么是项目成本管理?
5.项目成本管理的内容、原则、特点、目标、意义是什么?

思考题

试分析项目成本管理框架中的内容。

阅读材料

与项目成本相关的几个概念

为了更好地理解项目成本的概念,此处对几个相关的概念与项目成本之间的联系和区别加以介绍。

1.项目成本与项目造价

"造价"一般用在工程项目上。尽管从英文翻译来看,成本和造价都可以用 Cost 表示,但在国内的工程实践中,成本和造价还是有区别的。

项目成本与项目造价的区别主要体现在概念性质不同和概念定义的角度不同两个方面。工程造价就是工程的建造价格,含有"价格"之意,是价值的货币表现。成本则是项目过程中耗费资源的货币形式。根据政治经济学原理,成本是 $C+V$,而造价则可以用 $C+V+M$ 表示(C 物化劳动的价值,V 活劳动的价值,M 劳动者创造的价值)。造价除了包括成本,还包括创造出来的利润税金,即造价是成本、税金及利润之和。成本概念是从项目组织或项目所属组织的角度定义,主要被项目执行组织关心,在市场决定价格的前提下,项目组织更关心如何降低成本,以便留出尽可能大的利润空间。造价则具有双重含义。造价是项目投资者为获得项目产品需付出的代价,从这个层面来说,市场的交换价格(造价)当然越低越好,所以投资者关心的是造价。

项目成本与项目造价的共同点则主要体现在两者构成上有相同之处,即两者均影响项目利润。成本和造价均包括了 $C+V$。造价与成本的差额决定项目的利润空间。对于项目组织来说,在降低成本的同时,要尽量提高承包合同价。只有同时搞好造价管理和成本管理工作,才可能盈利。片面地强调其中之一而忽视另一个,项目预期利润难以实现。

2. 项目成本与项目投资

项目成本和项目投资所要表达的侧重点是不同的。通常投资是指通过投入一定资金、土地、设备、技术等要素以便在未来获得一定的收益。投资强调资金付出的目标:在未来获得收益。项目投资所需资金数额一般较大,而且这种资本性支出一旦发生,将在较长的时期内产生资金沉淀。因此,在投资项目实施之前,必须谨慎地从多方面进行技术经济评价,以期提高投资效益。成本通常是强调付出本身,可以是资源,但最后以货币衡量成本的补偿速度相对于投资来说更快,一般不会在较长时间内沉淀。

但是,投资与成本均是为达到一定目标而发生的支出,二者之间的界线在某些情况下是较模糊的,在一定情况下可以相互转化。比如,对一个房地产开发商而言,如果房地产项目开发完成后就进行销售,则为房地产项目发生的支出既可以说是投资(期望得到回报 V 获得可观收益),也可以称之为成本(资金回收速度较快,使开发商可以进行下一轮的开发)。而如果开发商在项目完成后并不进行销售,主要进行出租经营,则房地产项目发生的支出便是投资,开发商持有资产并通过对资产的长期运营来获利,在运营期内投资以折旧和摊销的形式逐步分摊进运营期的总成本中。

3. 项目成本与项目费用

为了避免提到立场,而是纯粹探讨管理本身的方法,有的人提出"费用"一词,认为费用是一个较中性的词,脱离立场,不过分强调业主或承包商,只是强调完成项目必须的付出。比如"九五"优秀教材《国际工程项目管理》一书中,将 PMBox 知识体系的"Cost Management"翻译成"费用管理"。

但是,在会计上,认为"成本"与"费用"有区别。"成本"是针对一定的成本核算对象(如某工程、某软件)而言的,"费用"则是针对一定期间而言的。也可以说,"成本"的发生能直接与支出对象之间建立联系,而"费用"则是指在一定的会计期间发生的支出,支出额与支出对象之间难以建立直接的对应关系,如管理费用、销售费用、财务费用等,这些费用在进行成本核算时,作为待摊的支出,需要按照一定的方法分摊到具体的产品或项目上。

4. 全寿命期费用

全寿命期成本管理,是说对贯穿于整个项目生命周期的费用情况有一个整体的认识,这有助于更精确地制定项目费用计划。

对于一个项目而言,全寿命期费用指的是权益总成本,即项目设计、生产与实施的费用加上使用和维护费用。全寿命期费用可以用公式表述为

$$C = C1 + C2$$

式中:$C1$——设计、生产项目/产品的费用(制造成本);

$C2$——项目/产品的使用和维护费用,包括维修、能源消耗等。

在项目决策阶段进行可行性分析是进行全寿命期费用的考虑,注重项目费用计划的作用和立足点。在项目的整个过程中,项目团队应该考虑任何可能降低全寿命期费用的措施。

5. 价值工程

价值工程(VE,Value Engineering)又称为价值分析(VA,Value Analysis),指通过集体智慧和有组织的活动对产品或服务进行功能分析,使目标以最低的总成本(寿命周期成本),可靠地实现产品或服务的必要功能,从而提高产品或服务的价值。价值工程主要思想是通过对选定研究对象的功能及费用分析,提高对象的价值。这里的价值,指的是反映费用支出与获得之间的比例,其数学比例式为

$$价值 = 功能/成本$$

提高价值的基本途径有5种,即

(1)提高功能,降低成本,大幅度提高价值。

(2)功能不变,降低成本,提高价值。

(3)功能有所提高,成本不变,提高价值。

(4)功能略有下降,成本大幅度降低,提高价值。

(5)提高功能,适当提高成本,大幅度提高功能,从而提高价值。

进行一项价值分析,首先需要选定价值工程的对象。一般说来,价值工程的对象是要考虑社会生产经营的需要以及对象价值本身可被提高的潜力。例如,选择占成本比例大的原材料部分如果能够通过价值分析降低费用提高价值,那么这次价值分析对降低产品总成本的影响也会很大。当我们面临一个紧迫的境地,例如生产经营中的产品功能、原材料成本都需要改进时,研究者一般采取经验分析法、百分比分析法及用户评分法。选定分析对象后需要收集对象的相关情报,包括用户需求、销售市场、科学技术进步状况、经济分析以及本企业的实际能力等。价值分析中能够确定的方案的多少以及实施成果的大小与情报的准确程度、及时程度、全面程度紧密相关。有了较为全面的情报之后,就可以进入价值工程的核心阶段——功能分析。在这一阶段要进行功能的定义、分类、整理、评价等步骤。经过分析和评价,分析人员可以提出多种方案,从中筛选出最优方案加以实施。在决定实施方案后,应该制定具体的实施计划,提出工作的内容、进度、质量、标准、责任等方面的内容,确保方案的实施质量。

为了掌握价值工程实施的成果,还要组织成果评价。成果的鉴定一般以实施的经济效益、社会效益为主。作为一项技术经济的分析方法,价值工程做到了将技术与经济的紧密结合,此外,价值工程的独到之处还在于它注重与提高产品的价值,注重研制阶段开展工作,并且将功能分析作为自己独特的分析方法。价值工程的目的是以最低生命周期成本可靠地实现使用者所需的功能,以获取最佳的综合效益。项目作为功能与成本的载体也可以作为价值工程的研究对象,其功能是实现项目的目标;这里的成本就是实施项目时所发生的费用。在项目实施过程中进行价值工程分析,可以明确是否有可以提高项目价值的替代方案,从而便于最大限度地降低项目费用,提高项目的价值。

价值工程的实施程序实际上是一个发现矛盾、分析矛盾和解决矛盾的过程,通常是围绕7个合乎逻辑程序的问题展开的。

(1)这是什么?

(2)这是做什么用的?

(3)它的成本是多少?

(4)它的价值是多少?

(5)用其他方法能实现这个功能吗?

(6)新的方案成本是多少?功能如何?

(7)新的方案能满足要求吗?

按顺序解决这7个问题的过程,就是价值工程的工作程序和步骤,即选定对象,收集情报资料,进行功能分析,提出改进方案,分析和评价方案,实施方案,评价活动成果。

6. 资金的时间价值

价值随时间而变,资金具有时间价值。资金的时间价值是指随着时间的推移,资金具有的增值能力,即处于不同时间点上的数额相等的资金,其价值不一定相等。

对于资金的时间价值,可以从两个方面理解。

首先,资金随着时间的推移,其价值会增加。这种现象叫资金增值。资金是属于商品经济范畴的概念,在商品经济条件下,资金是不断运动着的。资金的运动伴随着生产与交换的进行,生产与交换活动会给投资者带来利润,表现为资金的增值。资金增值指的是知识劳动者在生产过程中创造了剩余价值。从投资者的角度来看,资金的增值特性使资金具有时间价值。

其次,资金一旦用于投资,就不可能用于现期消费。牺牲现期消费是为了能在将来得到更多的消费,个人储蓄的动机和国家积累的目的都是如此。从消费者的角度来看,资金的时间价值体现为对放弃现期消费的损失所应做的必要补偿。

现值,即未来资金的现在价值,常用 P 表示。

终值,即一笔或多笔资金按一定利息复利计息,若干时间后所得的本利和,常用 F 表示。

资金等值,是指在考虑时间因素的情况下,不同时点发生的绝对值不等的资金可能具有相等的价值。

资金等值计算,是指按照一定利率,不同时点上的资金额进行等值换算的过程。

表 1-1 列出了一些资金等值计算常用的公式,其中 i 为利率,n 为计息期数。

表 1-1 资金等值计算常用公式表

支付方式	类别	已知项	所求项	公式	系数名称
一次支付	终值公式	P	F	$F = P(1+i)^n$	一次支付终值系数
	现值公式	F	P	$P = \dfrac{F}{(1+i)^n}$	一次支付现值系数
等额分付	终值公式	A	F	$F = A \dfrac{(1+i)^n - 1}{i}$	等额分付终值系数
	偿债基金公式	F	A	$A = F \dfrac{i}{(1+i)^n - 1}$	等额分付偿债基金系数
	现值公式	A	P	$P = A \dfrac{(1-i)^n - 1}{i(1+i)^n}$	等额分付现值系数
	资本回收公式	P	A	$A = P \dfrac{i(1+i)^n}{(1+i)^n - 1}$	等额分付资本加收系数

7. 其他常用术语

(1) 相关成本。相关成本是指适宜做决策用的成本。

(2) 非相关成本。非相关成本是指不适于决策的成本。

例如,过去买进10吨钢材,每吨价格为500元。由于涨价,现在的市价为每吨1 000元。那么,如果某一项目要利用这批钢材,在决策时,应当用什么价格来计算成本呢?显然应当用市价1 000元/吨,而不是用过去进货时的价格(500元/吨)。所以,用市价算出的成本是相关成本,用过去的价格计算的成本是非相关成本。

在项目决策中,正确区别相关成本和非相关成本是十分重要的。在做决策时,如果误把非相关成本当做相关成本作为决策的依据,就会导致错误的决策。

(3) 沉没成本(Sunk Cost)。沉没成本是那些在过去已经发生,不因项目决策而变化的费用。沉没成本在项目决策前已经支出(或已经承诺支出),决策对它没有影响,即与决策无关,属于非相关成本,是在决策时不予考虑的。

(4) 增量成本。增量成本是指因做出某一特定的项目决策而引起的全部成本的变化,属于相关成本,是在决策时必须考虑的。

运用增量成本进行决策的方法是:把增量成本与增量收入相比较(这里,增量收入是指因做出某一特定的项目决策而引起的总收入的变化),如果增量收入大于增量成本,说明这一方案会导致总收益的增加,因而是可以接受的。否则,就是不可接受的。

(5) 机会成本(Opportunity Cost)。机会成本是指如果一项资源既能用于甲用途,又能用于其他用途(由于资源的稀缺性,如果用于甲用途,就必须放弃其他用途),那么资源用于甲用途的机会成本,就是资源用于次好的、被放弃的其他用途本来可以得到的净收入。

机会成本这个概念是由资源的稀缺性引起的。资源的稀缺性决定了资源的用途要有选择,即所谓资源配置优化的问题。资源配置优化是指要将有限的资源使用在最有价值的地方,或者说要将有限的资源使用在项目为此所付代价(即所做出的牺牲)最小的地方。之所以叫机会成本,因为如果资源用于甲用途,就会丢失资源用于其他用途可能得到收入的机会,所以,它是一种机会损失。这种损失,是项目在选择资源用途,也就是决策时所必须考虑的。某种资源一旦用于某种商品的生产就不能同时用于另一商品的生产,选择了一种机会就意味着放弃了另一种机会。由于个人、企业乃至一个国家所拥有的资源都是有限的,因此由个人、企业、国家所做出的选择都存在着机会成本。

(6) 学习曲线(Learning Curves)。学习曲线又叫经验曲线或生产时间预测曲线,是由美国的赖特(Wright)于1936年发表的。他根据大量资料的分析研究发现,飞机生产数量的递增与单位产品的平均直接工时成反比,即当累计产量较小时,平均直接工时较大;累计产量较大时,平均直接工时较小,这种现象叫做"学习

效应"。学习曲线就表明了累计生产量和累计平均单件生产时间之间的这种关系，用公式表示为

$$T_n = T_1 n^b$$

式中：T_n——第 n 单位产出所需时间；

T_1——第 1 单位产出所需时间；

n——累计生产量；

b——$b = \lg(\text{学习率})/\lg 2$。

因此，生产数量为 N 的产品所需要的总时 T 为

$$T = T_1 \sum_{n=1}^{N} n^b$$

学习曲线法则是指在一个合理的时间段内，连续进行有固定模式的重复工作，工作效率会按照一定的比率递增，从而使单位任务量耗时呈现一条向下的曲线。学习曲线效应是在以下两种因素的共同作用下产生的：一是熟能生巧，连续进行有固定套路的工作，操作会越来越熟练，完成单位任务量的工作时间会越来越短；二是规模效应，生产 10 件产品与 100 件产品所需要的生产准备时间、各生产环节间的转换时间是一样的，因此一次生产的产品越多，分摊到每件产品上的准备时间和转换时间越少，单位生产效率越高。

学习曲线法则告诉我们，应尽量集中处理性质相同的事务性工作，如一次性处理具有相同性质的所有文件，一次性打完所有的沟通电话等。这样既有利于提高工作的熟练程度，又能通过批量作业减少准备工作和中间环节占用的时间，从而达到节约时间、提高效率的目的。

(7) 收益递减规律(Law of Diminishing Returns)。如果技术不变，增加某个要素的投入量，而其他要素投入量不变，增加的投入量起初会使该要素的边际收益增加，增加到一定点之后，再增加投入量就会使边际产量递减。

在理解这个规律时，要注意两点：

1) 收益递减规律是以其他要素的投入固定不变，只变动一种要素的投入为前提的。收益递减的原因就在于增加的要素只能与越来越少的固定要素相结合。

2) 这一规律是以技术水平不变为前提的。如果技术条件发生了变化，就不再适用。

这个规律揭示了投入与收益之间的客观联系。它告诉我们，并不是任何的投入都能带来最大的收益，更不是投入越多，收益一定越大。正因为这样，尊重这一规律，对项目的投入数量和组合进行科学的分析，对于提高经济效益和正确决策是十分必要的。

(8) 回收期(Payback Period)。有关回收期的概念，我们在第一节中已经介绍过，它是指企业用投资项目所得的净现金流量来回收项目初始投资所需的年限。

若用符号 CF_0 表示初始投资,CF_t 表示项目经营期间的税后净现金流量,T_p 表示回收期,则有

$$\sum_{t=1}^{T_p} CF_t - CF_0 = 0$$

上式表明,当项目经营期间税后净现金流量之和减去初始投资等于零时,亦即项目累计净现金流量为零的那一年,投资刚好被完全回收,所以 T_p 为回收期。

在决策时,应遵循以下原则:回收期大于企业要求的回收期,项目被拒绝;回收期小于或等于企业要求的回收期,则项目可接受。

回收期表明了初始投资回收的快慢。企业的投资项目早期收益大,则回收期短,风险小。因此,回收期是反映投资风险的一个指标,投资的尽早回收可避免将来经营环境变化的不利影响。

(9) 投资收益率(ROI, Return on Investment)。投资收益率就是项目在正常生产年份的净收益与投资总额的比值,其一般表达式为

$$R = \frac{NB}{K}$$

式中,K 表示投资总额,$K = \sum_{t=0}^{m} K_t$,k_t 为第 t 年的投资额,m 为完成投资的年份,根据不同的分析目的,K 可以是全部投资额,也可以是投资者的权益投资额,NB 表示正常年份的净收益,根据不同的分析目的,NB 可以是利润,可以是利润税金总额,也可以是年净现金流入等;R 表示投资收益率,根据 K 和 NB 的具体含义,R 可以表现为各种不同的具体形态。

投资收益率未考虑资金的时间价值,而且舍弃了项目建设期、寿命期等众多经济数据,故一般仅用于技术经济数据尚不完整的项目初步研究阶段。

用投资收益率指标评价项目的经济效果,需要与根据同类项目的历史数据及投资者意愿等确定的基准投资收益率做比较。判别准则为:项目投资收益率小于基准投资收益率,则项目应予以拒绝;项目投资收益率大于或等于基准投资收益率,则项目可以考虑接受。

(10) 内部收益率(IRR, Internal Rate of Return)。为使项目在寿命内现金流入现值等于现金流出现值的折现率,也就是使项目净现金等于零或净现值 NPV 等于零时的折现率,也被称为时间调整收益率,用 IRR 表示。

当 $NPV=0$ 时,有

$$\sum_{t=1}^{n} \frac{CF_t}{(1+IRR)^t} = CF_0$$

解上述方程可得 IRR。由于高次方程求解较为繁琐,一般所用试算法求 IRR。例如,假设一个三年期的项目,第一年的计划成本是 100 元,第二年和第三年的收益都是 100 元,假设第一年没有收益,第二、三年没有成本支出,使用 10% 的折现率,

我们可以算出净现值约为 66.7 元。该项目的内部收益率是使净现值等于零的折现率，因此这个例子中的内部收益率为 62%。

内部收益率的判断准则是：内部收益率大于或等于筹资的资本成本，项目可接受；若内部收益率小于筹资的资本成本，则项目不可接受。

假设项目全部用贷款筹资，项目内部收益率高于筹资成本（即贷款利率），说明项目的投资收益率除偿还利息外尚有剩余，这部分剩余额归投资者所有，可增加投资者的财富。若内部收益率小于贷款利率，则项目的收益不足以支付利息，投资者还要为此付出代价，因此项目不可行，应予以拒绝。

(11) 可变成本（Variable Cost）。可变成本是指项目在可变投入要素上的支出，是随着规模（或产量）的变化而变化的成本，如直接工人的工资、直接材料费用等。单位可变成本不受业务量变动外因的影响，而可变成本总额则随业务量的增减而等比例地变动。因此，可变成本控制必须从内因着手，采用直接成本控制的方法，从降低它的消耗定额入手，才能使可变成本得到有效控制。

(12) 固定成本（Fixed Cost）。固定成本是指项目在固定投入要素上的支出，是不受产量变化影响的成本，如房租、折旧费、贷款利息和管理费用等。

(13) 直接成本（Direct Cost）。直接成本是指可以直接确认归属于哪种产品的成本，如单位成本（工程）的材料消耗、工时消耗、机械使用台班（或台时）等。

(14) 间接成本（indirect Cost）。间接成本是指不可以直接确认归属于哪种产品的成本，如管理费用、贷款利息等，一般是采用分配的方法计入产品成本。

第2章 项目资源计划编制

导入案例

最近,项目经理发现本周的原材料费用比起上周高出许多,并且还有明显的上升趋势。查看本周的原材料成本分析表后,项目经理发现办公室里出现了一个很奇怪的现象:自从周一从公司总经理办公室调来一台打印机后,这周工作中的纸张使用率猛涨。以前一台打印机时,项目组一周只会用到一包A4纸,而这周竟然两包A4纸都不够用。虽然纸张使用是非常小的事情,但是如果纸张控制不严格,以后成本缺口会越来越大,到时再解决这个问题,恐怕为时晚矣。

于是,项目经理决定对这一现象作一番调查。首先,项目经理比较了这周工作与上周工作在纸张使用方面的区别,她发现,在任务所需要的纸张量上几乎没有区别。那究竟是什么原因造成纸张使用紧张呢?

项目经理做了细致的观察,她发现有一台打印机时,每个成员使用打印机的频率并不太高,而有了两台打印机时,每人的使用频率几乎都有不同程度的增长。原来一些可以在电脑上看的资料,现在大家都想着把它打出来看,图个方便。一台打印机时,如果有人这样做可能会被大家认为是浪费,但现在多了一台打印机,大家都在用,反而出现大家都不觉得浪费的局面。以前大家打印时,如果不是非常重要的文件,总是一面打完之后用另一面接着打,而现在打起来似乎没有了节制。

此外,还看一个情况:由于总办的打印机搬了过来,有些部门打印时就不去总办,而是直接到项目组所在的办公室来。这无形之中又增加了项目组的纸张消耗情况。对于这些情况该怎么办呢?

项目经理经过一番思考,决定向大家公布目前项目组纸张的使用情况,提醒团队成员注意。与此同时,在具体措施上采取纸张使用登记制度,规范纸张使用程序,并随时对每位成员的使用情况进行抽查。

案例分析

在本案例中,我们可以看出,项目经理对项目组的部分资源缺乏规划。资源规划是指通过分析和识别项目的资源需求,确定出项目需要投入的资源种类、项目资源投入的数量和项目资源投入的时间,从而制定出项目资源供应规划的项目成本管理活动。由案例可知,项目经理在项目成员对于纸张的使用量上一开始并没有明确的规划,只是在发现问题时才考虑到进行资源规划,这犯了成本管理与控制的大忌。

纸张成本属于原材料费用,在项目的总成本中并不占很大的比例。但是,项目经理不能因其所占总成本的比例小,就听之任之,放手不管。项目经理应做到从细微处着手,抓住小事情做大文章。通过纸张成本费用的控制,加强项目全面成本的管理。

2.1 资源类型及项目资源需求的特点

2.1.1 资源的分类

资源可以理解为一切具有现实和潜在价值的东西。在项目管理中,对所使用的资源进行分类的方法很多,下面介绍几种常见的分类方法。

(一) 根据会计学原理分类

根据会计学原理对资源分类,可将项目实施所需要的资源分为劳动力(人力资源)、材料、设备、资金等。这是最常见的划分项目资源的方法。其优点是通用性强,操作简便,易于为人们所接受。本章即按此分类讨论项目资源计划编制及资源价格。

(二) 根据资源的可得性分类

根据资源的可得性分类,资源可分为:

(1) 可以持续使用的资源。可以持续使用的资源能够用于相同范围的项目各个时间阶段,例如,固定的劳动力。

(2) 消耗性资源。这类资源在项目开始阶段,往往以总数形式出现。随着时间的推移,资源逐步被消耗掉,例如,各种材料或计算机的机时。

(3) 双重限制资源。双重限制资源是指这类资源在项目的各个阶段的使用数量是有限制的,并且在整个项目的进行过程中,此类资源总体的使用量也是有限制的。在项目的实施过程中,资金的使用就是一种典型的双重限制资源。

(三) 根据资源的自然属性分类

根据资源的自然属性分类,资源可分为:

(1) 不可再生资源。不可再生资源一旦被使用,就不能再用于其他项目工作中了,因为这种资源无法进行再补充。化石类燃料(如煤、石油和天然气等)以及矿产储藏(如从矿场开采出来的矿石)是可耗尽的资源。某地区的某种上述资源一旦被开采完毕,以开采矿藏为内容的项目生命周期也将结束。时间是最重要的可耗尽资源。因为时间一经消耗就一去不复返,故对这种特殊的资源,需要特殊的方法进行计划与安排。如项目管理中用甘特图法或关键路径法等对时间资源进行安排。

(2)可补充资源。能够从市场购买的原材料和零部件等属于可补充资源。尽管这类资源在应用到项目中后也可能会被耗尽,但人们可通过购买新的该类资源对项目进行补充。农作物及农产品可看做一种可补充资源,但是这些资源在短时期内也不全是可补充的(例如木材资源)。

(3)可重复使用资源。可重复使用资源是指那些应用于项目工作中、但在项目任务完成后仍可继续使用的资源。这种资源就像化学反应中的催化剂,它们对推进反应进行是必需的,但在反应完成后形态却不发生任何变化,从长期来看这种资源一般可以维持在一个比较稳定的数量水平之上,但由于可能是稀缺性的,所以也应该对其进行细致的计划和安排。拥有特定技能的员工、工业用机器和设备、其他生产装置和测试仪器等均是可重复使用的资源。

(四)根据项目使用资源的特点分类

根据项目进行中使用资源的特点分类,可分为:

(1)没有限制的资源。这类资源在项目的实施过程中没有供应数量的限制,例如没有经过培训的劳动力或通用设备。

(2)价格非常昂贵或项目期内不可能完全得到的资源。例如,在项目实施过程中使用的特殊试验设备,每天只能进行4小时的工作;或某些技术专家同时负责多个项目的技术工作。一般情况下,在制订计划的过程中,对于那些消耗性的资源和有限制的、需要定期使用的资源,应予以单独考虑。

此外,资源还可以分为自然资源和人造资源;内部资源和外部资源;有形资源和无形资源。

2.1.2 项目资源需求的特点

(一)项目资源的概念

所谓项目资源,就是完成项目所必需的各种实际投入。在这里,资源在硬件上包括项目中完成任务的人力、设备、物资、资金以及时间等,软件上包括项目所需的各种技术、信息等。

按照资源本身的特性,资源可以分为可重复使用的资源和一次性复使用的资源,如人力资源、机械设备等,在构成项目成本时,主要取决于项目工作对其占用的时间,所以,对这类资源的管理重点主要是合理组织、统筹安排、充分发挥其工作效率。一次性使用的资源在构成项目成本时主要由其自身的价值决定,因此对这类资源的管理重点主要是在保证项目工作顺利进行的前提下,采购合理的数量,最大限度地避免人为因素造成的浪费。

时间是一种特殊的资源,是人类最可宝贵的资源。而在管理当中,由于时间具有"供给无弹性"、"无法蓄积"、"无法取代"、"无法失而复得"等特性,所以在各种经济资源中,时间最不为一般管理者在实际上所理解与重视。也许正因为如此,时间的浪费比其他资源的浪费更为普遍,也更为严重。

(二)项目资源需求的特点

资源并不是在任何时候都是有效的,资源是否有效受工作性质和组织方式等因素的制约。要通过合理的组织和配置才能达到资源效用的最大化。从人力资源来看,对于工作量较大、自动化程度较低的工作,为保证项目进度的要求,就要配置较多的人力;对于工作量较少的工作,所需的人力也较少。由此可见,由各种项目工作交织在一起构成的项目管理全过程,对人力等各种资源的需求总是在不断变化的。

工作本身的条件限制也是影响资源有效性的一个因素,工作协调不好不仅会影响资源效用的发挥,还会成为项目成功的障碍。

项目各工作的衔接也是产生资源无效性的常见原因。比如按照计划要求,某一工序已配置好资源准备实施,但由于它的前一个工序发生了延误,致使该工序不能如期完成,这样就会使配置于其上的资源的效用受到影响。对项目资源的有效性进行科学准确的分析,可以帮助项目经理充分发挥资源的效用,使无效资源减少到最低程度。

在实际项目中,项目组在制定项目计划时,无论是确定项目的质量水平还是安排项目进度,都离不开对资源有效性的分析。通过分析,为有效利用资源提供最佳的方案,为全面进行资源平衡提供切实的依据。

项目的资源有效性分析是个动态的过程。对项目实施过程的每一个阶段、每一个子系统都要进行科学准确的资源有效性分析。项目的资源状况不外乎以下三种情况:资源适当、资源短缺和资源过剩。

1. 资源适当

资源适当是指项目所拥有的资源恰好满足项目按计划建设的需要。

2. 资源短缺

资源短缺主要是由以下两方面的原因造成的:一是制定项目计划时没有配置保证工作顺利实施的资源;二是项目建设要满足种种限制条件,而这些限制条件往往是某些资源的消耗限度。

似乎从来就没有足够的时间来完成既定的项目工作。产生这个问题的原因通常是外部压力和内部作用。从外部情况来看,许多项目通常是迫于竞争需要才安排的。企业决策者往往对新项目的建设提出不切实际的要求,使项目组没有充足的时间完成项目目标。从内部情况来看,盲目乐观是造成时间短缺的重要原因。对项目的各工作要素做时间估计时,主要依靠经验丰富、技艺娴熟的职员,对于以中等或一般工作能力人员为主体的作业队伍来讲,按这种时间估计安排进度时,经常会感到时间不足。除此之外,组织和管理不当也是时间短缺的重要原因。

资金、设备和人力的短缺在项目中也很常见。这些资源的短缺,既有项目计划的原因,即没有安排充足的资源,又有管理方面的原因,即没有合理安排和组织资源的使用。项目计划造成的问题可能会贯穿整个项目建设过程,通常要通过放宽某些限制条件才能得到解决。管理造成的问题则多限于局部,但处理不好也会成为制约整个项目的因素。及时认识项目管理中可能会发生的资源短缺问题,就能事先采取预防措施,在某种程度上可以避免或缓解资源短缺矛盾。

资源短缺是项目管理人员经常遇到的问题,但同样经常出现却常常被管理人员所忽视的资源问题却是资源过剩。在项目组中,无论是项目经理还是各部门的职能经理,很少会有人觉得安排给他们的资源超过了工作的需要。然而,不管人们是否意识到,资源过剩在客观上是存在的。

3. 资源过剩

我们所说的资源过剩不是指按项目要求产生的临时性的无效资源,也不是指为保证工作进行而做的必要的资源储备,而是指超过合理限度配置的资源。如按照进度要求,完成某项工作只需6人即可,但实际上却安排了10人,这时就会产生4人的过剩。资源过剩是低效率的源泉和产生浪费的重要原因。

需要为项目配备多少资源,不能取决于决策者的意志,而应该服从于项目的目标。对于那些要求迅速占领市场的项目,可能时间是最重要的,配置资源时要以最快的速度来确定资源需要量。对于项目,其资源配置应以取得最大经济效益为前提。

对于出现的资源短缺或资源过剩的问题,需要通过变更项目计划和提高项目经理的决策水平来解决。对于项目管理来说,最主要的问题是资源的均衡与合理配置,其目的是在不影响项目进度的前提下,最大限度地利用有效资源,尽可能地实现下列目标:

(1)减少或缓和人力、设备和资金等资源的需求峰谷,在尽可能的范围内尽量使高峰后移,以较少资金利息的支出。

(2)使人员和设备的配置规模达到既能保证项目正常进行,又不至于造成浪费的最佳程度。

(3)按照经济效益最优的原则,确定合理的项目周期,尽量避免设备闲置和人员浪费。

（4）以整个项目生命期为对象，对人力、设备、资金等资源需求全面平衡，降低项目成本。

人力是项目中重要的资源之一，人力资源需求的均衡通常还意味着人员稳定。做好人员稳定工作，对项目的成败举足轻重。

项目的生命周期影响着项目对资源的需求。例如，某软件开发项目在早期阶段有很小一部分设计人员和高级人员。当项目进行到大约一半时，项目组规模达到顶峰，主体开发和测试正全力进行，此时人员构成以中间和低层次人员为主。而当项目接近终点时，小组规模缩小为仅仅几个人，着眼于将来的维护。

大多数项目生命周期有相同的人力和成本投入模式，即开始时慢，后来快，而当项目快结束时又迅速减缓。在项目的初始阶段，主要的资源需求是受过高等培训的专业人员，要求由市场调研人员进行深入细致的市场调查，技术经济人员编制可行性研究报告，专业设计人员提供图纸或方案。项目实施阶段中，则对各种设备和材料的需求不断增加。项目结束阶段，对各种资源的需求减少。资源需求与项目生命周期各个阶段的关系可以用图形清楚地表示出来。

2.1.3 资源规划

资源规划是制定资源计划的过程，是项目组决定要获得哪些资源、从哪里获得、如何获得以及如何使用的过程。制定资源规划就是确定需要哪些硬件和软件资源以及所需的数量是多少，以便于项目活动的展开，一般包括如图2-1所示的过程。

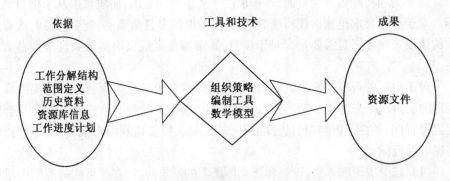

图2-1 资源规划制定过程

资源规划是成本估算的基础。任何项目的资源（人员、设备、物资）并不是具有无限能力且可以随时能够得到的，因为项目费用、技术水平、时间等因素的影响，几乎所有项目都要受到资源的限制。在项目展开的过程中，如何规划才能使资源的可获得性、及时性达到最佳值,是项目管理者应认真考虑的问题。

下面就是一个简单的资源计划实例。

为了响应市委、市政府做出的以"两港三区"为重点、全面推进"天堂硅谷"建设的重大战略决策,拟成立"XX科技有限公司",主要从事指纹识别技术和蓝牙技术的开发和生产,利用这两种新兴技术,开发系列计算机内部信息安全软件。通过对这两项技术的开发应用,服务于全市乃至全国的银行、证券、社保、教育、卫生、人口、公安等行业的信息管理系统,做到科学化、安全化,并通过电子商务的应用,建立网上安全科学的人口库、指纹库,为我市的行业管理规范化、信息管理安全化提供一个全新的科学管理系统。

公司创建初期(1~2年内)定员编制为20人(包括高级管理人员)。其构成如下:

(1)软件技术人员10人(负责硬件设备采购、安装、调试、软件开发及技术服务)。

(2)硬件设计人员2人(负责单片机设计、管理、编程、产品制作)。

(3)市场营销人员5人(负责承揽产品推广、联络客户、拓展公司的业务)。

(4)其他管理人员3人(负责财务、人事等项管理及其他行政性事务)。

由于公司创建初期规模不可能(也无必要)很大,所以公司不准备在基建项目上进行投资。网站及办公场所采取租用的方式。因此,公司创建初期的固定资产投资主要内容是购置调试指纹产品所需的硬软件。所需设备构成见表2-1。

表2-1 固定资产投资相关设备构成表

序号	投资内容	单位	数量
1	计算机	台	8
2	交换机	台	2
3	网络设备	套	1
4	指纹SDK软件	套	1
5	指纹硬件设备	套	1
6	指纹模块	套	1
7	办公(OA)设备	套	20
8	办公房装修布线	套	1

2.2 项目资源计划编制的依据

在上一节中我们已经了解到项目资源规划要以工作分解结构、范围定义、历史资料、资源库信息以及工作进度计划作为依据,这一节我们就详细来看一下这五个方面。

2.2.1 工作分解结构

工作分解结构(WBS,Work Breakdown Stmcture)是以产品为中心的"家谱",该谱组织并定义了项目的整个范围。沿此谱由上向下,每降一层,对于项目各组成部分说明的详细程度就逐渐提高一层。以项目范围说明书为依据,对项目进行分解,将项目划分为较小的、更易管理的工作单元。这些工作单元的内容更容易确定,能识别出项目中需要的资源、技术、时间,提高资源、成本及时间估算的准确性。工作分解结构是进行项目成本估算、预算和控制的基础。图2-2为工作分解结构图的基本层次。

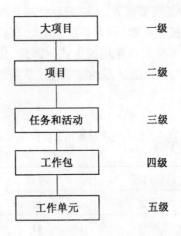

图2-2 工作分解结构图

由于项目既可按内在结构,又可按实施顺序分解,加上项目本身复杂程度、规模大小各不相同,可能形成不同的工作分解结构图。有时项目分解的层次会较少,有时会较多。一些项目的工作分解结构中,可能仅需要三级,另外一些项目的工作分解结构可能需要10个或更多的层次,通常根据分解对象确定工作分解的详细程度。如果分解的是大而复杂的项目,最高层次的分解可粗略,逐级往下时则层次越低分解越详细;若分解的是相对较小而简单的项目,则可分解得更细一些。

虽然每个项目都是独一无二的,但许多项目彼此之间存在着某种程度的相似之处,在一个项目进行分解时,可以参考过去类似项目的工作分解结构。

工作分解结构确定了需要资源的项目组成,因此是资源计划编制的基本依据。通过汇总工作分解结构各层次资源需求,可得到项目总体资源需求情况。

工作分解结构是进行范围规划时所使用的重要工具和技术之一,是面向可交付成果的对项目元素的分组,它组织并定义了整个项目范围,未列入工作分解结构的工作将排除在项目范围之外。它是项目团队在项目期间要完成或生产出的最终细目的等级树,所有这些细目的完成或产出构成了整个项目的工作范围。进行工作分解是非常重要的工作,它在很大程度上决定项目能否成功。如果项目分解得不好,在实施的过程中难免要进行修改,就会打乱项目的进程,造成返工、延误时间、增加费用等。

WBS 显示并确定了要研制或生产的产品,并使要完成的诸工程单元彼此之间以及其和最终产品之间建立起联系。在 WBS 的工作单元级,将得到项目最基本的资源需求说明。

由于工作分解结构明确了项目的各个工作所需资源的基本情况,因此 WBS 是资源规划的基础。任何其他相关计划的输出都应以 WBS 作为合适的控制工具。

虽然每个项目都具有一定的独特性,但大多数项目总是在某种程度上与另外一个项目类似,所以工作分解结构经常可被"重复使用"。例如,在一个给定的组织中,多数项目会有相同或相似的项目生命周期,因而对每个项目阶段可能有同样或者是相似的可交付成果要求。基于这种相似性,许多应用领域或项目执行机构存在标准的工作分解结构,它们可被用做模板。

项目是按照其内在结构或实施过程的顺序进行逐层分解而形成的结构示意图,是出于管理和控制的目的而将项目分解成易于管理部分的技术,它是直接按等级把项目分解成子项目,子项目再分解成更小的工作单元,直至后分解成具体的工作(或工作包)的系统方法。

对于具体的项目要具体分析,应用工作分解的模型也要根据实际项目的需求来进行,因为在实际应用的过程中,不同的项目可能会有不同的分解方法。

(1)先明确并识别出项目的各主要组成部分,即明确项目的主要可交付成果。

(2)第二步的工作是确定每个可交付成果的详细程度是否已经达到了足以编制恰当的成本和历时估算。如果已经足够详细,则进入到第四步,否则接着进入第三步。

(3)确定可交付成果的组成元素。组成元素应当用切实的、可验证的结果来描述,以便于进行绩效测量。对每个组成元素重复第二步的操作。

(4)核实分解的正确性,即做以下几个方面的工作:

①最底层项对项目分解来说是否是必需而且充分的呢？如果不是,则必须修改组成元素(添加、删除或重新定义);

②每项的定义是否清晰完整？如果不完整,描述则需要修改或扩展;

③每项是否都能够恰当地编制进度和预算？是否能够分配到接受职责并能够圆满完成这项工作的具体组织单元(例如部门、项目队伍或个人)？如果不能,需要做必要的修改,以便于提供合适的管理控制。

项目分解完成之后所得到的成果就是工作分解结构。其中的每一项工作,或者称为单元都要编上号码,即以数字代码赋予其中的每一项一个唯一的标志符,以为项目规划和以后的各阶段中,项目各基本单元的查找、变更、费用计算、质量要求、资源和时间安排等各个方面提供一个统一的编码系统。

需要说明的是,并不是工作分解结构中所有的分支都必须分解到同一水平,各分支中的组织原则可能会不同。任何分支最低层的细目叫做工作包。工作包是完成一项具体工作所要求的一个特定的、可确定的、可交付以及独立的工作单元,需为项目控制提供充分而合适的管理信息。

如何进行工作分解,并无一个固定的模式或规则,而仅仅有一些可供参考的准则。其中主要是进行适当的简化,以便有利于对人力和成本做出现实而准确地估计和控制。一般有所谓"80小时法则",也就是将项目分解到最小的活动,其活动的完成时间不超过80小时(即两周时间)。这样,项目的内容是否完成既便于检查又能及早地进行控制。

任何项目不是只有唯一正确的工作分解结构,例如同一项目按照产品的组成部分或者根据生产过程分解就能做出两种不同的工作分解结构。对于最底层的工作块,要有全面、详细和明确的文字说明。由于项目,特别是较大的项目有许多工作块,因此常常把所有工作块文字说明汇集在一起,编成一个项目工作分解结构词典。工作分解结构词典中一般包含工作包描述以及计划编制信息,如进度计划、成本预算和人员安排等。

WBS是项目管理中贯穿始终的一个重要工具,搞项目管理就应会使用WBS,因此,在这里,我们再用一个实例进行更为详细的讲解——NBA全明星赛WBS。

NBA全明星赛是每年一度的美国篮球的节日,也是全世界篮球迷的节日,每年都有近两亿球迷在电视机前关注这项比赛。NBA全明星赛之所以受到如此关注,除了篮球明星们的精彩球技,更重要的是组织方的严密、完美的组织策划。作为一个成功的项目,我们来看一下这一比赛是如何组织起来的,主要包括哪些方面的内容。

首先,一项比赛需要大规模的宣传,全明星赛这样的名牌赛事也不例外,让更多的人知道这场比赛的确切信息,就意味着更多的收入和更高的收视率,而广告商们看重的就是这个。因此,在宣传过程中,NBA全明星赛组委会(以下简称组委会)不仅对比赛时间和比赛内容进行宣传,更重要的是融入了商家的广告,包括在门票上印有赞助商的广告,这都会带来不菲的收入。

作为比赛的主体内容,东西部明星对抗赛是最吸引观众的,是整个比赛的焦点。因此,整个活动的组织都围绕这场比赛进行,包括比赛场地的布置、中场休息时的演出、小游戏、颁奖典礼、明星采访和一系列后勤措施。

由于对全世界转播,对比赛场地的要求相当高,从灯光、音响效果、转播机位以及看台的设计都显示着组委会强大的组织能力,使现场观众和电视观众都能够以最佳的角度欣赏比赛。

中场休息时的演出是体育比赛为观众服务的体现,包括比赛暂停时间的表演和中场休息时的游戏,到处充满着浓浓的节日气氛。

此外,还有颁奖典礼、明星采访的设计,不仅要考虑到球员、教练和记者的充分接触,又不能出现混乱的场面,一切都需要有秩序地进行,分成几个阶段,比如球员入场、颁奖人员入场、颁奖、合影、采访等。

2.2.2 历史信息

历史信息记录了先前类似工作使用资源的情况,在可能的情况下,应该使用这些资料。

2.2.3 范围说明书

范围说明书确定了项目管理过程中主要可交付成果,包括项目合理性说明和项目目标。根据对范围说明书的分析,可进一步明确资源的需求数量和范围,因此,在编制资源计划时应认真考虑范围说明书。

2.2.4 资源库描述

资源库描述是对资源存量的说明,是资源计划编制的重要依据。通过对资源库的分析可确定资源的供给方式。在进行资源计划编制时必须了解可供将来使用的资源种类。成本估算必须考虑所有在本项目上支出的资源,并应当随着项目的进展进行调整和修正,以便具体、详细地反映项目的新情况。例如,在工程设计项目的早期阶段,资源中拥有大量的"工程师和高级工程师",而到项目的后期阶段,资源库可能仅限于那些参加早期阶段工作而对项目熟悉的几个人。资源库说明中后备资源说明的详细程度和明确程度越高,则资源计划的编制就会越加灵活和有效,且有更多的可供选择的替代方案,可避免因临时出现问题而措手不及。

2.2.5 组织方针

组织方针体现了项目高级管理层在资源使用方面的态度和爱好,可以影响到人员招聘、物资和设备租用或采购,对确定如何使用资源起重要作用。因此,在编制资源计划期间必须考虑项目实施组织的组织方针,在保证资源计划科学合理的基础上,尽量满足组织方针的要求。

2.2.6 定额

"定"就是规定,"额"就是数量,因此定额就是规定在产品生产中人力、物力或资金消耗的标准额度。虽然定额是管理科学发展初期的产物,但至今在管理中仍然发挥其作用。它既是管理科学化的产物,也是科学管理的基础。利用定额可以计算人力资源、物质资源、财力资源的需要量,定额是编制资源计划的依据。工业企业和建筑企业均可使用定额进行资源需求量的估算。定额具有时效性,它代表某个时期社会平均劳动水平。随着时间的推移,定额需要进行修订。

(一)定额的种类

定额的种类繁多,可按不同标准进行划分。

按定额的物质内容和用途分,定额可分为:劳动消耗定额、材料消耗定额和机械台班定额。

按定额的编制单位和执行范围分,可分为:全国统一定额、主管部门定额、地方定额和企业定额。在市场经济条件下,以使用企业定额为主,全国定额、主管部门定额及地方定额逐步取消。企业定额水平的高低,体现了一个企业的素质和管理水平的高低。企业要想获得较好的经济效益,就要确定适合本企业的定额,充分提高资源利用率,使企业利润相对最大化。

定额还可按所涉及的专业划分。工程建设行业中的各专业定额有建筑安装工程定额、设备安装工程定额、给排水工程定额、公路工程定额和铁路工程定额等。建筑行业中使用的定额还可按不同的使用阶段分为:施工定额、预算定额、综合预算定额和概算定额。

为估算资源需求,下面按定额的物质内容和用途对定额进行分类,介绍劳动消耗定额、材料消耗定额和机械台班定额。

1. 劳动消耗定额

劳动消耗定额也称人工定额,按其表现形式,可分为时间定额和产量定额。

(1)时间定额,就是某种专业、某技术等级工人班组和个人,在合理的劳动组织与合理使用材料的条件下,完成单位合格产品所必需的时间,包括准备与结束时间、基本生产时间、辅助生产时间、不可避免的中断时间和工人必须的休息时间。

时间定额以工日为单位,在 8 小时工作制下,每工日按 8 小时计算。计算方法为:

$$单位产品时间定额/工日 = 1/每工日产量$$

或 $$单位产品时间定额/工日 = 小组成员工日产量/台班产量$$

(2)产量定额,就是在合理的劳动组织与合理使用材料的条件下,某专业、某技术等级的工人班组或个人在单位工日中所完成的合格产品的数量。产量定额根据时间定额计算,二者互为倒数。

$$每工日产量 = 1/单位产品时间定额(工日)$$

或 $$台班产量 = 小组成员工日产量/单位产品时间定额(工日)$$

2. 材料消耗定额

材料消耗定额是指在合理使用材料的条件下,生产单位合格产品所必须消耗的一定品种规格的材料、燃料、半成品、配件、水、电等动力资源的数量标准。材料消耗定额由材料消耗净用量和材料损耗量两部分组成。

3. 机械台班定额

机械台班定额也称机械使用定额,按其表现形式,可分为时间定额和产量定额。

(1)机械时间定额,就是在技术条件正常和人机组合合理的条件下,使用某机械完成单位合格产品所必须消耗的人机工作时间,包括准备与结束时间、基本生产时间、辅助生产时间、不可避免的中断时间和工人必须的休息时间。时间定额以工日为单位,在 8 小时工作制下,每工日按 8 小时计算。计算方法如为:

$$单位产品机械时间定额(工日) = 1/每工日产量$$

或 $$单位产品机械时间定额(工日) = 小组成员工日产量/台班产量$$

(2)产量定额,就是在技术条件正常和人机组合合理的条件下,使用某机械在单位时间(台班或台时)内所应完成的合格产品的数量。产量定额根据时间定额计算,两者互为倒数。

$$每工日产量 = 1/单位产品机械时间定额(工日)$$

或 $$台班产量 = 小组成员工日产量/单位产品机械时间定额(工日)$$

(二)定额制定方法

(1)技术测定法。技术测定法是以现场观察为特征,以各种不同的技术方法为手段,通过对工作过程中具体活动的实地观察,详细记录人工、机械等各种工时消耗、完成产品的数量和各种影响因素,对记录结果进行整理分析,取得技术数据,制定定额的一种方法。

技术测定法的具体观察方法分为两大类,一类为计时观察的方法,包括测试法、写实记录法、工作写实法、简易计时观察法。另一类为材料消耗观察试验的方法,包括实测法和试验法。技术测定法不仅可以用来编制定额,还可以用于发现和总结推广先进的工作方法,找出工作过程中存在的问题,提出改进措施,从而提高功效,降低设备损耗和材料消耗。用这种方法制定定额的说服力较强,但方法比较复杂,适用于工作条件正常、工作量大、经济价值较大的定额项目。

(2)统计分析法。统计分析法是在取得同类工序的实耗工时及材料统计资料的基础上,结合新技术、新设备、新材料、新工艺的应用,以及管理水平、地域、时间等影响定额的相关因素的变化,采用统计学的方法进行整理和分析,用以确定定额水平的一种方法。

统计分析法对统计资料要求较高,须完整可靠,但方法简单,工作量小,适合于工作量大、出现较频繁的定额项目,如钻孔灌浆材料的损耗、机械易损配件使用定额等。

(3)经验估计法。经验估计法是在总结实践经验的基础上,参考设备、材料、工艺方法以及其他技术资料,直接估计定额的一种方法。这种方法的优点在于方法简便、工作量小、及时易行,缺点在于缺乏技术依据、偶然性较大、定额水平不易平衡。一般适用于品种多、工作量少、时间短以及一些不常出现的项目的一次性定额的确定。

(4)类推比较法。类推比较法是以某种同类型的产品或工序的典型定额资料为依据,经过分析比较,类推出同类型的其他项目或相似项目的定额水平的方法。这种方法的优点是有一定的技术依据、及时,具有较好的准确性和平衡性。但是,使用该法时项目之间必须有明显的可比性。

2.3 资源计划的编制步骤、方法及工具

2.3.1 资源计划的编制步骤

资源计划编制就是确定完成项目活动需要物质资源(人、设备、材料)的种类,以及每种资源的需要量。项目资源计划的制定是一个过程,在这个过程中,项目经理须确定项目需要哪些资源、从哪里得到资源、什么时候需要资源以及如何使用资源等方面的问题。资源计划编制过程的结果是一份资源需求说明书。列出本项目需要使用的资源类型、数量,以及工作分解结构中各部分需求资源的种类和所需数量。资源计划的编制步骤包括资源需求分析、资源供给分析、资源成本比较与资源组合、资源分配与计划编制。

(一)资源需求分析

通过分析确定工作分解结构中每一项任务所需的资源数量、质量及其种类。确定了资源需求的种类后,根据有关项目领域中的消耗定额或经验数据,确定资源

需求量。在工程项目领域内,一般可按照以下步骤确定资源数量。

(1) 工作量计算。

(2) 确定实施方案。

(3) 估计人员需求量。

(4) 估计材料

(二) 资源供给分析

资源供给分析要分析资源的可获得性、获得的难易程度以及获得的渠道和方式,可分别从内部、外部资源进行分析。

1. 内部资源进行分析

比如,设计部门分析内部拥有的设计人员和各种设备及其可用性。在某些时候,如果内部设计人员正在从事其他项目,则需详细研究资源的可得性。

2. 对外部资源进行分析

在组织内部无法提供项目所需的资源时,需要对外部资源进行分析。比如,在决策阶段,可请专业的咨询公司完成可行性研究工作;在设计阶段,部分专业设计可请外部专业工程师完成;在施工阶段,将需要专门打桩设备的基础工程分包给专门的桩基施工公司。

3. 资源成本比较与资源组合

确定需要哪些资源和如何可以得到这些资源后,就要比较这些资源的使用成本,从而确定资源的组合模式(即各种资源所占比例与组合方式)。完成同样的工作,不同的资源组合模式,其成本有时会有较大的差异。要根据实际情况,考虑成本、进度等目标要求,具体确定合适的资源组合方式。

4. 资源分配与计划编制

资源分配是一个系统工程,既要保证各个任务得到合适的资源,又要努力实现资源总量最少、使用平衡。在合理分配资源使所有项目任务都分配到所需资源,而所有资源也得到充分利用的基础上,编制项目资源计划。

通过编制资源计划可以清楚地知道需要使用何种类型的资源以及工作分解结构中每一项工作需要的资源数量,而将各种资源的数量、取得方式、使用时间等汇总起来,就得到了资源计划。

多数项目在早期阶段的资源需求以人力资源为主,需求的资源量较少,计划编制较单一。某些项目在实施阶段的资源投入量很大,资源需求种类多,编制资源计划的难度较大。

2.3.2 资源计划的编制方法

(一) 专家判断法

制定资源规划最常用的方法是专家判断法。专家判断法通常应包括如下步骤：

(1) 专家和参与者的选择。

(2) 问题的阐述。

(3) 产生备选方案。

(4) 各方案的评价与选择。

(5) 选定方案的实施与管理。

(6) 迭代过程。

1. 专家和参与者的选择

在这一步要确定所需专家的人数与类型。这不仅要根据问题本身的性质和复杂性，还要考虑准备用什么方法求解问题。专家可以是任何具有特殊知识或经过特别培训的组织和个人。决定具体专家人选时要考虑两个因素，一是广泛的代表性，对所研究问题持有各种不同观点的人都应当有代表参加；二是较高的学术造诣，所选的专家应该有广博的专业知识和丰富的实践经验。这些专家主要来自：

(1) 实施组织中的其他单元。

(2) 顾问。

(3) 职业或技术协会。

(4) 工业组织。

2. 问题的阐述

这是整个资源计划编制过程中的关键性步骤。这时要明确总目标，规定各种约束条件，向专家成员提供资源计划编制所需的工作进度计划、项目资料等编制依据。在群的成员对同一资料有不同理解时，要鼓励他们畅所欲言，发表各种意见，进行充分讨论。

3. 产生备选方案

这一阶段要提出有可能解决问题的各种措施，很可能会有许多能够达到目标的方针政策和可供选择的行动步骤。生成备选方案的方法很多，可以分成两大类：一类强调自由思考，另一类则强调对问题的求解做结构上的引导。第一类方法中又包括鼓励专家发表意见的方法和收集专家意见的方法。

4. 各方案的评价与选择

这一阶段要对上一阶段生成各种备选方案做出评价，以确定各方案满足目标达到目的程度。再根据事先规定的若干准则从中找出一个付诸实践。由于各准则的不可公度性，方案与方案的直接比较难以进行，所以要采用某种定量化的办法和投票的方法。

5. 选定方案的实施与管理

要把选定的方案付诸实施,需要认真制订规划,完整的规划应当有实施方案的行动步骤、实施框图和每一步行动的结果。常用的方法有进度表、计划评审技术(PERT)、关键路径法(CPM)、规划设计进度和预算系统(PPBS)等。

6. 迭代过程

复杂的问题不可能一下就做出完善的决策有多方面的原因,其中最重要的原因是参与决策的人们在对复杂问题的研究过程中会有新的体会,这使他们对问题有进一步的了解。其次是对待解决问题的艰难的认识过程迫使他们自问:第一次提出的方案是否完善? 对有关问题的考虑是否周到? 在方案实现之前,任何方案(即使是选定的所谓最终方案)都只是暂时性的,因为有可能出现某种重大突破,使方案再次发生变化或修改。

这里还要说明:在求解专家咨询或群体参与这类决策问题时,对某个人或某部分人最佳的方案,对其他人往往并非最佳方案,这是因为不同的参与者或不同的子群有不同的利益,这些利益需要折中、调和或协调。

专家判断法不仅可以用于资源计划的编制,在遇到项目方案选择或其他一系列需要进行决策、提出解决方案的问题时,都可以采用此方法。

(二)专家意见的生成方法

中国有句谚语:众人拾柴火焰高。所以遇到问题时与其一个人冥思苦想,不如请众人出主意想办法。而要让众人能够有效地出主意、想办法、提建议,是需要讲究方式方法的。下面我们介绍一些请多个人出主意的方法,如头脑风暴法、书写意见法等。简述它们的进行步骤,列举其利弊。

1. 头脑风暴法

头脑风暴法(Brainstorming Method),是最著名的、广泛使用的出主意、提建议的方法,最初由 Osbern 于 1938 年提出。它是一种开会的技巧,通过与会者(群的成员)自发地提供意见、想法和建议来寻求解决问题的办法(为了表述简单,下文中用意见或想法一词来表示意见、想法、构想和建议等解决问题的思想、主意和办法)。Osbern 认为,只要参加会议的人理解这种方法的作用并切实遵守有关规则,群的成员在集体工作时每个人的效率比各自单独工作会有成倍的增长。头脑风暴法有两条原则和四条规则。第一条原则是不急于做结论,开会的主要目的是让与会者提出各种意见和想法,而不是做评价,在所有意见都充分发表之后再来评价并得出结论。第二条原则是以量保质,即提出的主意(建议)越多,找到解决问题的高质量方案的可能性越大。头脑风暴法的四条规则是:

(1)不进行批评。任何与会者可以自由发表意见,但不得对其他人的意见提出批评,对不同意见的评价要放到会后进行,这一规则是头脑风暴法中最重要的。

(2)欢迎与会者敞开思想开动脑筋,鼓励发表任何一种想法,思路越宽越好。

上一条规则可为此提供某种良好的环境。

(3)追求意见的数量,提出的想法越多,其中包括真正有用的、好主意的可能性越大。

(4)探索意见的改进与多种意见的组合。与会者除了可以提出自己的想法以外,可以建议如何使其他人的想法变得更完善,也可以把其他人的几种意见组合而成一种新的意见。

头脑风暴法的群由若干成员、一个主持人和一个秘书组成,由主持人向各成员提出需要解决的问题,说明头脑风暴法的规则,秘书负责记录。参加人员的地位最好大致相当,如果参加者地位悬殊,就不易畅所欲言,而畅所欲言是该法得以成功的最基本条件。

头脑风暴法的具体步骤如下:

(1)挑选6~12名与会者。

(2)由主持人向与会者提出面临的问题。

(3)给与会者的思考时间至少要有一个星期。

(4)在正式会议开始前安排与会者了解环境。

(5)把问题写在黑板上,会议开始。

(6)主持人宣读四条规则。

(7)举手发言,一次只谈一个想法。

(8)由主持人在黑板上用二三个词记下发言的要点,由秘书做更详细的记录。

(9)必要时主持人可重新读出已写在黑板上的想法以激励与会人员产生出新的见解。

(10)会议持续时间通常不要超过60分钟,按时散会。

头脑风暴法的主要优点已如上述,即可以充分发挥群的成员的创造性,在较短时间提出许多想法和建议。这种方法有下述缺点:

(1)形成自由思考的气氛这一点很难掌握。

(2)群中的成员会感到社会压力,被迫同意多数人的意见,即使个别成员强烈地认为大多数人的观点是错误的,他也会屈从。

(3)通常,群会较多地考虑如可得到一致的意见,而不是慎重地思考以得出有用的结论。

(4)有些人会在一开始就提出他们认为是理想的或是显而易见的意见,随之就不再努力进行创造性的工作,而置身于进一步的讨论之外。

(5)头脑风暴法的开放性只能促进形成自发的想法,而不能使想法精炼。

(6)除非有高水平的领导,否则某些成员会垄断会议。

(7)它要求参加人员熟悉所讨论的问题。

(8)不能提供适当的时间让与会者彻底领悟其他人提出的各种想法的含义与实质。

(9)头脑风暴法只能用于相对来说是比较简单的问题,这就使得它很难把复杂问题作为整体来研究。

(10)在某些场合,尤其是对某些成员而言,不对其他人的意见、想法进行评价或批评显得很不自然,因为有时他所要表达的意思和方法与前面已有意见是完全对立的。

2. 书面意见法

由于上面最后提到的种种缺点,许多人对头脑风暴法提出三种改进意见,其中最重要的是为了克服第 2 条、第 3 条两条缺点而采用匿名方式征集意见,即让与会者默默地写下自己意见的方法,叫做书写意见法(Brainwriting Method)。它可以有多种的形式,其中书写意见法 Brainwriting Pool 的具体步骤如下:

(1)请 4~8 名与会者围一张桌子坐下。

(2)由主持人向大家提出要解决的问题(主持人可以提前若干天把要讨论的问题通知与会者)。

(3)在桌子中央放若干张纸片,纸的张数略多于与会人数,有些纸上已由主持人或提出问题的人写上某些意见或想法。与会者每人从中取出一张,把自己的意见写在上面,每写一两条就换一张。

(4)参与者继续往纸片上添加想法。

(5)这一过程持续 15 分钟左右,只要有人有新的想法,过程就继续,想法全部提出后就结束。将纸片收起来留待以后评价。

该法的主要优点是:

(1)各位与会者可以同时工作而不是依次单独工作。

(2)不存在口头批评,能让与会者自由思考、不紧张,少数人的想法不致受压抑。

(3)读读其他人写的东西有助于继续了解问题,可以促进思考。

(4)每种想法都能记录下来而无遗漏。

(5)可以避免由强有力的成员控制会场。

(6)防止会议提前终止。

主要缺点是:

(1)一般人的书面表达能力通常比口头表达能力差,因此用书面方式常常不能有效地阐述意见,而且会抓不住某些一闪而过的想法。

(2)参加者会因时间紧而感到心急、慌忙。

(3)某些成员会由于其他人的参加而不能专注。

(4)很难为意见的生成提供适当的酝酿时间。

(5)某些意见的重复不可避免。

(6)所形成的解决办法往往是常规式的而缺少特色。

(7)此法对人数较多的群无法使用。

3. 研讨会

研讨会是古已有之的群决策方法,现代,尤其是近几十年,在工业、经济组织、学校、宗教界集中与会者的意见、经验和知识来解决有关问题的会议,是与会者之间不发生感情冲突情况下进行的客观、不带偏见的讨论。这种研讨会鼓励与会者进行有效的思考并如实地表达各自的意见。

以问题求解为目的的、收集专家们意见的研讨会与一般的事务性会议有显著区别,主要是:

(1)一般的事务性会议人数不受限制,而研讨会的参加者以 8~12 人为限。

(2)一般会议的主持人强调会议秩序,注意按会议日程办事,而研讨会的主持人要引导群的成员进行思考,并保证采纳群的意见。

(3)一般会议的目的是尽快地通报某种信息,而研讨会是要鼓励与会者共同考虑问题的解决办法。

(4)一般会议的作用和会议的气氛是由会议规则所支配的,而研讨会是由主持人用一定的技巧引导进行的自由讨论。

(5)一般事务性会议的结论是由秘书记录下来的,而研讨会的结论是群通过讨论逐步形成,由主持人总结的。

研讨会的成员由三部分人组成:主持人、一般成员和秘书,与会的成员要挑选具有与所研究问题有关的知识和经验的专家。主持人的人选很重要,在工作小组的研讨会上,小组负责人可以作为主持人,而由不同部门专家互相配合进行工作时,持中间立场的人或技术主管人员作主持人较合适。秘书的作用是提供会议的资料等后勤服务,并在开会时做记录。

主持人在召开研讨会之前要做大量工作。要透彻地把握开会的目的,清楚而准确地了解面临的问题,考虑研讨会的各个方面,要准备系统的讨论计划,考虑如何掌握会场,督促秘书进行各项事务性工作:从准备与问题有关的研究材料,发会议通知,到会议设施的实际安排等。

预先拟定计划是开好研讨会必不可少的环节,所订计划包括目标的具体化、限定讨论的范围,设想讨论过程如何一步步地进行和每一阶段应起的作用及注意事项。制订计划的具体步骤是:

(1)订会议提纲。为了保证会议的成功,主持人要开列一个综合性的提纲,包括确定要达到的目标,准备进行讨论的主要的议题,列出重点要点,确定并分发与会者名单,准备并分发议事日程。

(2) 选择与会专家。研讨会的成败在很大程度上取决于与会专家的职业种类。研讨会的成员最理想的数量是 8~12 人,最多不得超过 20 人。参加会议人员既应对所研究问题有专门知识和经验,还应对此问题感兴趣。

(3) 计划会议程序,确定议题,排定时间表。计划中还可包括使用的方法和各种问题,像如何掌握会议进程,如何分配各个议题所用时间等。

(4) 预先做好一切准备,确保所有背景材料、案例、指示和有关资料收集齐备。辅助用品如幻灯片、胶片、投影仪、流程图、图表也要准备齐全。

(5) 安排会议用房和公用设施。会议所用的一切,应在会前安排妥当,大到会议用房,与会者食宿交通,小到开会时用的粉笔,要考虑周到并落实。

(6) 准备会议的报告和后续事项。与一般的事务性会议不同,研讨会的报告也要在制订计划时加以考虑:如何准备和分发研讨会的备忘录,必要时要准备并分发补充报告。

研讨会的召开虽无通用的标准程序,但一般都包括下列几步:

(1) 开会。无论开什么会,总要由主持人向全体与会者说明会议议题、讨论的范围,研讨会的介绍性发言尤其要热诚,使与会者感到心情舒畅,主持人通过阐释性的讲演提出问题,努力引起与会者的兴趣,使之为问题的解决贡献力量。

(2) 讨论。这是交换意见的方式,主持人要鼓励各抒己见。当主持人知道某个与会者有某种想法要讲时不妨点名。主持人可以通过认真倾听,提出某些想法的进一步扩展和补充意见等来激励发言,把讨论一步步引向深入。把握由一个议题转向另一议题的时机。

(3) 各种意见的评价。为了找到解决问题的办法或行动步骤,评价就是必不可少的综合群的意见的手段;主持人协助群进行评价,可以用加权、投票、分等级、排序或其他适当方法综合出群的意见。

(4) 研讨会的总结和结论。对于讨论和评价的结果,主持人要加以总结,总结时既要强调一致的意见,也要对少数人的意见做适当评论,在肯定其优点的同时说明不能采纳的原因。

开研讨会比较费钱费事,这是研讨会的一个缺点。由于头脑风暴法是研讨会的一种特殊形式,所以前面介绍过的头脑风暴法的优缺点同样适用于研讨会。这两者的主要区别是,头脑风暴法要在短短的几十分钟内给出解决问题的尽可能多的想法和建议,而研讨会并不受时间限制,由主持人和全体成员一起齐心协力地研究出一个解决问题的办法。头脑风暴法只适应于简单问题或寻求主要问题的粗略的解决思路,而研究会则可用于复杂问题以及解决问题的具体步骤的深入探讨。

(三) 专家意见的收集和处理

1. 调查

这里所说的调查指专家意见的采集。若存在一个能做出适当反应的群体,而且各种不同意见并无交流必要时,可以用调查的方法获取专家群体的意见。调查可以是直接面谈,可以用电话交谈,也可以用邮寄调查表的方式进行;它可以是正规的,也可以是非正式的。但都涉及若干相关的步骤,这里要强调的是各步骤之间的相互关联,每一行动步骤都会影响其他各步骤并受其他步骤的影响。

一项完整的调查应包括如下不同步骤:

(1)制订计划。在这一阶段,要确定调查的目的,筹划、设计获取及分析有关信息的策略,确定工作的前提,要知道些什么,如何度量等。

(2)调查方法的设计。这是对获得所需信息的具体安排,要以最小的费用达到预期目的。这与制订计划的关系十分紧密,而且往往可以同时进行。

(3)样本选择。无论专家咨询还是群体参与,调查的规模要适度。各种类型的人都要有代表来反映其意见,又不能因样本过大而增加不必要的费用,因此研究人员要对研究对象的总体做必要分析,从中选择有代表性的样本。

(4)调查表设计。为了达到研究目的,需要以问卷的方式来获得必要的有关信息,无论以何种方式(当面交谈、电话、邮寄调查表)进行调查,调查表的设计都是必不可少的。调查时所提的问题应当含意清晰、明确、容易回答,所得的答案容易进行统计处理。

(5)校核与处理。为了把调查所得的信息变换成可以进行统计处理的形式,先应仔细核对调查结果,并把不同的回答分类,以便计数、列表统计。对漏填的项目也应分析和适当处置。

(6)分析与报告撰写。有些调查的结果用图形、表格就能说明问题,有时则需对调查结果进行复杂的统计处理并对所得结果做详细的理论解释,对这些数据反应的事实加以分析和说明。

对于采集专家意见的调查如何才能获得最佳效果,至今尚未进行充分研究,因此也没有结论性意见。

使用调查法的主要优点是:

(1)可以不受地域限制,征集众多人员的意见。

(2)这是一种结构化的提供分类信息的方法(当然,这要以数据的错综复杂为代价)。

(3)由于调查的匿名性,被调查人一般都能忠实地回答问题,所得信息较真实、可靠。

(4)使用调查表时,每个人都有足够的思考时间,为了填好调查表,还可以查找资料。

(5)在一个时期内对同样的群(样本)的多次调查所累积起的数据可以反映各

位被调查对象的情况和观点的变化。

调查法的主要缺点是：

(1) 为了有较高的回收率，调查时间相对要拖长。

(2) 有些人会漏填某些关键条目或对问题做错误理解而使调查达不到预期目的。

(3) 调查表的设计、收回表格(调查结果)的分析和报告的撰写要有专家参与。

(4) 要能找到熟悉问题、意见有代表性的专家并不容易，即样本的选定会有困难。

2. 德尔菲法

德尔菲(Delphi)法是对书写意见法和调查法的改进，是 20 世纪 50 年代由美国空军资助兰德公司，为了收集专家们关于"苏联需要多少颗原子弹才能给美国以毁灭性打击"这一问题的意见，由 N. C. Dalkey 及其助手发展起来的。这是一种有效的决策、预测和技术咨询方法，它通过征求一群人——通常是有关问题的专家的意见，来做出判断。由于 Delphi 法不要求成员面对面的接触而仅仅依靠成员的书面反馈，因此参加人员的地理分布可以很广。

Delphi 法涉及三部分人：决策人、工作人员和回答问题的专家(应答者)。

决策人提出需研究的问题并使用研究结果；决策人和专业工作人员共 5~9 人组成工作小组，具体负责 Delphi 法的实施。专业工作人员中有一位技术负责人，专业工作人员在技术负责人的指导下工作。技术负责人既应当熟悉 Delphi 法又熟悉所研究的问题，它将负责指挥工作人员设计咨询表，打印、邮寄，回收咨询表，汇总、处理咨询意见，安排会议等。应答者是征求意见的对象，是做判断的群的成员，应答者的人数可以随所研究的问题而定，少至几人，多则几十、上百人。

Delphi 法有三个主要特点，使这种方法能有效地征求和提炼群的成员的意见。这三个特点是：

(1) 匿名性。即向每个回答问题的专家发一份咨询表以获得匿名的反应。匿名是指：在调查过程中不透露成员的姓名；每个成员也不知道究竟有多少人参加。在研究过程中及最后提出的研究结果中只提供各种意见而不暴露提供这些意见的人的姓名，这样做的目的是任何成员的意见都将按其本身的价值去评价，避免受发表意见的人的声誉、地位的影响。

(2) 迭代和受控的反馈。Delphi 法是逐步进行的，要经过 3~5 轮询问，即 3~5 次迭代，每一轮都把收集到的意见进行统计处理，随后反馈给回答问题的专家。通过这种信息反馈，使群中成员的意见逐步集中。

(3) 对群的回答进行统计处理。用统计方法处理并形成群的意见，其中包括了每位成员的意见。

由上述特点可知,Delphi法是以书面调查方式收集群中成员的意见,对所有收集到的意见进行统计处理、归纳和综合,经过多次信息反馈,使意见逐步集中从而得到群的判断方法。

Delphi法具体实施分为如下九步:

(1)提出问题。即提出要做决策、预测或技术咨询的问题,这是很关键的一步。问题应当提得很清楚、很确切,使回答问题的专家准确了解决策人希望获得什么信息和如何使用这些信息。如果问题含糊不清或引起专家们的误解,整个过程都可能是白费劲。

(2)选择并确定群的成员。由于Delphi法要通过征求群的成员的意见得出群的判断,因此选择恰当的人员是这种方法能否获得成功的关键。成员的选择依据是:广泛的代表性,在成员中一般应包括技术专家、管理专家和情报专家;熟悉所研究的问题,能提供有关信息;对问题深感兴趣并能参加研究的全过程;有丰富的知识经验,有较高的知名度和权威性。专家组的确定可以由工作组提名,并逐个联系,解释研究的目的、过程,专家组的性质,专家的任务,需花费的时间等,征得同意后再定下来。

专家组的人数要适当,人数太少缺乏代表性;人数过多则数据的收集和处理的工作量大、周期长,结果的准确性提高并不多,7~15人为佳;若涉及多种不同咨询组,人数不妨多些。

(3)制订第一号调查表并寄发给应答者。这个调查表只是提出问题和说明希望达到的目标,而由应答者提出达到目标的各种可能方案。调查表用E.mail或用挂号快件邮寄,在寄出后一周再发函催交。

调查表没有统一形式,需根据所研究的问题设计,但要求符合下列原则:表格中每一栏目要紧扣所研究的问题,而又不限制应答者的思考,要使他们能充分利用自己的知识和经验去发表意见;表格要简明扼要,设计得好的表格通常使应答者将大部分时间用于思考和判断,填表的时间很短;填表的方式简单,某些问题,只要有可能就应事先设计好若干典型答案,让应答者尽可能用数字、字母或"√"、"X"符号来表示其评价或判断的结论。

(4)分析第一号调查表。在第一号调查表收回后,需要由工作小组对专家们提出的意见进行筛选、分类、归纳和整理,归并相似的,删除对调查目标并不重要的意见,理清这些方案或事件之间的关系,以准确的技术语言和简洁的方式制订出一份方案或事件的一览表,使专家们容易阅读。

在整理应答者们的意见时,工作组不能在其中掺入自己意见,Delphi法的组织者不应干预群的考虑。如果认为收集到的意见明显地忽略了所提出的问题中某些有意义的重要方面,群的意见不能被采纳,则可以认为群不合格,可以重新考虑组织新的专家组。

以上是 Delphi 结构的第一轮。

(5) 制订第二号调查表并寄发。这时要把第一号调查表的分析结果——整理成的一览表——发给应答者并开始第二轮调查。这时除了要求他们对表中所列各方案或事件继续发表补充、修改意见外,还要求他们对表中的每个方案或事件做出评价和判断。这些专家们的评价和判断应该用最简单的方式表达。例如,同意一览表中的哪些意见,哪些意见还需进一步说明等。可以逐条表态。对决策问题,一般要求选择最佳方案或对所有的方案按优劣排序;对预测问题,则要求对事件的发生时间等做出估计。

(6) 分析第二号调查表。收集专家组的意见并进行统计处理是 Delphi 分析的重要工作。常用的统计处理法有四分位法和均值——方差法。这时,除了获得统计的结果外,还应当把应答者所说明的理由加以小结,概述在第二号调查表中所获得的信息。

至此,完成了 Delphi 法的第二轮。第二轮的主要目的是确定收集到的信息对解决问题是否有益,或者至少能以其他某种方式加以利用,如果在第二个调查表中得不到做决策所需的信息,就应该在下一轮中改变研究的方向。

(7) 制订第三号调查表并寄发。在寄发第三号调查表时,要求群中的成员审阅第二号调查表的统计结果,了解意见的分歧及持各种意见的理由,再对方案或事件做新的评价。这时群中成员可以根据意见的总体倾向修改自己的意见,也可以坚持原来意见。但那些估计值处在四分位点以外的成员则应说明坚持原来意见的理由。实际上,这也是一种辩论,通过辩论,可以把其他成员忽略的因素和未加考虑的事实包括进去。虽然群的成员分处各地,仍能进行辩论,而且是匿名的辩论。

对应答人而言,调查或咨询可能到此终止,因此还可以请应答人指出在哪些方面的判断存在分歧但可以对这些判断进行集结;请他对将来进行研究与计划时的指导原则和注意事项提出建议。

(8) 分析第三号调查表。这一步与第六步的做法相类似。为此完成第三轮调查,必要时可以进行第四乃至第五轮调查。

(9) 提交最终结果。在经过几次反复之后,一般已能得到协调程度较高的结果。但是,如果群的成员的确难于形成一致意见,则可以把不能达成一致的意见作为 Delphi 法的最终结果。

在最终提交的报告中应该对目的、过程和结果加以总结。这一报告可以作为决策人未来采取行动的依据。

Delphi 法具有如下优点:

(1) 采用匿名的回答可以防止任何成员比其他人占有某种优势;可以避免社会

心理压力,而在对面的会议上,可能会由于门户之见、看风使舵、赶浪头,不愿放弃或改变原先所做的公开表态等原因而妨碍研究工作正常、有效地进行,而此法不存在这些问题。

(2)可以覆盖广阔的地域,使来自许多不同群体,背景各异的人员为了解决同一问题,以同等地位共同工作。

(3)其实施步骤是不连续的,计划与进程可以随时调整。

(4)每个回答问题的专家可以有足够的时间对调查表中的每一项问题仔细斟酌,必要时可以查阅所需资料后再填调查表。

(5)这种方法以任务为中心,把群中各成员的注意力都集中到问题的求解上。

(6)可以提供准确的文字记录。

Delphi 法具有如下缺点:

(1)进程缓慢耗费时间。

(2)无法提供口头交换信息的机会,应答者有可能误解调查表中的问题;对书面表达能力较差的人或某些难以用书面形式表达的问题很不利。

(3)认为 Delphi 法表达了专家的思想和专家的正确的观点,这在学术上站不住脚,有点夸大其词,因为在整个过程中,由工作小组对问题所做的详细说明就把他们的观点和先入之见强加给了回答问题的专家们,不让或限制了专家们提出与问题有关的其他前景,而且这种方法妨碍对立意见的交锋,会抑制探索性的思索。

(4)认为 Delphi 法可以代替其他交换意见的方式只是一种假设。

Delphi 法还可做一些变动:

(1) Delphi 法的最主要缺点是进程缓慢,因此为了减轻回答问题的专家们的负担可以取消第一轮咨询,由工作小组根据已掌握的资料直接拟订方案或事件的一览表,减少循环次数,但这样做会加剧缺点 3 的严重性。

(2)为了减少应答者查找资料和计算的时间,使之能在较短时间内做出正确判断,可以提供背景材料和数据。

(3)为了加速进程可以部分取消匿名和部分取消反馈。有时为了克服上述缺点,可以部分取消匿名,将匿名询问与口头讨论相结合;部分取消反馈,例如只给出四分位点而不通知中值,可以避免简单地向中位数靠拢的倾向。

这里举例用德尔菲法预测销售量。某书刊经销商采用德尔菲法对某一专著销售量进行预测。该经销商首先选择若干书店经理、书评家、读者、编辑、销售代表和海外公司经理组成专家小组,将该专著和一些相应的背景材料发给各位专家,要求大家给出该专著最低销售量、最可能销售量和最高销售量三个数字,同时说明自己做出判断的主要理由。将专家们的意见收集起来,归纳整理后返回给各位专家,然后要求专家们参考他人的意见对自己的预测重新考虑。专家们完成第一次预测并得到第一次预测的汇总结果以后,除书店经理外,其他专家在第二次预测中都做了不同程度的修正。重复进行,在第三次预测中,大多数专家又一次修改了自己的看法。第四次预测时,所有专家都不再修改自己的意见。因此,专家意见的收集过程在第四次以后停止。最终预测结果为最低销售量 26 万册。最高销售量 60 万册,最可能销售量 46 万册。

德尔菲法作为一种主观、定性的方法,不仅可以用于预测,而且可以广泛应用于各种评价指标体系的建立和具体指标的确定。

例如,我们在考虑一项投资项目时,需要对该项目的市场吸引力做出评价,我们可以列出同市场吸引力有关的若干因素,包括整体市场规模、年市场增长率、历史毛利率、竞争强度、对技术的要求、对能源的要求、对环境的影响等。市场吸引力的这一综合指标就等于上述因素加权求和。每一个因素在构成市场吸引力时的重要性即权重和该因素的得分,需要由管理人员的主观判断来确定。这时,我们同样可以采用德尔菲法。

2.3.3 资源计划的编制工具

通过前面的分析,我们已经认识到在项目管理中这些有限的资源是多么的宝贵,因此,应该通过合理的分配使它们发挥最大的价值,实现资源的最优利用。

资源平衡,或者说资源分配,就是指在不影响整个项目进度的前提下,通过调整各项工作的开始与结束时间,将一定数量的资源更合理地分配于各项工作。资源平衡最关心的是以最有效的方式使用资源。我们可以通过与资源平衡有关的计划和控制图来说明资源平衡的过程。

如果项目的所有活动的资源需求都为已知,那么一旦项目已经计划好,就可以从总体上计算项目的资源使用情况。如果资源的需求量超过了资源的可供量,那么就要调整时间计划以减少资源的需求。这个问题可以通过消耗时差和延迟非关键活动来解决。如果这两种途径还解决不了,那么只能延长项目的周期。

常用的项目资源计划的编制工具包括资源矩阵、资源甘特图、资源负荷图或资源需求曲线、资源累计需求曲线等。

(一)资源矩阵、资源数据表

资源矩阵、资源数据表以表格的形式列示项目的任务、进度及其需要的资源的品种、数量以及各项资源的重要程度,其格式如表 2-2、表 2-3 所示。

(二)资源甘特图

甘特图(Ganntt Chart),也叫横道图或条形图(Bar Chart),由亨利·L·甘特在第一次世界大战期间创建,并由此得名。甘特图是进行资源平衡的主要工具,能有效显示行动时间的规划,主要用于项目计划和项目进度安排。在网络计划技术出现之前,甘特图是计划和控制的主要手段。

表2-2 某项目资源矩阵

工作	资源需要					相关说明
	资源1	资源2	……	资源$m-1$	资源m	
工作1						
工作2						
……						
工作$n-1$						
工作n						

表2-3 某项目资源数据表

资源需求种类	资源需求总量	时间安排(不同时间资源需求量)						相关说明
		1	2	3	……	$t-1$	t	
资源1								
资源2								
……								
资源$m-1$								
资源m								

甘特图把计划和进度安排两种职能结合在一起,纵向列出项目活动,横向列出时间跨度。每项活动计划或实际的完成情况用横道线表示。横道线还显示了每项活动的开始时间和终止时间。这种图简单直观,但只能表明已有的静态关系,而对错综复杂、相互制约的各项活动间的关系没有表示出来,同时也没有指出影响项目生命周期的关键所在,这就不利于合理的组织安排和指挥整个系统,更不利于对整个系统进行动态优化管理。

甘特图是项目管理从凭借经验以及个别人的才能和天赋转向采用科学手段的最早尝试,是现代项目管理技术产生的基础。随着网络分析等新技术的出现和发展,甘特图在不断改进的基础上仍为现代项目管理发挥着重要的作用。

为了便于对有关方法的理解和掌握,我们介绍一个概念——关键路线。

(1)关键路线及其确定方法。关键路线是指在项目网络图中,决定项目最早完成日期的活动路线。它是项目网络图中最长的路线,并且时差为零。时差是指一项活动在不耽误后继活动或项目完成日期的条件下可以拖延的时间长度。当某些活动超前和滞后于计划完成时,关键路线通常将随时间的变化而变化。关键路线是网络图中最长的路径,它却代表了为完成项目所花费的最短的时间。如果关键路线上有一项或多项活动所花费的时间超过计划的时间,而项目团队又没有采取任何纠正措施,那么总体项目时间就可能拖延。

需要注意的是,关键路线名虽如此,但这里的"关键"并不是指关键路线中的活动是最重要的,而只是与项目的时间跨度有关。另外,关键路线表示的是最短时间,而不是最短路径。在实际项目中,虽然通常是计算整个项目的关键路线,但也可以确定达到一个里程碑或子项目的关键路线。通常按照总时差小于或等于某个指定的值(通常是0)的活动来确定关键路线。

我们以图2-3为例,来看一下确定关键路线的方法。

首先,列出网络中的所有路线,并计算每条路线的完工时间,其中时间最长的路线即为关键路线。计算每项活动的总时差 TF,将 TF=0 的活动连起来即为关键路线。

图2-3中的关键路线是 A—C—H—J—K,总工期 $T=3+5+4+3+3=18$。

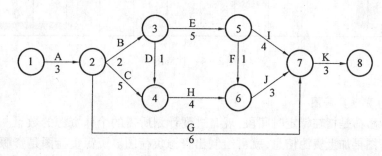

图2-3 关键路线举例

一个项目中,可能会存在两条或更多的关键路线。遇到此种情况,项目管理者应该同时注意这多条关键路线上的项目活动执行情况,以便及时进行调整。

关键路线并非一成不变的,而是随着项目的进展,可能发生变化。如图2-3,假设各项活动均按计划开始与结束,并假设活动1出现了问题,完成时间超过4天,那么它会使路径 A—B—E—I—K 也成为关键路线。

(2)关键路线法(Critical Path Method)。关键路线法(CPM)是通过分析哪个工作序列(哪条路线)进度安排的灵活性(浮动时间)最少来预测项目历时的一种网络分析技术,是进度控制最常用采用的方法。

利用关键路线法可以直观地表示出项目工作环节的顺序及相互之间的依赖关系,能够将各种分散、复杂的数据加工处理成项目管理所需的信息,从而方便项目管理人员进行各种资源的分析和配置,并进行有效的项目控制。

运用关键路线法时,可以按规定的开始日期用正推法计算各个最早日期;然后从规定的完成日期(通常是正推法计算后得到的项目最早完成日期)用逆推法计算各个最晚日期。

在利用关键路线法的过程中,要确定合理的工作细分程度,不能分得过细。因为那样就会增加编制网络图的难度和费用,并可能导致高频度的网络调整;也不能分得过于简单,因为那样可能会在项目实施中出现较大的偏差。

资源甘特图就是利用甘特图技术对项目资源的需求进行表达,格式如图4。

图 2-4 甘特图

(三)资源负荷图

资源负荷是指在特定时间段,现有进度计划所需的个体资源的数量。将改进后的甘特图再加上资源信息,就可绘制出资源负荷图。资源负荷图是资源平衡的重要工具。每幅资源负荷图一般表示一种资源的需要情况,要平衡几种资源就要绘制几幅资源负荷图。

资源负荷图一般以条形图的方式反映项目进度及其资源需求情况,格式如图 2-5 所示。

现在我们来举一个资源负荷图的例子,如图 2-6 所示。

从图中我们可以看出,在相当大的一部分时间内,该项目的这种资源是处于超负荷状。资源超负荷就是指在特定的时间分配给某项工作的资源超过它的可用资源。

资源负荷图直观地表示出了一种资源需求量的变化情况,通过调整非关键工序的开工时间,就能缓和需求矛盾,平缓需求高峰和低谷,即"削峰填谷",满足资源的限制条件。对于资金来说,如果日用款数无任何限制,则应在考虑其他因素的同时,尽量将用款高峰后移,而无需做全面平衡。

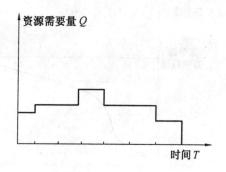

图2-5 资源负荷图

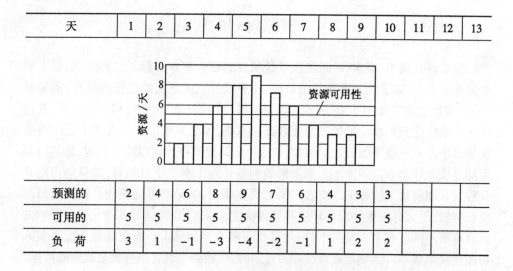

图2-6 资源负荷图示例

(四)资源需求曲线

资源需求曲线以线条的方式反映项目进度及其资源需求情况,分为反映项目不同时间资源需求量的资源需求曲线(其格式如图2-5所示)和反映项目不同时间对资源的累计需求的资源累计需求曲线(其格式如图2-7所示)。

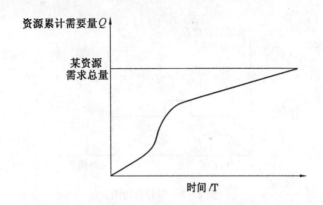

图 2-7 资源的累计需求曲线

2.4 资源规划的目的

在项目管理中,成本、时间和质量是项目的三大基本目标。这种时间、成本和质量的三重奏(定义为所有项目的目标、任务以及完成所需的工作的组合)通常被称为"项目三角",如图 2-8 所示。如果调整"项目三角"中的任何一个元素,其他两个元素将受到影响。虽然三个元素都很重要,但通常情况下只有其中之一将会在项目中占有最重要的地位。例如,如果决定调整项目计划以缩短日程,最终结果可能是成本增加和范围缩小。如果需要调整计划来满足项目预算,结果则可能是日程延长和质量无法保证。或者如果想提高质量,结果则可能是项目花费的时间更长、耗资更大。根据特定的环境和项目特性,这种计划调整对其他元素的影响方式会有所不同。在某些情况下,缩短日程可能会增加成本。而在其他情况下实际可能会降低成本。当创建或修改项目计划时,可能会发现它不再满足重要的目标。

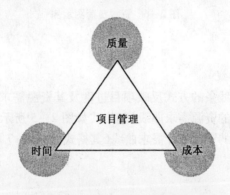

图 2-8 项目三角

例如，计划可能显示项目结束日期太晚或超出预算。你将需要优化项目计划以使之恢复正轨。当开始优化时，首先要决定在时间、资金和质量中何者对项目的成功最重要。换句话说，需要先解决哪一个问题？而质量是项目管理中永远不能折中的一个方面，因为不管什么项目，我们都必须首先保证项目的质量。为了在这三个基本目标之间实现有机的统一并进行平衡，人们引入了"范围"这个目标，作为项目三角的一个定点，从而将质量作为一个核心要素，如图2-9所示。

图2-9 新项目三角

这样，我们就可以通过调整范围与成本、范围与时间以及成本与时间三条边，实现项目三大基本目标之间的平衡。质量作为第四种元素，处于项目三角的中心，对三角形三边中任何一边所做的改动都可能影响到质量。质量并不属于项目三角的一边，它是对时间、成本和范围所做安排的结果。例如，如果发现计划中有额外的时间，可以通过添加任务和期限来扩大项目范围。使用这种额外的时间和范围，能够使项目及其可交付物的质量更高。或者在需要削减成本以满足预算时，项目团队不得不通过减少任务或缩短任务工期来缩小范围。由于范围缩小，达到一定质量水平的机会就会越少，因此削减成本可能导致质量降低。

当调整"三角"的任一边时，注意其他两边将会受到影响，这种影响的好坏取决于项目的特性。检查"项目三角"中的其他两个元素以确保调整没有将项目计划变得不可实施。例如，当调整计划以降低成本时，检查项目完成期限是否在可接受的范围内。

进行资源规划就是为了优化配置项目所有资源，更好地实现项目目标之间的平衡与协调，从而最终实现项目的目标。具体而言，我们可以分别从三个方面来看。

（一）从时间目标来看

经过分析，项目经理可能认为计划不能满足项目截止期限的要求，有几种方法可以用来调整计划的长度。选择哪一种方法取决于项目整体上所受的限制，诸如预算、资源、范围约束以及任务的灵活性等。

缩短计划最有效的方法是更改必须按时完成的任务以使项目能按时完工。诸如此类的关键任务组成了所谓的关键路径。对不在关键路径上的任务做修改不会影响到计划,因此,我们可以:

(1)缩短任务的工期。

(2)若能同时进行就重叠安排任务。

(3)分配附加资源。

(4)减少分配的工作量。

当调整计划时,可能会导致成本增加、资源过度分配以及范围变化。例如,如果在关键路径上缩短任务的期限,项目可能会很快结束,但这些任务的范围甚至整个项目都将会缩小。或者,为了使关键路径任务尽快结束而为它们分配了附加资源,可后来发现为这些任务过度地分配了资源,需要花费更多的时间,从而增加了成本。

(二)从项目目标来看

项目团队可能会发现所制定的项目计划超出了预算。这直接涉及项目资源的问题。项目资源包括人力、设备以及分配给任务的材料,是影响项目成本的主要因素。这些成本通常是浮动成本和固定成本的组合。

若要降低成本,可以缩减项目的范围,这样就会减少需要资源的项目数或缩短任务中需要资源的期限。但更为常用的方法是调整资源,合理分配,确保其最优分配与利用。可以确保已为工作分配了最好的、合理的资源。可以用较便宜的资源取代较昂贵的资源,并将其用在回报率最高的地方。

当调整计划以满足预算时,可能会导致结束日期延长或范围缩小。例如,对于过度分配资源的任务,取消加班工时可能会导致计划延长,使结束日期更加拖后。或者,如果已经缩小范围以满足项目预算,结果可能导致项目实际上结束得更早。

(三)从范围目标来看

通常情况下,当项目不能按期结束或不能满足预算时,可以削减范围以缩短计划或降低成本。但如果有可用的额外时间和预算,也可以增加范围。

若缩小范围,可以降低项目成本并且使项目很快按计划完成。若增加范围,则可能导致成本增加并使结束日期拖后。例如,如果削减了一系列被认为是可选的任务,则分配给这些任务的资源就可用于其他项目并且不再由此项目预算支付。或者,通过给一系列任务添加更多时间以增加范围,此时,就会发现更改范围会影响到关键路径任务的计划,并且会延长项目结束日期。

那么,如何实现项目三角中资源的合理分配呢?

有时候,为了在合理、均衡的工作量条件下保证资源的有效使用,需要对项目计划进行优化。按照项目三角的理论,资源被看做一种成本。因此,当为了增加或减少工作和资源的可用性而调整资源分配时,根据资源的使用率,成本会相应地上升或下降。

然而,当调整资源分配时计划会发生变化。为了解决资源冲突问题,可以拆分一个或多个任务。拆分任务是指在任务的完成过程中将其打断,以后当资源再次可用时,该任务可以继续进行。此外,还可以延迟任务。延迟期间是指介于任务的计划开始时间与实际开始时间之间的时间量。例如,如果你手头上有一些分配过剩的资源,并且通过延迟或拆分特定任务的方式再分配了该资源(一种被称为均衡项目的过程),计划的完成日期可能会拖后。或者,如果您有一些任务资源分配不足(分配给工作的资源使用时间少于可用时间),可以增加一系列任务的范围以充分利用资源的可用时间。

2.5 单一资源的平衡

资源平衡,就是通过延迟项目任务来解决资源冲突问题的方法。它以资源管理因素为主进行项目进度决策。资源平衡的主要目的就是更合理地分配使用的资源。项目经理应常检查网络图中的时差或浮动范围,来识别资源冲突。

资源合理利用与优化的方法很多,最简单的中心思想是怎样实现"向非关键路线上要资源",即利用非关键路线上存在的时差,进行调整促使资源负荷均衡化。

单一资源的平衡,目前一般采用启发式程序来求解,由于这种方法需要预先确定一些判别准则,而采取的准则不同,其结果也有所区别,较常用的方法有:

(一)资源平衡图解法

这种平衡是在实际网络计划已经确定的条件下进行的,是在不影响(少影响)总周期的前提下,利用非关键路线上存在的时差,调整某些活动的进度时间,使整个计划需要的资源能较均衡、较合理地运用。进行资源平衡时,首先要确定平衡的对象和要达到的目标。对象和目标确定后,要准备一张项目网络图,并确定出关键和非关键工序及非关键工序的松弛时间。然后,就可以进行资源平衡。

资源平衡的步骤如下:

步骤1 根据网络图提供的信息,按照最早时间绘制出项目的甘特图。

步骤2 如果所需资源都可得到,即工作进展不受资源限制,那么所有工序都按最早开始时间安排。

步骤3 如果不是所需资源都能满足需要,那么,推迟那些具有松弛时间的工序的开始时间,直到满足资源限制条件为止。

步骤4 因资源限制必须做进度调整时,要按下列次序进行:

(1)先调整非关键工序。
(2)调整具有较少松弛时间的工序。
(3)调整关键工序,但这可能会推迟项目完工日期。

步骤5 如果某道工序的开始时间推迟太多,超出了它的松弛限度,使其不能按最迟结束时间结束时,有两种选择方案:

(1)增加该工序的资源配额。
(2)只要资源条件一允许,就立即开始该工序。

步骤6 如果不能增加资源限额,且该工序又不得不推迟,就要考察分析推迟该工序对以后所有工序产生的影响。

步骤7 调整工序时间的安排时,必须使已调整过的工序开始与结束时间保持不变。

(二)其他启发式算法

一个标准的 PERT/CPM 网络,通常会产生一个在整个项目周期内资源需要起伏的轮廓图案,而实际情况下资源的总量是有限的。对于时间约束型的进度系统,要求保证进度的情况下,降低资源需要的高峰,使它尽可能地平坦,通过平整化减少资源的需要量。

多数启发式程序是以一个最初网络计划作为基础,它的整个思想是企图利用时差使资源平整化。这些早期的工作在美国 Burgess 和 Killebrew 小组以及 Levy\Thompson Wiest 两个小组开始发展。他们分别发展了项目资源平整化的计算机程序。他们之间虽然也略有差别,但基本方法是相似的。

Burgess 和 Killebrew 是将每日使用资源平方和($\sum R * R$)作为评价进度安排有效性的指标,即根据周期内每日资源消耗数,再平方相加,求得初步值,然后将每个活动顺序在时差范围内后延一个时间间隔(一天或一周),看看资源平方的变化,经过计算机反复进行比较而最后找到一个最小的资源平方和,这时也就达到了资源平整化的目的。

另一个 Levy\Thompson 和 Wiest 的办法,是从开始的一个网络计划进度安排和资源分布的轮廓开始,先确定高峰负荷,然后随机地在高峰负荷时间内挑选活动,在时差范围内改变进度,使高峰降低,再在改进后的负荷中确定新的高峰,重复上述步骤,一直到不能再降低为止。因为在这个系统中高峰负荷期间挑选多少个活动以及挑选哪些活动都是随机的,所以运行次数较多。虽然这种方法在这里讨论的仅仅局限于一种资源和单个项目,但这种原理则比较容易地可用于多个项目与多种资源。

然而,现实项目管理中上述时间约束型却是较少发生的,据实际的统计数字表明,大部分项目是属于**资源约束型**。有两种启发式方法及程序已发展用来解决这类问题,它们又可分为顺序方式和平行方式。

两种方法都是以下列假设为前提:

(1)原有的网络中顺序关系不能改变。

(2)每一活动可以安排在最早开始时间(ES)与最迟开始时间(LS)之间的任何时间内(对于关键路线上 ES＝LS 就不能有所选择)。

(3)每个活动被挑选的资格,是按启发式中的决策原则来决定的。

(4)在每一活动进行时间内,资源的水平是保持不变的。

(5)一旦一个活动被安排后,如无特殊情况就要连续不间断地一直到完成为止。

如果资源是有严格限制的,则项目的周期就必须有弹性。其目标是在不超过资源限制条件下,争取最短的项目周期。

顺序方式中按下列的决策原则顺序来调整安排活动的先后次序:最早开始时间;最小总时差;最小的间隔时间;最大的资源水平和活动的序号。调整时就按这个顺序进行。如果资源不能提供,而时差存在的话,将进度拖后,安排到资源许可条件下最早的可行时间。如果资源既不能满足,又没有时差存在,则只能将整个项目做最少的延后,其框图如图 2-10 所示。

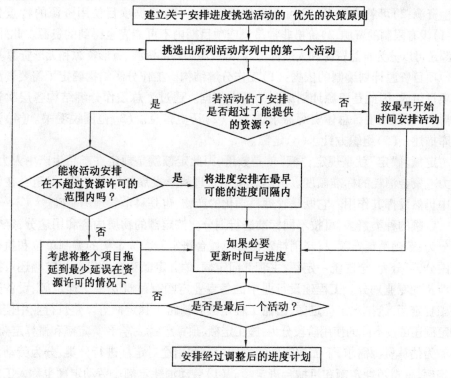

图 2-10　资源限制条件下顺序方式调整框图

在资源限制条件下的平行方式,并不像顺序方式调整那样同时遍及整个网络的周期,而是以间隔时间为基础逐日来调整。而且决策原则也有所不同,它是按照下列顺序来挑选并做调整的:最小总时差;最短的周期;最大的资源水平;活动的顺序。这时没有采用最早开工活动的决策原则,是因为在这一方法中自动地照顾了最早开始的准则,所以将最小时差作为在这特殊间隔时间内第一位决策原则。

这种方法分两个步骤:第一步,首先安排在选择期内已开工而尚未完成的活动,然后再按上述决策原则来选择其余新开工的活动。第二步,如果资源不能提供,则将非关键路线上活动向后拖延,将多余的资源用于关键路线。

本章小结

资源可以理解为一切具有现实和潜在价值的东西。

在项目管理中,对所使用的资源进行分类的方法很多,常见的有:(1)根据会计学原理分类。根据会计学原理对资源分类,可将项目实施所需要的资源分为劳动力(人力资源)、材料、设备、资金等。(2)根据资源的可得性分类:1)可以持续使用的资源;2)消耗性资源;3)双重限制资源。(3)根据资源的自然属性分类:1)不可再生资源;2)可补充资源;3)可重复使用资源。(4)根据项目使用资源的特点分类:1)没有限制的资源;2)价格非常昂贵或项目期内不可能完全得到的资源。此外,资源还可以分为自然资源和人造资源、内部资源和外部资源、有形资源和无形资源。

项目资源计划编制的依据:(1)工作分解结构。工作分解结构确定了需要资源的项目组成,因此是资源计划编制的基本依据。通过汇总工作分解结构各层次资源需求,可得到项目总体资源需求情况。(2)历史信息。(3)范围说明书。(4)资源库描述。(5)组织方针。(6)定额。

定额。"定"就是规定,"额"就是数量,因此定额就是规定在产品生产中人力、物力或资金消耗的标准额度。虽然定额是管理科学发展初期的产物,但至今在管理中仍然发挥其作用。它既是管理科学化的产物,也是科学管理的基础。

定额的种类繁多,可按不同标准进行划分。按定额的物质内容和用途分,定额可分为:劳动消耗定额、材料消耗定额和机械台班定额。按定额的编制单位和执行范围分,可分为:全国统一定额、主管部门定额、地方定额和企业定额。定额还可按所涉及的专业划分。工程建设行业中的各专业定额有建筑安装工程定额、设备安装工程定额、给排水工程定额、公路工程定额和铁路工程定额等。建筑行业中使用的定额还可按不同的使用阶段分为:施工定额、预算定额、综合预算定额和概算定额。

为估算资源需求,下面按定额的物质内容和用途对定额进行分类,分为劳动消耗定额、材料消耗定额和机械台班定额。(1)劳动消耗定额。劳动定额也称人工定额,按其表现形式,可分为时间定额和产量定额。(2)材料消耗定额。材料消耗定额是指在合理使用材料的条件下,生产单位合格产品所必须消耗的一定品种规格的材料、燃料、半成品、配件、水、电等动力资源的数量标准。材料消耗定额由材料消耗净用量和材料损耗量两部分组成。(3)机械台班定额。机械台班定额也称机械使用定额,按其表现形式,可分为时间定额和产量定额。

定额制定方法:(1)技术测定法;(2)统计分析法;(3)经验估计法;(4)类推比较法。

资源计划编制就是确定完成项目活动需要物质资源(人、设备、材料)的种类,以及每种资源的需要量。

资源计划的编制步骤:(1)资源需求分析;(2)资源供给分析;(3)资源成本比较与资源组合;(4)资源分配与计划编制。

资源计划的编制方法:(1)专家评定。需要用专家评定的方法对本过程的输入进行评估。这样的专家应具有专业知识和受过专门训练。(2)项目方案识别技术。顾名思义,涵盖面非常广,可以包括一切用于选择方案的方法和技术。许多一般的管理技术常在此发挥作用,最普通的有头脑风暴法和横向思维等。

资源计划的编制工具。常用的项目资源计划的工具:资源矩阵、资源甘特图、资源负荷图或资源需求曲线、资源累计需求曲线等。

练习题

(一)选择题(如无说明,选择题为单项选择)

1. (　　)是编制为完成项目工序所需的资源近似估算总费用。
   A. 项目资源规划　　　　B. 项目成本估算
   C. 项目成本预算　　　　D. 项目成本控制

2. 编制资源计划的第一项任务是(　　)。
   A. 资源需求分析　　　　B. 资源供给分析
   C. 资源成本比较　　　　D. 资源分配与计划编制

3. 以下哪种工具是以条形图的方式反映项目进度及其资源需求情况的?(　　)
   A. 资源矩阵　　　　　　B. 资源甘特图
   C. 资源负荷图　　　　　D. 资源需求曲线

4. 资源计划的结果是(　　)
   A. 编制资源需求计划　　B. 形成工作分解结构图
   C. 项目范围说明书　　　D. 经验教训

5. 编制资源计划的步骤包括(　　)
   A. 人资源需求分析　　　B. 资源供给分析
   C. 资源成本比较　　　　D. 资源分配

(二)简答题

1. 什么是资源? 在项目管理中资源的分类有哪些?

2. 项目资源计划的编制依据是什么?
3. 什么是定额?定额的分类有哪些?
4. 为估算资源需求,按定额的物质内容和用途对定额是如何进行分类的?
5. 定额的制定方法有哪些?
6. 什么是资源的计划编制?
7. 简要介绍资源计划编制的步骤、方法及其工具?

思考题

资源计划的各种编制工具分析。

阅读材料

一、资源单价

估算项目的各项成本必须知道每种资源的单价,如每小时人工费,每立方米大宗材料的成本。如果资源单价未知,则应先估算资源单价。在市场竞争激烈、价格变化频繁的情况下,估算人员主要通过调价和分析预测来合理确定资源的单价。

(一)资源单价的构成

1. 人工单价

人工单价是指一个劳动力在一个工作日的全部人工费用,应基本反映劳动力的工资水平和一个劳动力在一个工作日中可以得到的报酬。其组成应包括工资及福利费。

2. 材料单价

材料单价应由材料原价、供销部门手续费、包装费、运杂费、采购保管费组成。随着建材市场的完全放开,价格随行就市。

3. 机械台班单价

机械台班单价应包括折旧费、大修费、经常修理费、机上人工费、燃料动力费等。机械台班单价可以考虑机械的成本价格或租赁价格,并根据专业定额的特点组合并取定。

(二)资源询价

当项目所需资源来源于组织内部时,资源单价可在根据组织的内部成本资料进行分析预测后确定。当项目所需资源来源于组织外部时,则需要进行资源询价,获取资源单价的信息,以备估价。

1. 询价的含义

询价是指通过各种渠道,采用各种手段对所需劳动力、材料、设备等资源的价格、质量、供应时间、供应数量等方面进行系统的调查。询价是成本估算的基础。

2. 询价的渠道

一般可以从多渠道进行询价。

(1) 制造商。材料和设备的价格可通过与制造商直接联系获得,并又因流通环节的减少,价格会比市场价便宜。

(2) 制造商的代理人或从事该项业务的经纪人。

(3) 经营材料或设备的部门。

(4) 向咨询公司询价。所得的询价资料比较可靠。

(5) 自行进行市场调查或信函询价。

3. 询价方法

(1) 发出询价单。劳务询价主要了解各种人员的劳动效率的计算方法,各种保险费的计取及解雇费的支付。

材料询价单一般包括的内容有:材料的规格和质量要求;材料的数量;材料的供应计划(供货期及每期需要量);材料运输方式与可提供的条件;材料的报价形式及计价货币、贸易方式、支付方式;报价日期及有效时间等。

设备询价单与材料询价的内容相似。对于租赁设备可向专门从事租赁业务的机构询价,并详细了解其计价方法,如每台时的租赁费,有关运行费是否计入租赁费之内等。

分包询价单一般包括的内容有:分包工作内容及要达到的要求;需要分包商提供的服务及服务时间;为分包商提供的条件;分包工作在项目总进度中的安排;报价的日期与报价的货币等。

(2) 询价分析。收到询价单后,询价人员应将从各种渠道获得的资料汇总并进行比较分析,因为同类项目、同类材料的供应商、分包商的数量可能很多,价格有时相差很大,故需选择合适、可靠的报价,供成本估算用。

通常,询价工作结束的标志是一份详细的价格表。

(三) 资源的单价预测

从询价到实际购买材料,或分包项目实施可能有一段较长的时间,其间资源单价可能会发生变化,因此,有时需要在询价的基础上,运用一定的方法预测项目实施时的资源单价,以确保成本估算的准确性。

二、其他专家判断方法

(一) 名义上的群决策方法

这种方法简称 NGT(Nominal Group Technique),它把头脑风暴法和书写意见法以及投票表决结合起来,广泛用于以产生思想和进行问题规划为目的的各种组织机构。

名义上的(Nominal)一词是指默默地且独立地工作,这是该法的早期研究者用来反映决策意见。决策过程中各位成员虽然集中在一起却又不允许他们交谈;由于不准口头交换意见,这种个人的组合只是一种名义上的群。用这种方法产生群的意见可以减少由于各成员追求一致性而互相迁就,又能维系成员间的感情关系;它通过表决和优先级排序使所有成员在群的决策中具有相等的影响力。

NGT法在问世之后获得广泛承认和应用,在采用这种方法时,先由会议筹备人员选5~9个参加人员,这些人的经验、特长应与所探讨的问题有直接关系,参加人员在U形条桌周围坐定,座位之间要有足够大的距离以免互相影响。在开会前每个座位前放一叠卡片和纸、笔等物;在U型开口处放一黑板,使大家都能看得到。

NGT法具体包括下列步骤:

1. 会议开始由主持人介绍所探讨问题的调查研究报告,说明问题的实际情况。

2. 以书面形式默默地表达意见群的成员不加讨论,默默思考,并在纸上写下自己的意见想法和建议(历时10~15分钟)。

3. 依次记录意见。在上一步结束后,把群中各成员的想法依次记录到黑板上。每人每次只讲一条意见,由主持人用发言人所用的词汇在黑板上记下来;在每个成员讲过一遍后再从头开始。直到所有意见都讲完为止。在征集各成员意见时,允许发表与其他成员对立的想法。

4. 对上一步所提出的意见逐条讨论以明确含义。这一步的目的是澄清含混之处,详细说明这条意见;过程中可以辩论或争论,可以加上通过讨论而涌现的新想法,也允许表示不同意而不做说明。

5. 对各种意见的重要性进行初步投票。在这一步要把各成员的评价集结成群对各意见相对重要性的排序。具体做法是:

（1）请每个成员从所有意见中选出若干条(通常是5~9条),他认为应优先考虑的意见,并把它写在卡片上,每张卡片上只写一条意见。

（2）各人根据意见重要性在卡片上编号,设要求成员选 m 条意见,则最重要的意见编为 m 号,其他意见编号按重要性依次递减。

（3）主持人收回卡片后洗牌,以保证匿名性。

（4）计票,并在黑板上公布结果。

6. 对初步投票的结果加以讨论。这一步的作用是进一步澄清意见,尤其是对某些人认为很重要而另一些人认为极不重要的分歧最大的意见要重点讨论,因为有可能某些成员比其他成员掌握更多的信息,对所研究的问题有更深的理解;对此进行简单的讨论常常能导致对面临问题的重新认识。需要说明的是,这一步的目的并不是要强迫任何人改变态度。

7. 最终投票。这一步的具体程序与第五步相同,所得到的结果就是群的决策。NGT 整个过程通常要 60~90 分钟。

NGT 的优点是:

(1) 具有书写意见法的同样优点,可以避免成员之间的冲突;防止某些影响力较大的成员左右决策过程。

(2) 在方法中包括意见生成和意见评价两部分,这两者又是分别进行的,可以避免过早地把精力集中在某种意见的争执上。

(3) 与会者既能很好地完成任务又不致影响私人感情。

(4) 允许成员做简单讨论有助于充分利用有关信息,对问题有更深入的理解。

(5) 用类 Borda 法从个人的排序获得群的结论可增加群体判断的准确性。

(6) 把所有成员投票结果匿名地公布出来可使群对需要进一步说明和讨论的重点内容一目了然。

(7) 这种方法总可以获得确定的结论,这是一般意见生成无法做到的。

由于上述种种优点,NGT 法可用于问题辨认、意见生成、解决办法的探索和确认方案的优先顺序等不同方面。

NGT 法的主要缺点是:

(1) 需要一个对 NGT 过程十分熟悉而且有高度技巧的主持人。

(2) 必须事先对问题的阐述做充分准备以避免成员误解。

(3) 要求参加者有很强的书面表达能力。

(4) 在群的偏好不能很准确地表达时,某些成员可以施加其影响而左右群的排序。

(5) 一次只能处理一个问题,用途单一。

(6) 人数较多的群不能使用。

(二) 接合法

接合法的英文 Synectics 来自希腊语,其含义是把表面上不相关的、不同的因素接合起来。作为一种方法它研究如何增加创造性和想象力,它让不同背景的人构成群,聚集在一起通过无拘无束的想象,对不同因素相互补充,创造出问题的解决办法。这种方法由 Gordon 于 1961 年提出。运用这种办法解决问题的过程主要包括三个部分。首先是对问题的定义、详细说明、分析和理解;其次是用各种不同的技巧对问题类推和比喻;在进行上述工作之后,看看所采用的方法能达到何种结果并与所希望达到的目标相对比,如果提出的解决办法令人满意,则求解问题的过程终结;如不能令人满意,则群对问题会有更深入的理解,可在此基础上重复上述过程直到得出满意的解决办法。

接合法把增加想象力的创造过程定义为以艺术和技术的创新为目的的问题阐

述和问题求解的智力活动。其中问题阐述强调问题的确定与对问题的深入理解，而完成其中的智力活动的主要方法有两个：一是变陌生为熟悉，用新方式来观察问题，以期对问题有更深入的理解；二是变熟识为陌生，发展新关联来观察问题，以得到创造性的解决办法。

这种方法有四条基本的运行机制（运作技巧）。

1. 个人的类比。进行个人的类比是要使各人忘我地、设身处地作为某个客体、事物或想法，各人都设想自己正是为此而工作的客体。

2. 直接类比。以一种新的前后关联方式来观察问题，这种类比明确而直截了当，可用来对类似的事实、知识和技术进行实际比较。

3. 象征性类比。用客观的不受个人感情影响的形象化的比喻来描述问题。

4. 幻想式的比拟。根据弗洛伊德的思想，创造性工作体现了希望的实现，因此让每个人照他所希望的（理想的）情况来表述问题。

这些运行机制的作用是使参与人处事能产生创造性反应的状态。

在接合法会议中有三种角色：主持人、与会者和客户的专家。问题的求解能否成功要取决于这些不同的角色在一起工作是否有效。主持人既不是评判员，也不是调解人或主席，其首要责任是根据流程图所规定的范围来引导和组织群体对问题进行研究，并保证有效地产生、形成并使用类比材料，与会者的作用是全身心地考虑问题，同时他将表现出自身的特点与个性，群中的每个人都将以自己的方式来观察问题，他不必考虑一项建议或想法是否有用。客户的专家对问题有着最切实的理解，它通常是客户或相关机构的代表，是负责解决面临问题的人。

接合法会议是高度有组织的行动。它由有专门技能的人员主持，主持人通过流程图来引导会议的进程，及时把群当时所处的流程位置写在黑板上，让群中成员了解工作进展情况。接合法工作小组的工作流程如下：

1. 给出问题待解决问题的一般性表达。可以由外界给定，也可以由群（工作小组）自己形成。

2. 所给问题的简短分析。由客户的专家对问题进行解释，使参加者对问题由陌生变为熟悉，这一步的作用是要分析并明确问题。

3. 问题的澄清与精炼。在说明问题后，最普遍的反应是马上有人会问："以这种方式解决问题后果会怎么样？"最初提出的办法通常不会有很大价值，很可能要受到客户的、专家的批评，但这步正是要淘汰那些僵硬、刻板和肤浅的解决办法，以此进一步澄清问题。

4. 充分理解问题。在所给问题澄清之后，每个与会者都来说明他观察问题的方式，如果可能，要说明他的理想的或希望的解决办法，由主持人记下各种意见后请专家做顾问，选定一种观察问题的方式。

5. 强行找出在假设条件下的解决办法。在这一阶段,先是畅想"要是……",以此明确解决问题应满足的条件,再设法用类比的办法和现实的途径满足这些条件,以得出观察问题的新的方法。

6. 两种可能。一种是得出了新的见解,使问题得到解决;另一种是发现还存在新的问题有待解决。对于后者重复上述流程。

有时解决的办法不止一个,这就要由客户的专家选定一个。

接合法有如下优点:

(1)四种类比法能够使许多人从固有的思考模式中解放出来,类比法对于结构不良问题的重新定义特别有用。

(2)在流程中设置问题澄清环节有助于以富有创新精神的解决办法来取代平淡的、常规的解决办法。

(3)在讨论过程中暂时把问题搁置起来以激励成员的创造性思维这种做法最终可能产生新的、完全不同的观察问题的方式。

(4)这种方法有改善群中人际关系的措施,成员乐意共同解决问题。

(5)主持人可以由群中成员轮流担当,这就能使他们更全面地参与到问题求解的过程中去。

接合法的缺点是:

(1)一个称职的主持人必须有洞察力、理解能力、训练有素,有能力在群做讨论的关键时刻提出适当建议,这样的主持人很难找。

(2)接合法工作小组要由感情、素质、技能、知识领域和兴趣爱好各不相同的人员组成,选定合适的人员也不容易。

(3)接合法流程中的第六步没有统一的结构化的实施步骤,研究此法的不同人员有不同的意见,而且该方法只提供找出问题解决办法的途径,而未涉及具体的解决办法的实施与跟踪,这些要由工作小组及客户的专家自己去设法。

(4)只有工作小组为主管领导所接受,并能互相充分交换意见时,才能有效地发挥作用。

(三)头脑风暴法和BW法的其他形式

1. 引发法(Trigger Method)。它是由福特汽车公司的 G Muller 提出的,它让有关人员各自事先准备一张与问题有关的关键词表。由于参与者各自独立准备,所以,对参与者来说不会产生开会时常有的那种压抑感。

2. 6-3-5数字法。6表示参加者的人数,3表示每个人最初以书面方式提3种想法或意见,5表示每一轮花5分钟。这种方法与其他以书面形表达意见的方法一样,能避免个人之间的冲突,防止某些成员控制会场,它尤其适用于研究小组内部探讨科研方向,选择科研课题这类问题。

3. 问题要素逐步整合法(Successive Integration of Problem Elements),记为 SIL 法。它是德国法兰克福的 Battelle 研究所为了克服头脑风暴法的开放性带来的"群体通常会较多地考虑如可得到一致的意见"的缺点而提出的,它把自由联想与不同意见的整合两者结合起来以形成群能接受的解决办法。头脑风暴法和书写意见法是开放型的,没有收敛的方法;而 SIL 则把开放型的思考与意见的收敛相结合,可以避免议而不决。

4. BBB 法(Battelle Belmuden Brain writing)。这也是 Battelle 研究所提出的方法,它把头脑风暴法和书写意见法的原理结合起来,通过自由联想,其他人意见的激励和图片的激励来形成新想法,兼有头脑风暴法和书写意见法的优点。

5. CNB 法(Collective Notebook Method)。这种方法用于某一组织内的各成员形成意见,它要求每个参与者逐日将想法写在专门记述该问题的笔记本上,然后把这些笔记本集中起来作为下一轮的基础。这样做可以避免面对面讨论所可能遇到的问题,而且比起其他 BW 法,好处是有充分的意见酝酿期。

此外,还有钉卡片法(Pin-Card Technique)和画廊法(Gallery Method)等,这里就不一一列举了。

(四)德尔菲法与头脑风暴法的联系与区别

德尔菲法与头脑风暴法既有区别,又有联系。德尔菲法能发挥专家会议法的优点,即能充分发挥各位专家的作用,集思广益,准确性高;能把各位专家意见的分歧点表达出来,取各家之长,避各家之短。同时,德尔菲法又能避免专家会议法的缺点:权威人士的意见影响他人的意见;有些专家碍于情面,不愿意发表与其他人不同的意见;出于自尊心而不愿意修改自己原来不全面的意见。德尔菲法的主要缺点是过程比较复杂,花费时间较长。

第3章 项目成本估算

导入案例

XX视讯运营网络在建网成本上主要考虑四个部分。一是视讯交换平台MCU部分,主要用于多点视频通信;二是视讯运营支撑系统,包括各种运营所必需的软件(网管、业务受理中心、业务管理视讯系统的关键组件中心)及相应的硬件服务器;三是H.323视讯系统的关键软件GK软件及相应硬件服务器,其容量和个人视频通信业务的发展情况息息相关;四是投入资金利息。具体可细分如下:

1. 视讯交换平台(MCU)第一年建设500端口MCU,以后根据客户发展情况逐年增加,每端口速率为384Kbit/s,每端口设备成本为1万元,逐年下降20%。MCU工程服务费按照设备费用的5%计算,包括设备运保费、安装调试费。

表3-1中,每年的建设端口数指的是每年新增的端口,端口建设成本逐年下降20%是指在前一年的端口建设成本上下降20%。

表3-1 MCU设备建设维护费用

项目	第一年	第二年	第三年	第四年	第五年
端口投入(384Kbit/s)	500	1 000	2 500	5 000	10 000
MCU设备成本费/万元	500	800	1 600	2 560	4 096
MCU工程服务费/万元	25	40	80	128	204.8
单年投入合计/万元	525	840	1 680	2 688	4 300.8

2. 视讯运营支撑系统主要包括运营支撑管理软件和硬件平台,考虑到支撑系统和用户数成一定的关系,根据不同的用户数对系统成本的边际影响,将不同市场规模下的投资估计见表3-2。

表 3-2 运营支撑系统费用

项目	第一年	第二年	第三年	第四年	第五年
视讯业务用户数/万元	3	30	100	500	1 000
单年投入合计/万元	120	300	750	2 000	3 000

3. GK GK 的容量与视讯用户最大放号数及同时可接入最大视讯用户息息相关,初期投入的 GK 视讯终端数量为商业视讯用户 2 000,个人视频通信用户 30 000。后期商业视讯用户和个人视讯用户每年在前一年基础上以 N 倍数递增。GK 端口数与实际注册用户端口数按照 1:8 收敛比进行计算,GK licence 价格期初为 720 元/端口,后期逐年下降,每年为前期的 80%。当前 GK 端口价格以表 3-3 为依据。

表 3-3 GK 端口投资计算表

注册用户数/万	收敛比	GK 端口数/万	每端口价格/元
3~20	1:8	0.375~2.5	720
20~100	1:8	2.5~12.5	480
100~200	1:8	12.5~25	360
200~600	1:8	25~75	288
600 及以上	1:8	75 及以上	198

根据上表,相应的 GK 建设投入费用估算见表 3-4。

表 3-4 GK 建设维护费用

费用类别/万	第一年	第二年	第三年	第四年	第五年
新增商业视讯用户数	2 000	4 000	10 000	20 000	40 000
新增个人用户数/万	3	30	100	500	1 000
GK 新增端口数/万	0.4	3.8	12.65	62.75	125.5
单年 GK 投入合计/万	288	1 459.2	2 914.5	9 252.8	1 0178

第 3 章 项目成本估算

表3-5 网通商用视讯系统建设维护费用

费用类别/万	第一年	第二年	第三年	第四年	第五年
视讯交换平台A	525	840	1 680	2 688	4 300.8
运营支撑系统B	120	300	750	2 000	3 000
GK软硬件C	288	1 459.2	2 914.5	9 252.8	10 178
利息(A+B+C=5%)	46.65	128.52	267.5	697	864
投入资金合计	979.65	3 727.72	5 602	13 627.8	18 142.8

资料来源：industry.ccidnet.com

4、利息考虑到运营商每年的投资可能采用货款，其他融资方式，也须考虑资金成本，将所有资金投入后，按总和5%的利率进行利息核算，确定该利率的基是假定当年收回所有投资成本。

5、视讯网络建设总投入估算综合上面三部分成本构成，得出从系统建设并开始运营的头五年中，各个年份建网资金投入和总投入，见表3-5。

3.1 项目成本估算概述

为了对项目的成本进行管理和控制，我们必须预测项目需要耗费何种资源、各种资源使用量、何时需要以及相应形成的成本，其中要考虑到未来通货膨胀的影响。任何预测都带有不确定性，不确定性随着所涉及内容的不同而不同。

有些时候，可以做出相当准确的预测，例如，一个建筑师可以相当准确地估计建筑一堵砖墙所需要的砖的数目，只要根据砖墙的长宽高就可以得到所需要的砖的数目，加上一定的其他耗费，结果的误差可能在允许误差以下。另外一些时候预测可能相当不确定，例如在估计开发某种特别软件时所需要的人/小时数就是一个例子，有经验的工作人员可以对此进行估计，但结果可能就具有相当大的误差。而有些时候，预测可能会非常困难，例如进行一种全新技术的开发项目，开发结果事前都难以确定，更不用说项目进展的具体过程了。

对于长期存在的公司（或其他组织）来说，总会形成自己一套有特色的组织模式，其中包括会计和预算系统。在进行项目预算时，需要注意到和这种系统之间的协调。

3.1.1 项目成本估算的定义

成本估算是对完成项目各项活动所必需资源成本的估算。根据合同进行项目成本估算时,应当区别成本估算与定价。

定价是一种经营决策(对提供的产品或服务,项目实施组织应当收取多少费用)。从某种意义来说,报价是一门艺术。对每一种情况都要有具体的定价战略。在想获得一个项目时,可能会出现两种情况:第一种情况是,想获得的新项目可能没有或很少有潜在的后续业务;第二种情况是,新项目可能是较大后续业务的切入点,或可能代表有计划地突破新市场。显然,在以上两种情况下,都有明确的不同业务目标,其定价的主要依据也不同。第一种情况下,目标是赢得新项目,根据协议执行并获利,定价是由市场的力量来决定的。第二种情况下,目标是赢得项目并且很好地执行协议,以期望在新的细分市场站住脚或建立新的客户群,而不是为了获利,其定价的根据是实际成本,故成本估算仅是做出定价时需要考虑的因素之一。

项目成本估算是根据项目的工作范围和资源条件等相关信息估计每个活动需要的工期,是项目计划中的一个重要组成部分。要实行成本控制,首先要进行成本估算。成本估算涉及确定完成项目活动所需资源的费用的近似(估算)值,这里的费用应理解为一个抽象概念,它可以是工时、材料或人员等。成本估算通常用货币单位表示,也可用如工时等其他单位表示,视习惯与方便而定。

成本估算包括确定和考虑各种不同的成本估算替代方案。如在大多数应用领域,普遍认为在设计阶段多做些工作有可能节省生产阶段的成本。成本估算过程必须考虑这种附加工作的成本能否抵消期望节省的成本。

当按照合同进行一个项目时,应该将定价与成本估算区分开,成本估算是对一个可能的量——项目工作单位提供合同规定的产品或服务所需的费用进行评估。定价是一项商业决策——生产单位对产品与服务要收多少,它使用成本估算,但只是众多要考虑的因素的一部分。成本估算一般要考虑以下因素。

(1)资源消耗率。做成本估算,资源消耗率估计是非常重要的,如人员工资/小时、某材料消耗/小时等,是计算项目成本的基础。

(2)进度计划。进度计划可在项目进度管理中得到,从进度计划中主要得到项目活动时间的估计。

(3)历史信息。许多资源类别的费用方面的信息获得的途径如下:

①项目文件。项目涉及的若干单位保留的以往类似项目的记录,对本项目费用的估算很有帮助。

②商业成本估算数据库。若可能,这不失为一种好办法,但必须考虑其购买费

用。

③项目组知识。项目组成员利用以往的经验、知识,亦可对费用做出估算,但这样往往准确性、可靠性较低。

(4)学习曲线。研究表明,人们在重复一项工作时效率会逐步提高,换言之,当产量以倍数增加时,劳动生产率以固定比率提高,此比率称为学习效率。学习效率是要耗费一定的学习成本的,因而,在我们愉快地获得较高的劳动生产率时,不要忘了我们已经付出了成本。另外,在一定的技术条件下,劳动生产率不可能无限提高,会在某一个数值上稳定下来,这是需要注意的。

(5)经济环境。经济环境包括通货膨胀、税率和兑换率等。进行项目估算时,要考虑到这些因素的影响。当成本估算涉及重大的不确定因素时,应设法减小风险,并对余留的风险考虑适当的应急备用金。

成本估算的输入项包括工作分解结构、资源要求、资源单价、活动历时估算、历史信息和账目表。

(1)工作分解结构是各项活动计划——包括范围、进度、费用、风险等的基础。

(2)资源要求就是资源规划所得到的成果,是用来说明工作分解结构中各组成部分需要资源的类型和数量的一份说明书。

(3)资源单价,顾名思义,是指每种资源的单价,如每小时的人工、每立米大宗材料成本等。

(4)活动历时估算是对完成某项活动可能需要的工作时段数量的定量估算,会对任何预算中包含了资金的附加成本(即利息)的项目有所影响。

(5)历史信息可以从项目文档、商业成本估算数据库、项目团队具备的知识等方面获取。

(6)账目表说明了执行组织用于报告一般日记账中财务材料的编码结构,是用于唯一确定项目工作分解结构每一个单元的编码系统。

3.1.2 项目成本估算的意义

项目成本估算有以下几个重要意义:
(1)成本估算是项目决策、资金筹集、评标定标的依据。
(2)成本估算是承包商报价的基础。
(3)成本估算是项目进度计划编制的依据。
(4)成本估算是项目资源安排的依据。
(5)成本估算是成本控制,即项目绩效考评的依据。总之,项目成本估算是项目成本管理的起点。

3.1.3 项目成本估算的内容

成本估算的内容除了第一章中提到的成本构成内容外,还应当包括应急费或不可预见费。

应急费是考虑项目可能遇到的风险因素,在进行成本估算时要列入的成本内容,用于补偿差错、疏漏及其他不确定性对估算精度的影响。应急费一般分为实施应急费和经济应急费两类。实施应急费用于补偿估价和实施过程中的不确定性,包括估价质量应急费和调整应急费。经济应急费用于对付通货膨胀和价格波动,包括价格保护应急费和涨价应急费。

应急费用的数额是根据风险分析、同类项目的经验以及项目组的评估来确定的。在所有的成本估算和预测中,都应将意外费用单独列出。应急费用在项目成本中所占的比例一般为10%。但是,使用多少意外费用,完全取决于实际情况,不能一概而论。

3.1.4 项目成本估算的类型

(一)国内建设项目成本估算的类型

习惯上我国建设项目成本估算分为投资估算、设计概算和施工图预算。

(1)投资估算。投资估算是指在投资决策阶段,对项目从前期准备工作开始到项目全部建成投产为止所发生费用的估计。

(2)设计概算。设计概算是指在初步设计阶段,由设计单位根据初步设计图纸预先计算和确定项目从筹建到竣工验收,交付使用的全部建设费用。当设计阶段包括技术设计时,需编制修正概算。

(3)施工图预算。施工图预算也称设计预算,是指在施工图设计阶段依据施工图设计确定的建筑安装工程费用。

项目管理中要进行多次成本估算,每次估算的时期不同,详细程度和精确程度的要求也不尽相同。一般来说,我们根据成本估算的不同时期将其分为三种:初步估算、控制估算和最终估算。三种类型各自的主要特征如表3-6所示。

此表中精确程度的含义:初步估算的精确程度-25%~+75%,表示项目的实际成本可能低于初步估算25%,或高于初步估算75%

由此可见,项目不同阶段不同类型的估算是与项目管理的任务相适应的,是应工作要求而产生的。

(二)成本估算精度的影响因素

1.项目工作进展和资料

成本估算的精度与项目工作进展和资料有关,工作进展越深入,资料越丰富,估算精度越高。在项目的前期阶段,影响估计的因素较多,因而误差较大,随着可计算因素的增加,成本估算的精度得以提高。

表3-6 项目成本估算的种类及各自特点

种类	初步估算	控制估算	最终估算
进行时期	可行性研究后期	项目计划阶段,伴随项目工作内容的精确确定而进行	项目实施阶段
主要依据	项目组的可行性研究和报告所做的估算	最新的市场价格	项目进程中一些重大工作的详细估算,及最新的估算和预测
特点	较为粗略。用流程示意图而非结构图等详细资料来表示项目实施的组成情况。当主要资源的规格已经确定时,也可进行一些较为详细的估算	比较精确。由项目团队全面负责制定。但其中一部分可分别由财务或专业咨询部门完成	主要资源按照实际价格详细估算。投资较少又不易确定的部分采用累比或预测
精确程度	-25% ~ +75%	-10% ~ +25%	-5% ~ +10%
精确度系数	1.60	1.15	1.08
作用	为管理部门提供初步的经济情况,并为筹集资金提供依据。是肯定项目经济价值继而转入计划阶段的必要条件	能够为筹集资金提供依据,也可用来明确责任和实施成本控制。宜与正式的风险分析同时进行	依据不同时期的项目情况为项目管理提供精确信息,是控制项目成本的工具
其他说法	棒球场估算、概念估算、可能性估算、SWAG(科学粗略解剖)估算	自上而下估算、分析估算	详细估算、WBS估算、工程估算

2. 物价水平

如果项目执行期间,物价水平波动频繁,会使项目成本估算的难度加大。

3. 估算人员的知识水平和经验

在进行项目估算的过程中，存在各种不确定因素时，需要依靠估算人员的知识水平和经验，经过分析判断，主观估计求得估算值。因此，项目成本估算受估算人员个人的估算特征影响。尤其是涉及人工费估计时，常要依赖个人主观来判断劳动时间，故项目成本估计不是一门精确性的学问。事实上，可以把成本估算人员分成四种类型：乐观型成本估算人员、悲观型成本估算人员、善变型成本估算人员和准确型成本估算人员。

（1）乐观型成本估算人员。乐观型成本估算人员对工作低估的情况要多于高估的情况，比如，在被问及完成某特定工作任务需要多少成本时，他们往往会表现得非常乐观。可事实上，成本常常超出原来的估计。乐观型成本估算人员的一个有趣的特点是，他们坚持认为自己的想法会成为现实，即使发现实际情况与预测相去甚远时也是如此。下一次再进行类似估计时，还是会乐观地作出估计。一些目光敏锐的项目经理凭借自己的经验能够判断自己企业中这种估算人员的估算准确度有多高，他们会在估算数据的基础上乘以一个修正系数使之更准确。通常使用的典型修正系数为1.5，即在最初估计数值的基础上再加上50%的值，就能够使估计值变得较为准确了。

（2）悲观型成本估算人员。有一些人喜欢做较保守的估计。他们总是对几乎所有的工作任务都会过高估计。原因之一可能是该员工缺乏工作经验，而且估计能力也不强。对保守估计也可以用修正系数进行修正。通常用小于1的系数乘以最初的估计值得到修正后的估计值。

（3）善变型成本估算人员。善变型成本估算人员的估算结果可能会是极度悲观的，也可能会是相当乐观的。导致这种情况的最可能原因是这些员工缺乏估计能力和工作经验。

（4）准确型成本估算人员。某些估算人员提供的成本估计值被实践证明很准确。虽然这种情况非常少，几乎可以不予以考虑，但如果真有这样一些估算人员，反而会令项目经理不适应。因为他们已经习惯对所有的估算数据进行修正，而不使用表面的数据来进行成本估计。

以上是影响项目估算精度的主要因素。实际估算中，表现出来的是一些更直接的原因，如工作分解结构不正确、对任务定义了不适当的技术水平等。总之，成本估算的精度是可以控制的，只要掌握的资料可靠、准确，拥有丰富的经验，能够全面分析各种因素，就可以大大提高成本估算的精度，把误差控制在合理的范围内。

在估算过程中，要明确地记住估算就是估算。不论估算使用的方法看上去多么复杂，也不论数学模型多么复杂，所有的估算结果不过是实际情况的近似值。估算并不是可以给出确切预计的精确计算。

3.2 项目成本估算的依据

3.2.1 项目范围说明书

项目范围确定的结果是正式的范围说明书。范围说明书是项目管理过程中确定项目主要可交付成果的一份重要书面文件,列入范围说明书清单中的事项的圆满完成,意味着项目阶段或项目的完成。如果项目的范围确定得不好,可能会导致意外的变更,有可能造成最终项目成本的提高。范围说明书一般包括下列内容:

(一)项目合理性说明

解释为什么要进行这一项目。启动一个项目的原因可能是市场需要、经营需要、顾客需求、技术进步或法律要求。

(二)项目目标

项目目标是确定项目成功所必须满足的某些数量标准。项目目标至少包括成本、进度和质量目标。项目目标应当有属性(如,成本)、衡量单位(如,货币单位)和数量(如,200万元)。在制定项目目标时,应尽可能将目标数量化,以便于测量承包商的工作是否达到预期的目标。未能数量化的项目目标隐含着很高的风险,如"达到使业主满意的程度",就很难讲业主在何种情况下能满意。

(三)项目可交付成果

项目可交付成果是为完成项目必须做出的可以测量、有形,并可验证的事项,可以是一份主要的、具有归纳性层次的产品清单。清单产品的交付标志着项目的完成。例如,一个软件开发项目的主要可交付成果可能包括可运行的计算机程序、用户手册。一个工程建设项目的主要可交付成果可能是一条公路、工程验收资料。

(四)技术规范

技术规范可单独作为一个部分,也可列入项目范围说明书内。它主要描述了项目的各个部分在实现过程中采用的通用技术标准和特殊标准,包括设计标准、操作规范、竣工验收方法、调试方法等内容。为了达到上述要求,需要开展质量管理方面的工作,一是质量的检验和保障工作,二是质量失控的补救工作,,这两项工作都要消耗资源,从而会产生质量成本,

要准确估算成本,必须正确理解项目范围说明书。例如,某国际工程项目的范围说明书中提到:要求进行至少15次试验以决定新物质的材料特性。在估算成本时,为安全起见考虑了16次的试验成本,但在15次试验结束后,客户认为对新物质的材料特性没有得出结论,要求必须再做15次试验。由此造成成本超支30000美元。

随着项目的进展,项目说明书可能需要修改或细化,以反映项目在以上几方面

情况的变化。

3.2.2 工作分解结构

详见第2章中的2.2.1。

3.2.3 项目活动时间估算

在项目的实现过程中,各项活动所消耗或占用的资源都是在一定的地点或在一定的时期内发生的,所以项目的成本与项目的持续时间直接相关,而且是随着时间的变化而变化的。这种相关与变化的根本原因是项目所消耗的资金、设备、人力等各种资源都具有自己的时间价值。此处的时间价值是指消耗或占用资源本身价值中所包含的时间价值,即等额价值的资源在不同时间消耗或占用的价值之间的差别。这种资源消耗或占用的时间价值,是由于时间作为一种特殊的资源所具有的价值造成的。

项目消耗或占有的各种资源都可以看成是对货币资金的占用,其中人力资源和材料消耗所花费的资金(人工费和材料费),从表面上看是一种花费,实际上也是一种资金的占用,因为这些花费最终都将通过项目的运营而获得补偿。因此,项目的全部成本实际上都可以看成是在项目实现过程中所占用的货币资金。这些项目所占用的货币资金,不论是自有资金还是银行贷款,都有其时间价值。这种资金的时间价值的根本表现形式就是资金占用应付的利息。这种资金的时间价值既是构成项目成本的主要科目之一,又是造成项目成本变动的原因之一,因为资金的时间价值是随着项目工期(时间)的变化而变化的。由于资金具有时间价值,因此项目本身及各项活动所需时间会对项目成本估算产生影响。项目成本估算之前,应编制粗略而简单的进度计划,估计为完成每一项活动可能需要的时间。编制时应充分考虑到各种可用资源的数量及限制,包括总量限制、单位时间用量限制、供应条件和过程的限制。如资金供应量的限制将影响到项目的实施进度,进度的制定应保证项目执行中有足够的资金;同时,项目的进度安排对资金的筹措提出要求,为估算利息费用提供依据。

3.2.4 项目资源计划

详见第2章中的2.1.3。

3.2.5 成本估算参考数据

(一)定额与指标

项目成本估算过程中经常需要套用一些指标或定额。在国外,成本指标及资源消耗定额通常由估算者根据经验或公司内部资料确定,无国家统一指标消耗定额。我国则不同,有关部门,如住房和城乡建设部,制定了符合国家技术规范、质量标准并与一定时期工艺水平相适应的各工作单元的人工、材料、机械台班消耗量,并编制有成本指标。

我国工程建设项目成本估算采用的定额与指标主要有概算定额、预算定额、概算指标、单位估价表及取费标准。概算定额、预算定额、概算指标可用来确定一定计量单位所需消耗的人工、材料和施工机械台班的数量标准及费用。单位估价表是预算定额中分项工程或结构构件的单位预算价格表。取费标准规定了有关费用如间接费、计划利润等的取费标准和有关价格调整办法、参数。

(二)项目数据库

由于国际上并没有国家、地区或部门统一制定的定额与指标用于成本估算,而项目成本又往往可根据已完成的类似项目的成本数据来推算,因此,较为普遍的做法是建立项目数据库,从中获取有关的成本资料来估算成本。项目数据库是各公司将自己开发或承担过的项目的主要数据进行系统分类、存储,建立数据库。建立项目数据库应注意对已经完成的具体项目情况有足够的说明,并按统一的要求和标准定义存储数据,使各个项目可以通过统一编码与项目数据库保持良好接口。

当利用历史数据进行成本估算时,应注意对项目的特征进行分析,尽可能选择相似的项目作为成本估算的参考对象。

(三)商业化成本估算数据

有一些公开发行的成本估算数据书,如估算工作手册等,可用于估算。估算工作手册中载有各项活动或工作的资源耗用量,并有常用计算公式、数据、计算规则、材料性能及规格换算等资料。它是计算工作量和完成资源量计算工作的工具性书籍。

(四)项目执行部门的知识

项目成本估计值应该来自于那些最适于进行此项工作的企业部门。这与那些常规性生产制造工作中的成本预测工作的侧重点是不同的,在常规性成本预测工作中,成本预测可以放心地交给那些专门从事该项工作的成本预测人员或是制造工程设计人员来进行;而项目成本估计往往必须从实施某具体任务的企业职能部门的高层负责人那里得到。例如,由企业的总工程师提供某项目所有预计的设计成本是很自然的事情。所以,像生产制造经理、安装或售后服务经理以及其他经理或负责人都应当参与到项目的成本估算工作中来。

项目成本估算工作中的这种将成本估算职能分散化的做法,显示了成本估算工作在项目管理中和在一般生产作业活动中的不同之处。尽管项目成本估算工作的首要目标依然是保证估算数据的准确性,但这种分散成本估算职能的做法其目的已不仅局限于此。对于大型项目而言,由于往往持续数年之久,所以在项目规划阶段对项目人工劳动时间的估算将会对相关职能部门人工成本的预算产生很大影响。不论是从事何种项目工作的企业职能部门,只有在该部门财务预算目标的制定上其部门经理发挥了重要作用的时候,该部门的预算报表才会真的有效,这是因为这些预算目标正是部门经理在未来实际工作中必须完成的职责。

如果采用上述职能分散型的成本估算方法进行项目成本估算,那么必须有一套成本估算表格在所有参与项目的企业部门之间传递,这种传递可以通过几种不同的方式来实现,当然其各自的有效性也是不同的。

第一种方案是用某种附有参与项目企业部门列表的估算表格,该表格将会依照部门列表的顺序依次被传递,每经过一个部门,该部门有关负责人就会在表格中填上本部门的成本估算数据,这一过程会一直持续到该套表格返回项目经理手中为止,此时所有的成本估算工作也就相应完成了。但是我们可以想象一下,图书馆中某本杂志的复印件需要多长时间才能在所有需要传阅的人手中传递完呢,而该复印件又会有多大风险会在传递过程中被丢失呢?基于同样的考虑,上述这种收集成本估算数据的方案实际上是不可行的。

第二种方案就是为每一个参加项目的企业部门分别印制估算表格,将这些表格同时发放给这些部门,发放方式可以是书面文件,也可以应用企业的内部计算机网络。这种做法能够降低第一种方案中由于递送而延迟的时间,但该方案的成功与否在很大程度上还是取决于各部门主管人员的合作态度。在回收这些估算表格的时候,时间延迟会常常发生,在某些真实案例中也不难发现,那些书面预测表格有时也会被遗失。

由于缺乏合法的强制措施,又不能采取暴力手段进行要挟,所以对于项目成本数据的收集而言,最佳的同时也是最快捷和最可靠的获得方式就是进行私人游说。该方法的第一步骤同样也是准备一套完整的项目成本估算表格,其中要列明每一个可知的工作任务并对其进行编码。这些表格要依照项目工作分解结构来进行逻辑排序,这样项目经理(或其代表)就可以按一定顺序去拜访每个参与项目的部门的经理,应用企业内部计算机网络同样可以达到这种目的。该种做法的目的在于迫使各部门为成本估算表格或相应的计算机系统提供令人满意的成本估算数据。在这一过程中,执行此项任务的人员可能并不会受到各部门的欢迎,但是博得别人的好感并不是项目经理工作的主要内容。这种面对面的交谈可以为项目经理或项目计划经理提供一种评判有关当事人成本估算能力的机会,他们会对任何不切合实际或荒谬的数据当场提出质疑,对于一些细节性问题也会努力使异议和疑问降到最低的程度。他们提出的问题一般是这样的,"这项工作你们认为需要4个人工劳动周,那么4个工人能够在1周之内完成它吗?这项工作一定要1个工人用4

周的时间去完成吗?"此类问题的答案对于安排项目的时间进度和所用资源是十分重要的。

企业生产制造岗位上的员工在进行成本估算时往往需要帮助,如果派一名工程设计人员负责收集生产一线的成本估算数据,他会通过使用一线员工们能听得懂的术语为其提供帮助,并向其解释有关项目设计规格说明书的内容。除此之外,与新项目类似的以往实施的项目、任何形式的项目草图都将有助于该工程设计人员数据收集工作的完成,显然根据项目草图配以适当的口头描述会增强这种效果。

3.3 项目成本估算的技术路线

在项目进展的不同阶段,项目的分解结构层次可以不同。简单项目或方案阶段的项目,分解层次少,可能只有三层,即项目、子项目和活动。复杂项目或设计阶段项目则可以划分很详细。根据估算单元在 WBS 中的层次关系,成本估算可分为自上而下的估算、自下而上的估算、自上而下与自下而上相结合的估算。

3.3.1 自上而下的成本估算

自上而下的估算也叫类比估算。其基础是收集上层和中层管理人员的经验判断,以及可以获得的关于以往类似项目的历史数据。这种技术路线适合项目信息详细程度有限时(项目的早期阶段,如规划阶段、项目建议书阶段、可行性研究阶段)采用。此时,仅确定了初步的工作分解结构图,分解层次少,很难将项目的基本单元详细列出来。因此,成本估算的基本对象可能就是整个项目或其中的子项目,估算精度较差。

值得一提的是,自上而下的估算与自上而下的预算是有区别的。自上而下的预算是将成本从工作分解结构的上部向下部依次分配、传递,直至 WBS 的最底层。自上而下的估算实际上是以项目成本整体为估算对象,因 WBS 的上部成本已包括了下部组成部分的成本,故成本估算停留在 WBS 的上部层次,不再具体详细估算底层部分的成本。对建设项目采用扩大指标估算法,包括单位生产能力估算法和生产能力指数估算法(后面介绍)进行估算时,就是按照自上而下的路线进行估算的。

3.3.2 自下而上的成本估算

自下而上的成本估算是先估算各个工作单元的费用,然后自下而上将各个估算结果汇总,算出项目费用总和。采用这种技术路线的前提是确定了详细的工作分解结构(WBS),项目内容明确到能识别出为实现项目目标必须要做的每一项具体工作任务,对这些较小的工作单元能做出较准确的估算。当然,这种估算本身要花费较多的费用,项目管理班子必须决定是否值得为提高准确性而增加费用。这种技术路线适合在项目详细设计完成后采用。

建设项目的设计概算编制便是按照自下而上的成本估算过程进行的。建设项目的设计概算内容随工程的大小而定,一般由单位工程概算、单项工程综合概算和建设项目总概算组成。通常在估算设计概算时,首先编制单位工程概算,将各单位工程概算汇总得到单项工程综合概算,之后将各单项工程综合概算汇总得到项目设计总概算。

3.3.3 自上而下与自下而上相结合的成本估算

采用自上而下的估算路线虽然简便,但估算精度较差;采用自下而上的估算路线,所得结果更为精确,并且项目所涉及活动资源的数量更清楚,但估算工作量大。为此,可将两者结合起来,以取长补短。即采用自上而下与自下而上相结合的路线进行成本估算。

自上而下与自下而上相结合的成本估算,就是针对项目的某一子项目进行详细具体的分解,从该子项目的最低分解层次开始估算费用,并自下而上汇总,直至得到该子项目的成本估算值;之后,以该子项目的估算值为依据,估算与其同层次的其他子项目的费用;最后,汇总各子项目的费用,得到项目总的成本估算。这种估算路线将重点放在项目的主要组成部分,投入相当的人力进行详细估算;而其他次要部分则按经验估算。

3.4 项目成本估算的方法

成本估算实际上是一种预测工作,从理论上讲,所有的预测原理与预测理论均适用于成本估算。但由于项目具有的一次性和独特性特征,项目成本估算与一般产品的成本估算又有不同之处。在不同的领域存在一些特殊的成本估算方法。一般的估算方法主要有:专家估计法、类比法、参数法和详细估算法等。上述方法按照是否采用数学模型又可归纳为:定性方法、定量方法及定性定量相结合的方法。

进度计划是从时间的角度对项目进行规划,而成本估算则是从费用的角度对项目进行规划。这里的费用应理解为一个抽象概念,它可以是工时、材料或人员等。

成本估算是对完成项目所需费用的估计和计划,是项目计划中的一个重要组成部分,要实行成本控制,首先要进行成本估算。理想的是,完成某项任务所需费用可根据历史标准估算。但对许多工业来说,由于项目和计划变化多端,把以前的活动与现实对比几乎是不可能的。费用的信息,不管是否根据历史标准,都只能将其作为一种估算。而且,在费时较多的大型项目中,还应考虑到今后几年的职工工资结构是否会发生变化,今后几年原材料费用的上涨如何,经营基础以及管理费用在整个项目寿命周期内会不会变化等问题。所以,成本估算显然是在一个无法以高度可靠性预计的环境下进行。在项目管理过程中,为了使时间、费用和工作范围内的资源得到最佳利用,人们开发出了不少成本估算方法,以尽量得到较好的估算。这里简要介绍以下几种。

3.4.1 专家估计法

(一)专家的来源

专家估计法是以专家为索取信息的对象,组织专家运用专业方面的经验和理论,对项目的成本进行估计。此处专家是指具有专门知识或经过培训的团体或个人,专家的可能来源包括以下几个方面:(1)执行组织中的其他单位;(2)咨询人员;(3)专业和技术协会;(4)工业团体。

如对某新产品开发项目的成本进行估计时,可请企业中相关的技术人员、材料采购人员、管理人员等。

专家估计法包括多种方法,主要有专家个人判断法、专家会议法、德尔菲法等。

(二)专家个人判断法

专家个人判断法是指专家依靠个人的知识和经验对成本预测值进行判断。这种方法的主要优点是不受外界影响,没有心理压力,可以最大限度地发挥个人的创造力,但也容易受到自身知识面、知识深度和占有的资料,以及对预测问题是否有热情的影响。

(三)专家会议法

专家会议法是将有关专家集中起来召开会议,开展对项目成本预测问题的讨论。专家会议有助于交换意见,相互启发,弥补个人的不足之处。但是,专家会议也有其缺点,表现为参加人员易受心理因素的影响,如屈服于权威和大多数人的意见,受劝说性意见的影响,可能不愿公开修正已发表的意见等。

(四)德尔菲法

德尔菲法是专家会议法的一种发展,它以匿名的方式通过几轮函询征求专家们的意见。专家们互不见面。这种方法需要成立一个预测领导小组,负责草拟预测主题,选择专家以及对预测结果进行分析、整理、归纳和处理。

德尔菲法的程序是:

第一次,提出要求,明确预测目标,用书面通知被选定的专家和专门人员,要求专家说明有什么特别资料可用来分析这些问题以及这些资料的使用方法,同时,请专家提供有关资料,并请专家提出进一步需要哪些资料。

第二次,专家接到通知后,根据自己的知识和经验,对所预测事件的未来发展趋势提出自己的观点,并说明其依据和理由,以书面答复主持预测的单位。

第三次,预测领导小组,根据专家预测的意见,加以归纳整理,对不同的预测值分别说明依据和理由(根据专家意见,但不注明具体哪个专家),然后再寄给各位专家,要求专家修改自己原先的预测,以及提出还有什么要求。

第四次,专家等人接到第二次信后,就各种预测的意见及其依据和理由进行分析,再次进行预测,提出自己修改的意见及其依据和理由。如此反复征询、归纳、修改,直至意见基本一致为止。修改的次数,根据需要决定。

德尔菲法的结果要比专家个人判断法、专家会议法的预测结果更准确一些。

3.4.2 类比法

(一)类比法的一般原理

类比法是通过新项目与以往一个或多个项目比较来进行估算的,运用类似项目的成本资料进行新项目的成本估算,然后根据新项目与类似历史项目之间的差异对估算进行调整以获得对新项目的成本估计值。

例如,在进行某软件开发成本估算时,项目内的某人可能过去做过相似的项目,或者浏览文献查看别人在相似项目上的经验,那么这些经验可以类推到当前的新项目上。同时,考虑到新项目和以往项目有两个不同点。第一个不同点是查询程序中用户友好界面的需求有所增加。估算人员这样估算:增加的需求造成查询程序的工作量增加 30% 。如果查询程序的工作量占总工作量的 20%,则总工作量增加 6% 。第二个不同点是开发的新项目和其他大型项目共享资源(以前的项目没有资源限制)。估算人员可以这样估算:将总工作量增加 15%。由此,新项目的总工作量比以前增加了 21.9%(1.15×1.06)。类比法依靠相似项目的实际经验来估计,需要对以往项目的特性了解得足够清楚,以便确定它们和新项目之间的匹配程度。因为以往项目和新项目在需求、生命周期阶段、项目限制条件、实现需求等方面都有可能不同,因此.确定项目间匹配程度至关重要。

采用类似项目资料进行估算时,估算的对象可以是总体项目,也可以是子项目或子系统。这取决于用来识别和尝试估算新项目的以往类似项目细节的可利用程度。

在新项目与以往项目只有局部相似时,可行的方法是"分而治之",即对新项目进行适当的分解,以得到的更小的任务、工作包或单元作为类比估算的对象。通过这些项目单元与已有项目单元对比后进行类比估算,最后,将各单元的估算结果汇总得出总的估计值。值得注意的是,使用类比法首先必须了解新项目与历史项目之间的异同之处。类比法本质上是一种直觉方法,很容易理解并便于向项目管理者或用户解释,因此可以结合专家判断予以使用。

(二)常用的建设项目成本估算类比法

1. 扩大指标估算法

这种方法适用于对估算准确程度要求不太高的阶段。扩大指标估算法采用的指标是对大量积累的投资数据经科学系统分析后取得的。

(1)单位生产能力估算法。根据其他已完成项目或其设备装置的投资额和生产能力求得单位生产能力的投资额后,推导当前项目或其设备装置的投资。

(2)生产能力指数估算法。根据已完成的、性质类似的项目或设备装置的投资和生产能力估算当前项目或设备装置的投资额。

2. 比例投资估算法

比例投资估算法用于对整个项目投资费用的估算,使用的比例系数是从已建成的类似装置的统计数据中总结出来的。

3.4.3 参数模型法

(一)参数模型法的一般原理

参数模型法指将项目特征(参数)用于数学模型来估算预测项目成本。模型可以是简单的,也可以是复杂的。如果建立模型所用的历史信息是精确的、项目参数容易定量化,并且模型就项目大小而言是灵活的,那么,这种情况下参数模型是最可靠的。例如,麦道航空公司工程师在大量历史数据的基础上二建立了一个参数模型估算飞机成本,该模型包括如下参数:飞机型号(战斗机、货机、客机)、飞机航速、发动机推动力与承重比率、飞机不同部件的估算重量、飞机的产量、生产这些飞机允许的时间等。与这个复杂模型相比,有一些参数模型只是非常简单的启发式的或常理的。另一个例子是一个大型办公自动化项目,基于一个相似的同期开发的办公自动化项目,该项目大致估算为每个工作站大约花费 10 000 美元。更复杂的参数模型通常需要运用计算机完成计算过程。

参数模型法需要积累数据,根据同类项目的管理状况和成本数据,运用建模技术建立模型,如回归分析和学习曲线。

(二)回归分析法

使用参数模型法首先要识别成本与项目特征之间的关系,也即要识别项目成本的动因。项目可能会存在一个或多个成本动因。如项目设计成本与设计元素的数量、设计的变化,设备的维修成本与维修工时、设备已使用年限等有关,建筑物的建造成本与建筑面积、建筑体积、建筑结构类型有关。

对客观存在的现象之间相互依存关系进行分析研究,测定两个或两个以上变量之间的关系,寻求其发展变化的规律性,从而进行推算和预测,称为回归分析。显然,项目成本与项目特征之间的这种因果关系适合采用回归分析法。在进行回归分析时,不论变量的个数多少,必须选择其中的一个变量为因变量,而把其他变量作为自变量,然后根据已知的历史统计数据资料,研究测定因变量和自变量之间的关系。

回归分析是为了测定客观现象的因变量与自变量之间的一般关系所使用的一种数学方法。它根据现象之间相关关系的形式,拟合一定的直线或曲线,用这条直线或曲线代表现象间的一定数量变化关系。这条直线或曲线在数学上称为回归直线或曲线,表现这条直线或曲线的数学公式称为回归方程。利用回归分析法进行预测,称之为回归预测。

在回归预测中,所选定的因变量是指需要求得预测值的那个变量,即预测对象。自变量则是影响预测对象变化的,与因变量有密切关系的那个或那些变量。

在预测中,常用的回归预测法有一元回归预测和多元回归预测。这里仅介绍一元线性回归预测方法。

1. 一元线性回归预测法的基本原理

一元线性回归预测法是根据历史数据在直角坐标系上描绘出相应点,再在各点间作一直线,使直线到各点的距离最小,即偏差平方和为最小,因而,这条直线最能代表实际数据变化的趋势(或称倾向线),用这条直线适当延长来进行预测是合适的。

一元线性回归的基本公式为

$$y = n + bx$$

式中,x——自变量;y——因变量;n、b 回归系数,亦称待定系数。

2. 一元线性回归预测的步骤

从公式中可以看出,当 $x=0$ 时,y 是直线在 y 轴上的截距。y 是由点起,随着 x 的变化开始演变的。n 是利用统计数据计算出来的经验常数,b 是直线的斜率,也是利用统计数据计算出来的经验常数。它用来表示自变量 x 与因变量的比例关系。y 是按着 b 这个比值,随着 x 等比变化的。x 与 y 这两个变量之间的关系,将在 n,b 这两个回归系数的范围内,进行有规律的演变。因此,运用一元回归分析法的步骤是:

(1)先根据 x、y 两个变量的历史统计数据,把 x 与 y 作为已知数,寻求合理的 n、b 回归系数,然后,依据 n、b 回归系数来确定回归方程。这是运用回归分析法的基础。

(2)利用已求出的回归方程中 n、b 回归系数的经验值,把 n、b 作为已知数,根据具体条件,测算 y 值随着 x 值的变化而呈现的未来演变。这是运用回归分析法的目的。

（3）求回归系数 n 和 b。求解回归直线方程式中 n、b 两个回归系数要运用最小二乘法。

（三）软件开发项目成本估算模型简介

软件开发成本中人员费用占最大比例，在进行成本估算时，主要是对人员费用进行估算。人员费用或人力成本是以所估算的工作量为基础的，此外的其他成本，如差旅费、通信费、项目培训费用等，也需要做出估算，这些成本和人员费用一起构成项目的总成本。

对软件开发项目来说，估算通常包括规模估算、工作量估算和进度估算，这三级估算会转化为成本估算。

规模估算是最终工作产品规模的一个度量。它给出了实现最终结果所涵盖的一个度量范围，规模是估算工作量的基础。一些软件规模的衡量尺度是代码行数、功能点数、报告数量、界面数量等。

工作量估算是开发软件产品所需的人力的估算，通常以人月、人日或人年为单位衡量，并且有转换系数在不同单位之间进行转换。工作量也可以进一步细化为每种资源需要的人月（比如，设计人员、开发者人月等）。工作量估算是由规模和与项目有关的因素所驱动，如团队的技术和能力、所使用的语言和平台、平台的可用性与适用性、团队的稳定性、项目中的自动化程度等。工作量估算的主要根据是组织的生产率数据，生产率随着小组人数的增加而降低，随着开发项目可用时间的减少而降低。工作量估算和进度估算一起决定了开发团队的规模和构建。

进度估算是考虑组织的资源限制，并在能够得出的并行程度的前提下，完成工作量所需的日历时间。如果客户要求比第一次估算的时间更早得到软件，那么需要对工作量估算做出修改，以满足客户提出的进度要求。

最终，客户和组织都关心项目的成本金额。此时，成本估计可按下面的公式计算。

$$成本估算 = 人月数 \times 每个人月的价值$$

通常软件成本估算模型根据软件开发项目中使用的编程语言、编程人员的专业知识水平、程序规模和复杂性设计。模型可以是静态模型，也可以是动态模型。由于用以支持大多数模型的经验数据都是从有限的一些项目样本中得到的，因此，至今还没有一种估算模型能够适用于所有的软件类型和开发环境。目前常用的主要有以下几种估算模型：Putnam 模型、S1IM 模型、PRICE.S 模型、COCOMO 模型（Con-structive Cost Model）等，其中 COCOMO 模型应用最广泛。

COCOMO 模型是由 TRW 公司开发，玻姆（Boehm）提出的结构形成。

此种成本估算模型，是一种精确、易于使用的成本估算方法。

COCOMO 模型的基本形式可表示为：$MM = a \text{ X}(K \text{ DSI})$，$TDEV = 25 \text{ X}(MM)$。

在该模型中使用的基本量有以下几个：

DSI(源指令条数)，定义为代码或卡片形式的源程序行数。若一行有两个语句，则算作一条指令。它包括作业控制语句和格式语句，但不包括注释语句。1KDSI=1024DS1。

MM(度量单位为人月)，表示开发工作量，定义 1MM=1 人月。

152 人时=1/12 人年。

TDEV(度量单位为月)，表示开发进度，由工作量决定。

a,b,c 3 个参数则是根据不同的软件开发类型和 COMOMO 模型来确定。

COCOMO 模型按其详细程度分成 3 级：即基本 COCOMO 模型、中间 COCOMO 模型和详细 COCOMO 模型。基本 COCOMO 模型是一个静态单变量模型，它用一个已估算出来的源代码行数(1OC)为自变量的(经验)函数来计算软件开发工作量。中间 COCOMO 模型则在用 1OC 为自变量的函数计算软件开发工作量(此时称为名义工作量)的基础上，再用涉及产品、硬件、人员、项目等方面属性的影响因素来调整工作量的估算。详细 COCOMO 模型包括中间 COCOMO 模型的所有特性，但用上述各种因素调整工作量估算时，还要考虑对软件工程过程中每一步骤(分析、设计等)的影响。

(四)案例：毕业典礼项目的成本估算

假定玛丽·康宁(Mary Koening)是一所商学院的院长，该校每年大约毕业 3 500 名学生。学校为商业专业的毕业生举办单独的毕业典礼。毕业典礼是商学院的一个预算项目，玛丽·康宁院长必须预测毕业典礼项目所需的资金数额。

进行成本预测的第一步是确定所要预测的成本对象。院长认为成本对象就是在毕业典礼中商学院所要开支的所有费用，包括发言人的酬金、折叠椅的租金(典礼将在学院大楼旁的草坪上举行)以及饮料、点心等。

第二步，辨别成本动因。在这儿主要的成本动因就是预计的毕业生数和前来参加的客人数，因为人数影响所需的椅子数和所要提供的食品数量。椅子的租金和食品的成本都是变动成本，它们随着参加人数的不同而变化。演讲人的酬金是固定成本。整个典礼的成本是固定成本和变动成本之和

院长必须仔细地挑选成本动因。例如，院长应该知道，毕业生的总数对成本预测是不相关的，而相关的成本动因是预计参加典礼的毕业生人数，因为有一定数量的学生是不参加典礼的。对预计参加的人数需要作进一步调查，可以根据去年实际参加人数的一定比例来确定。另外，此例中还常常存在两个或更多的成本动因。雨天可能会减少参加的人数，由此而减少椅子、食物还有饮料的成本。康宁应该获得天气预报信息，如果她在预测中使用上一年的数据，那么她必须注意到上一年举行毕业典礼时是否下雨了。

第三步，院长应收集前几年参加典礼的毕业生人数，如果没有此数据，可以根据前几年实际毕业生数计算一个大致的比例。

第四步，将数据绘制成图，看一看数据有没有明显的趋势或变动。

第五步，选择预测方法。此例中将成本按固定成本和变动成本进行分类来进行成本预测。成本数据如下：

演讲者的酬金是 5 000 美元；每个椅子的租金是 0.50 美元；每个人的食品和饮料费是 1.50 美元。

再假设平均每个毕业生带两个客人，玛丽·康宁假定毕业生与去年的相同，大约 50% 的学生会参加毕业典礼。这样，她得到了公式

成本 = 固定成本 + 成本动因的数量 × 单位变动成本 = 演讲者的酬金 + [预计参加典礼的毕业生数 × 毕业生数及每个毕业生所带的客人数] × 总的单位变动成本

成本 = 5 000 + [(3 500 × 0.5) × (2 + 1)] × [0.50 + 1.50] = 15 500(美元)

最后一步是估计成本预测的精确性。为此，院长查看到现在为止她所做的工作：确定成本动因（参加的人数）、单位变动成本、固定成本以及预计总成本。院长认为，如果她知道今年毕业的实际数而不是使用前几年的平均数来代替，预测结果的精确性会得到进一步提高。还有，尽管她选择了一个有效的成本动因，但其他重要的成本动因也可以提高预测质量。预测的目标应该是在给定的成本－效益原则下获得可能的最精确的结果。

3.4.4 详细估算法

（一）详细估算法的一般介绍

当项目进展到一定程度，有设计图纸及设备清单，能够详细计算出各工作单元的工作量时，可采用详细估算法估算项目的成本。详细估算法是一种自下而上的估算。详细估算法也称为工程估算法，要求对项目每一个环节的成本都要逐项落实，分别详细估算。不言而喻，这种方法耗时长、费用高，但其准确程度也是前几种方法不可比拟的。

详细估算法中具有代表性的方法有施工项目成本估算的实物法。

（二）施工项目成本估算实物法

实物法编制估算就是首先计算出各工作单元的工作量，然后根据经验或消耗定额计算各工作单元的资源消耗量，包括各种材料、人工、机械台班的消耗数量，将各种资源的消耗量汇总，最后以资源的实物消耗量乘以相应的当时当地的实际单价来计算人工费、材料费和机械使用费，汇总得到工作单元的直接工程费。在此基础上计算措施费、间接费，最后汇总得到项目总施工成本。

实物法的特点是根据市场竞争情况确定资源单价及各种取费率，能比较准确地反映估算时各种材料、人工、机械台班的价格水平。在市场价格起伏较大的条件下，用实物法计算直接工程费比较恰当。但实物法要求搜集当时当地各种材料、人工、机械台班单价，要汇总各种材料、人工、施工机械台班耗用量，因此工作量大。

用实物法编制施工成本的具体步骤是：

(1) 收集、准备资料。

(2) 了解现场施工条件、物资供应情况及施工技术组织措施。

(3) 列出分项工程项目并计算工程量。

(4) 计算分项工程直接工程费和单位工程直接工程费，公式为

分项工程人工费 = ∑人工工时 × 人工单价

分项工程材料费 = ∑材料消耗量 × 材料单价

分项工程机械使用费 = ∑机械台班数 × 台班单价

分项工程直接工程费 = 分项工程人工费 + 分项工程材料费 + 分项工程机械使用费

单位工程直接工程费 = ∑分项工程直接工程费

(5) 以直接工程费或直接工程费中人工费为基础，按有关取费规定，分别计算各项措施费用。

直接费 = 直接工程费 + 措施费 间接费 = 直接费 × 间接费费率 或 间接费 = 直接工程费中人工费 × 间接费费率（安装工程）

单位工程施工成本 = 直接费 + 间接费 = 直接工程费 + 措施费 + 间接费 = 人工费 + 材料费 + 施工机械使用费 + 措施费 + 间接费

3.4.5 经验估算法

进行估计的人应有专门知识和丰富的经验，据此提出一个近似的数字。这种方法是一种最原始的方法，还称不上估算，只是一种近似的猜测。它对要求很快拿出一个大概数字的项目是可以的，但对要求详细的估算显然是不能满足要求的。

3.4.6 因素估算法

这是比较科学的一种传统估算方法。它利用数学知识，以过去为根据来预测未来。其基本方法是利用规模和成本图。图上的线表示规模和成本的关系，图上的点是根据过去类似项目的资料而描绘，根据这些点描绘出的线体现了规模和成本之间的基本关系。这些线可能是直线，也有可能是曲线。成本包括不同的组成部分，如材料、人工和运费等。这些都可以有不同的曲线。项目规模知道以后，就可以利用这些线找出成本各个不同组成部分的近似数字。

这里要注意的是,找这些点要有一个基准年度,目的是消除通货膨胀的影响。画在图上的点应该是经过调整的数字。例如 1980 年为基准年,其他年份的数字都以 1980 年为准进行调整,然后才能描点画线。项目规模确定之后,从线上找出相应的点,但这个点是以 1980 年为基准的数字,还需要再调整到当年,才是估算出的成本数字。此外,如果项目周期较长,还应考虑到今后几年可能发生的通货膨胀、材料涨价等因素。

做这种成本估算,前提是有过去类似项目的资料,而且这些资料应在同一基础上具有可比性。

3.4.7 WBS 基础上的全面详细估算

即利用 WBS 方法,先把项目任务进行合理的细分,分到可以确认的程度材料、某种设备、某一活动单元等,然后估算每个 WBS 要素的费用。采用此法的前提条件或先决步骤是:

(1) 对项目需求作出一个完整的限定。
(2) 制定完成任务所必需的逻辑步骤。
(3) 编制 WBS 表。

项目需求的完整限定应包括工作报告书、规格书以及总进度表。工作报告书是指实施项目所需的各项工作的叙述性说明,它应确认必须达到的目标。如果有资金等限制,该信息也应包括在内。规格书是对工时、设备以及材料标价的根据。它应该能使项目人员和用户了解工时、设备以及材料进价的依据。总进度表应明确项目实施的主要阶段和分界点,其中应包括长期订货、原型试验、设计评审会议以及其他任何关键的决策点。如果可能,用来指导成本估算的总进度表应具有项目开始和结束的日历时间。

一旦项目需求被勾画出来,就应制定完成任务所必需的逻辑步骤。在现代大型复杂项目中,通常是用箭头图来表明项目任务的逻辑程序,并以此作为下一步绘制 CPM 或 PERT 图以及 WBS 表的根据。

编制 WBS 表的最简单方法是依据箭头图,把箭头图中的每一项活动当作一项工作任务。在此基础上再描绘分工作任务。

进度表和 WBS 表完成之后,就可以进行成本估算。在大型项目中,成本估算的结果最后应以所述的报表形式表述出来。

(1) 对每个 WBS 要素的详细费用估算。还应有一个各分项工作总表,以及项目和整个计划的累积报表。

(2) 每个部门的计划工时曲线。如果部门工时曲线含有峰和谷,应考虑对进度表作若干改变,以得到工时的均衡性。

(3) 逐月的工时费用总结。如果项目费用必须削减时,项目负责人能够利用此表和工时曲线作权衡性研究。

(4) 逐年费用分配表。此表以 WBS 要素来划分,表明每年(或每季度)所需费用。此表实质上是每项活动的项目现金流量的总结。

(5) 原料及支出预测。它表明供货商的供货时间、支付方式、承担义务以及原料的现金流量等。

采用这种方法估算成本需要进行大量的计算,工作量较大,只是计算本身就需要花费一定的时间和费用。但这种方法的准确度较高,用这种方法作出的这些报表不仅仅是成本估算的表述,还可以用来作为项目控制的依据。最高管理层则可以用这些报表来选择和批准项目,评定项目的优先性。

以上介绍的三种成本估算的方法在实践中可结合起来使用。例如,部分进行详细估算,其他部分则按过去的经验或用因素估算法进行估算。

3.4.8 标准定额法

这是依据国家或地方主管部门,或者项目成本管理咨询机构编制的标准定额估算项目成本的方法。

3.4.9 工料清单法

工料清单法也叫自下而上法,这种方法首先要给出项目顺序号用的人工物料清单,然后再对各项物料和工作的成本进行估算,最后向上滚动加总得到项目总成本的方法。

3.4.10 系统软件项目成本构成及估算方法

随着知识经济、信息时代的来临,计算机软件业迅猛发展,商品化、资本化、资产化的计算机软件的价值评估的社会需求也日益增多。由于系统软件通常是一些规模大、复杂程度高的人－机系统,因此,系统软件的开发、使用、维护、管理的过程,是一个非常复杂的系统工程,需要有巨大的人力、物力、财力资源,需要各种计算机软、硬件的支持。这一特点是在系统软件评估中应予充分考虑的,也是从成本途径评估系统软件价值时应予着重关注的。据统计,软件成本在软、硬件总成本中的份额,已从 20 世纪 50 年代的百分之十几,上升到近期的百分之七八十,而且还在持续上升。软件成本中的开发成本和维护成本的比例,也从 20 世纪 50 年代的接近 1:1,达到了近期的 1:2。

(一) 系统软件的成本构成

系统软件的成本作为一个经济学范畴,应反映软件产品在其生产过程中所耗费的各项费用,为原材料、燃料、动力、折旧、人工费、管理费用、财务费用等项开支的总和。

从财务角度来看,列入系统软件的成本有如下的项目:

(1)硬件购置费,如计算机及相关设备、不间断电源、空调器等的购置费。

(2)软件购置费,如操作系统软件、数据库系统软件和其他应用软件的购置费。

(3)人工费,主要是开发人员、操作人员、管理人员的工资福利费等。

(4)培训费。

(5)通信费。如购置计算机网络设备、通信线路器材、租用公用通信线路等的费用。

(6)基本建设费。如新建、扩建机房、购置计算机机台、机柜等的费用。

(7)财务费用。

(8)管理费用。如办公费、差旅费、会议费、交通费。

(9)材料费。如打印纸、包带、磁盘等的购置费。

(10)水、电、汽、气费。

(11)专有技术购置费。

(12)其他费用。如资料费、固定资产折旧费及咨询费。

从系统软件生命周期构成的两阶段即开发阶段和维护阶段看,系统软件的成本由开发成本和维护成本构成。其中开发成本由软件开发成本、硬件成本和其他成本组成,包括了系统软件的分析/设计费用(含系统调研、需求分析、系统分析)、实施费用(含编程/测试、硬件购买与安装、系统软件购置、数据收集、人员培训)及系统切换等方面的费用;维护成本由运行费用(含人工费、材料费、固定资产折旧费、专有技术及技术资料购置费)、管理费(含审计费、系统服务费、行政管理费)及维护费(含纠错性维护费用及适应性维护费用)。

(二)系统软件的成本测算程序

(1)根据待开发软件的特征、所选用硬件的特征、用户环境特征及以往同类或相近项目的基础数据,进行软件规模测算。

(2)由系统软件的成本构成,结合成本影响因素、环境因素以及以往同类或相近项目数据分析,进行软件成本测算。其中包括了安装、调试的人力和时间表、培训阶段的人力和时间表。

(3)系统软件成本测算的风险分析。这是基于系统软件成本测算的不确定性、成本测算的理论和测算技术的不成熟性而提出的工作程序。系统软件成本测算的风险因素应包括:

①对目标系统的功能需要、开发队伍、开发环境等情况的了解的正确性。

②所运用历史数据及模型参数的可靠性。

③系统分析中的逻辑模型的抽象程度、业务处理流程的复杂程度及软件的可度量程度。

④软件新技术、替代技术的出现和应用对成本测算方法的冲击的影响。

⑤用户在系统软件开发中的参与程度,开发队伍的素质及所采用开发模式对开发成本的影响。

⑥对系统软件开发队伍复杂因素认识程度。

⑦系统软件开发人员及其组成比例的稳定性。

⑧系统软件开发和维护经费、时间要求等方面的变更等非技术性因素所带来的风险等。

在系统软件价值评估中实施上述程序进行成本测算时,除了应坚持资产评估操作程序中规定的各项原则外,还应遵循真实性与预见性原则、透明性与适应性原则和可操作性与规定性原则。

(三)系统软件成本测算

系统软件的成本由软件的开发和维护成本所构成,即

$$项目成本管理 \quad C = C1 + C2$$

式中,C 为系统软件的成本;$C1$ 为系统软件的开发成本;$C2$ 为系统软件的维护成本。

1. 系统软件的开发成本 $C1$ 的测算

系统软件的开发成本按其工作量及单位工作量成本来测算是可行的,具体测算方法为按系统软件的软件规模(一般为软件源程序的指令行数,不包括注释行)、社会平均规模指数以及工作量修正因素来进行。尤其是 CAD 系统软件的实际测算,结合国内外研究成果的综合分析和专家咨询,将软件社会平均生产率参数和软件社会平均规模指数可分别确定为 3.5 和 1.3 左右。

2. 系统软件维护成本 $C2$ 的测算

系统软件的维护为修正现有可运行软件并维持其主要功能不变的过程。系统软件在其交付使用后,其维护阶段在软件生命周期或生存期中占较大比重,有的可达软件生存周期 50%~70%。因此,系统软件的维护成本是软件成本测算中不可忽略的一部分。

系统软件的维护包括三类:A. 改正、纠正性维护;B. 适应性维护;C. 完善性维护。A 类是由于系统软件自身的复杂性,特别是为了对运行中新发现的隐错进行改正性维护;B 类是由于系统软件对其软、硬件环境有依赖性。软、硬环境改变时,系统软件要进行适应性维护;C 类是由于需求的变化,要求增强系统软件功能和提高系统软件性能,系统软件要进行完善性维护。因此,系统软件的维护在其生命周期中占有重要地位。同时,系统软件的维护过程是一个软件价值的增值过程。系

统软件维护中 A、B 两类维护与软件的开发过程有着紧密的联系,其维护费用应计入软件成本。C 类维护是为扩充功能、提高性能而进行的维护,在系统软件项目成本估算中一般不计入原系统软件项目成本。在系统软件维护阶段,对软件工作量的影响因素与开发阶段的影响因素基本相同,是开发阶段影响因素的后续影响。因此,系统维护的可靠性越大,规模越复杂,隐错越难发现,纠错越难。系统软件越复杂,要使其适应软、硬环境变化,进行适应性维护也越困难。当然,可靠性大、复杂度高的系统软件,其可维护性要求也越高,软件在运行中出错的可能性也会少些。基于上述分析,系统软件维护成本的估算,可按系统软件开发成本乘以一个该系统软件的维护参数来求取。这一维护参数,可按系统软件的复杂度从简单到一般、到复杂的顺序,分别取 0.15、0.20、0.25 及 0.30、0.35、0.40 等。计算机系统软件作为计算机系统的组成部分,是信息社会的重要商品,也是知识经济社会中的重要资产。

(四)常用的项目成本估算的比较

在项目工作的不同时期,成本估算可以分别使用自下而上法、参数估算法、软件估算法和专家判断法等方法。在项目处于选择和计划的时候,只能采用经验估算法进行大致估算;当项目完成了筛选之后,则可根据历史数据采用趋势法进行项目估算;设计已经完成、项目的目标确定之后可采用类比法;完成详细设计、项目的工作细节确定之后,就可以进行详细估算了。项目成本估算常用方法的优缺点及适用范围比较如表 3-7 所示。

表 3-7 四种常用成本估算方法的比较

估算方法	应用	优点	缺点
专家判断法	所有的项目阶段	当数据不足时,或参数成本关系和项目定义不足时都可以应用	容易产生偏见,随着产品和项目的负责性增加会降低估算的精度
自下而上法	项目各阶段	在子任务级别上对费用的估算更为精确,并能尽可能精确地对整个项目费用加以确定	很难组织项目最基层的工作包负责人参加成本估算并正确地对其估算结果加以汇总
参数估算法	生产开发	应用简单、成本低,统计数据基础可以提供期望值和预期范围,在详细设计和项目计划之前可以用于设备或系统	需要建立参数成本关系,具体系统或系统硬件功能的频度有限,依赖于数据的质量和数量,受有限的数据和独立变量的影响
软件估算法	项目管理软件	进行费用估算,简化工作量,便于进行各种费用估算方案的快速计算	很难找到最合适的管理软件

本章小结

成本估算是对完成项目各项活动所必需资源成本的估算。根据合同进行项目成本估算时,应当区别成本估算与定价。

定价是一种经营决策(对提供的产品或服务,项目实施组织应当收取多少费用)。

项目成本估算的意义:(1)成本估算是项目决策、资金筹集、评标定标的依据。(2)成本估算是承包商报价的基础。(3)成本估算是项目进度计划编制的依据。(4)成本估算是项目资源安排的依据。(5)成本估算是成本控制,即项目绩效考评的依据。总之,项目成本估算是项目成本管理的起点。

成本估算的内容除了第一章中提到的成本构成内容外,还应当包括应急费或不可预见费。应急费是考虑项目可能遇到的风险因素,在进行成本估算时要列入的成本内容,用于补偿差错、疏漏及其他不确定性对估算精度的影响。

国内建设项目成本估算的类型:习惯上我国建设项目成本估算分为投资估算、设计概算和施工图预算。

成本估算精度的影响因素:(1)项目工作进展和资料;(2)物价水平;(3)估算人员的知识水平和经验。

项目成本估算的依据:(1)项目范围说明书;(2)工作分解结构;(3)项目活动时间估算;(4)项目资源计划;(5)成本估算参考数据。

项目成本估算的技术路线:(1)自上而下的成本估算;(2)自下而上的成本估算;(3)自上而下与自下而上相结合的成本估算。

项目成本估算的方法:成本估算实际上是一种预测工作,从理论上讲,所有的预测原理与预测理论均适用于成本估算。但由于项目具有的一次性和独特性特征,项目成本估算与一般产品的成本估算又有不同之处。在不同的领域存在一些特殊的成本估算方法。一般的估算方法主要有:专家估计法、类比法、参数法和详细估算法等。上述方法按照是否采用数学模型又可归纳为:定性方法、定量方法及定性定量相结合的方法。

四种常用项目成本估算方法的比较及其优缺点。

练习题

(一)选择题(如无说明,选择题为单项选择)

1.(　　)是编制为完成项目工序所需的资源近似估算总费用。
　　A.项目资源规划　　　　　　B.项目成本估算
　　C.项目成本预算　　　　　　D.项目成本控制

2.以项目成本总体为估算对象,估算精度较差的成本估算是(　　)。

第3章 项目成本估算

  A. 人类比估算   B. 预算
  C. 最终估算   D. 自下而上估算

3. 如果某项目与历史项目不仅在形式上而且在实质上相同时,最好采取哪种成本估算方法( )。
  A 专家判断法   B. 工料清单法
  C. 参数估算法   D. 软件估算法

4. 虽然成本估算与成本预算的目的和任务都不同,但两者有共同的依据是( )。
  A. 历史资料   B. 项目范围说明书
  C. 工作分解结构   D. 资源计划

5. 以下关于成本估算说法不正确的是( )。
  A. 成本估算包括量级估算、预算和最终估算等几种不同精度的估算
  B. 成本估算是贯穿项目整个生命周期的一项管理活动
  C. 成本估算精度随着项目阶段的不断推移而改变
  D. 最终估算的精度最低

6. 如果一个工作包的估算成本是1 500元,该工作到今天实际上成本用了1 350元,而工作只完成了全部的2/3,成本偏差是( )
  A. 150元   B—150元
  C. -350元   D. -500元

7. 确定项目成本最有效的方法是( )。
  A. 工作分解结构   B. 责任分配矩阵
  C. 管理计划   D. 项目范围说明

8. 根据项目成本估算单元在WBS中的层次关系,可将成本估算分为( )(多选题)。
  A. 自上而下的估算   B. 自下而上的估算
  C. 量级估算   D. 自上而下和自下而上相结合的估算

9. 下面有关成本估算和成本预算说法正确的有( )。(多选题)
  A. 成本估算是对完成项目各项任务所需资源的成本进行的近似估算
  B. 成本预算在项目成本估算的基础上,更精确地估算项目总成本
  C. 成本估算的输出结果是成本预算的基础与依据
  D. 成本预算则是将已批准的估算进行分摊

10. 以下关于成本、质量和进度三者之间关系的表述正确的有( )。
  A. 进行成本预算确定成本控制目标时,必须同时考虑到项目质量目标和进度目标
  B. 项目质量目标要求越高,成本预算也越高
  C. 项目进度越快,项目成本越高
  D. 项目进度越快,项目质量越低

(二)简答题

1. 列举成本估算的方法,比较各方法的适应范围及特点。
2. 概述影响成本估算精度的因素。
3. 给成本估算下一个定义,并解释成本估算的意义。

4. 简述成本估算的主要依据。

思考题

常用的项目成本估算方法的比较及其优缺点。

阅读材料

成本估算是项目成本管理一个非常重要的部分。成本估算有几种类型：初步估算、预算估算和最终估算。每种估算类型分别用于项目生命周期不同阶段，并具有不同的精度。建立成本估算有四种基本的工具和技术：类比估计法、自下而上法、参数模型估计法和计算机化的工具。成本估算的主要部分包括目标叙述、范围、假设、成本/收益分析、现金流分析、预算分解和解释或详细依据。成本估算涉及将成本分配给各单个工作项。理解具体组织如何准备预算并据此进行估算是很重要的。

毕业生就业网项目开发成本估算

成本估算是项目成本管理的一项主要内容，是项目成本预测，其估算方法主要有专家估算法、自上而下法、自下而上法等。

毕业生就业网项目成本的有效控制得益于成本的正确估算。就业网项目的开发成本估算主要采取了以下措施。

1. 采用了 MS – Project 项目管理工具

根据公司的项目管理经验，项目团队采用了 MS – Project 项目管理工具作为就业网项目的项目管理工具。MS – Project 能够帮助我们对项目范围、项目进度、项目人力资源、项目成本进行有效管理。除此之外，MS – Project 还提供了丰富的报表分析工具，能够灵活地分析项目的成本、进度、挣值。

在就业网项目中的许多工作都依赖于 MS – Project 才得以高效地完成。

2. 完整的 WBS

项目的工作分解结构（WBS）是项目管理的基础，也是项目成本管理及估算的基础。只有建立了完备、无遗漏的项目 WBS 才能够确保项目成本估算的准确性。

在项目启动之初，项目团队对项目的需求作了深入细致的调研分析，并在 MS – Project 的帮助下建立了完整而基本无遗漏的 WBS。

3. 正确的项目资源估算

项目资源估算也是项目成本估算的重要输入之一，在项目估算之前必须明确项目所需资源的种类和数量以及项目资源的单价。

项目总成本 =（项目任务总用时 × 项目资源数量 × 项目资源单价）+ 一次性使用资源成本

在就业网项目中项目团队采用了专家意见法和 DelPhi 法,规划定义出了项目详细资源规划表,分别定义了项目所需资源的种类、所需数量、单价。并通过 MS - Project 加以管理。

4. 自下而上的项目成本估算

其实,项目成本估算的方法很多,有专家判定法、自上而下法、自下而上法、参数估算法等。另外,结合上述方法还可以采用 PERT 技术和 DelPhi 法。

结合项目实际与 MS - Project 的便利性,项目团队主要采用了自下而上的方法,对于风险较大的任务还采用了 DelPhi 法及专家判定法。在估算项目任务的成本时,将 WBS 的每一个任务分给各领域专家做工作量评估;要求每一项任务必须控制在 1 人周以内。对于超过 1 人周的任务,要求专家做原因分析,并提出分解方案。

这次项目成本评估所花费的工作量比较大,但却为后来的项目成本控制、项目管理打下了很好的基础。让项目团队成员真正体会到了项目管理的益处。

第4章 项目成本预算

导入案例

1976年,美国航空航天局(NASA)花费了6年时间和30亿美元(以1992年的美元币值计算)进行了两次海盗号火星登陆太空行动(Viking Mars. lander missions)。21年以后的1997年7月4日火星探路者(Mars Pathfinder)和漫游者飞行器(Sojourner Rover)再次着陆于火星,而其成本只有1.75亿美元,比上一次行动的成本足足减少了94%。人们使用了很多方法才实现了这一令人吃惊的成本削减结果,但其中最为重要的就是其工作依据了成本设计(而非依据绩效结果设计)的哲学理念。基于这一理念,这一太空行动的范围被人为地限制如下("范围蔓延"的情况也就不成其为问题了):

(1)实现成功地着陆。

(2)顺利回收工程遥感勘测信号。

(3)太空行动、飞行过程和地面系统的设计都是以现有的硬件和系统能力为基础的。

(4)数目占总预算27%的项目资金储存被严密封锁起来,并在项目的整个过程中严谨地按照时间阶段计划逐步释放出来。

(5)太空行动的设计者/建造者直接转变为测试者/操作者,以节省文书工作、时间和劳动力成本,并减少错误的发生概率。

(6)使用美国航空航天局现有的太空行动设施,而不是重新设计全新的系统。

(7)按照时间阶段做出"如果……那么……"的准备,并且为项目过程中当前和预期的实际或潜在的成本增加情况做好资产留置权的准备。

(8)设计过程中选择风险较高的"单线"方法,并使用更为可靠的部件来降低相应的风险。

(9)主要的外购部件中70%的合同取固定价格,而不是按照成本加成的方法定价。

(10)创造性地使用资源,比如充分利用闲置设备,以及严格实行会计管理(如选择物有所值的精干人员)。

(资料来源:C. Sholes and N. Chalfin. Mars Pathfinder Mission. PM Network January 1999.)

4.1 项目成本预算概述

项目成本预算是一项制定项目成本控制标准的项目管理工作。它是将批准的项目总成本估算分配到项目各项具体工作与活动中,进而确定、测量项目实际执行情况的成本基准。成本预算又可以称为制定成本计划。项目成本预算提供的成本基准计划是按时间分布的、用于测量和监控成本实施情况的预算。

4.1.1 项目成本预算的特性

(一)项目预算是一种分配资源的计划项目

成本预算具有投入资源的事先确定性,即在预计时间内需要投入多少资源。它是通过一系列的研究及决策活动,判定出项目的各种活动的资源分配,并通过既定资源分配,确定项目中各个部分的关系和重要程度,以及对项目中各项活动的支持力度,如对环境、能源、运输、技术等资源和条件的支持力度。在确定预算的时候既要充分考虑实际需要,又要坚持节约的原则,使现有的资源能够充分发挥效力。

(二)项目成本预算是一种项目成本控制机制

预算可以作为一种比较标准来使用,是一种度量资源实际使用量和计划用量之间差异的基线标准。对于管理者来说,他的任务不只是完成预定的一个目标,而是必须使目标的完成具有效率。即尽可能在规定的时间内,在完成目标的前提下节省资源,这样才能获得最大的经济效益。所以,每个管理者必须谨慎地在安排好生产进度的同时控制资源的使用。由于进行预算时不可能完全预计到实际工作中所遇到的问题和可能变化的环境,所以项目预算发生一定的偏离总是不可避免的。对于这种偏离需要在项目进行中不断根据项目进度检查资源的使用情况,如果出现了对预算的偏离,就需要对相应偏离的模式进行考察,以制定应对的约束措施,同时研究相应的对策,以便更清楚地掌握项目进展和资源使用情况,将项目的实施与预算的偏差控制在最小的范围之内。

项目成本预算对于整个项目的预算和实施过程有着重要的作用,因为它决定了项目实施中资源的使用情况。如果没有项目成本预算管理,那么管理者就可能会忽视项目实施中的一些危险情况。例如,费用已经超出了项目进度所对应的预算,但并没有突破总预算,在这种情况下可能不会引起管理者的重视,而正是这些"突破"最后导致了项目出现严重问题,造成资金严重不足,以致项目被迫停工。在项目的实施中,应该不断收集和报告有关进度和费用的数据,以及对未来问题和相应费用的预计,使得管理者可以对预算进行控制,必要时对预算进行修正,严防项目在实施过程中某一阶段或某一部分的资源投入超出了预算。也就是说项目预算具有计划性、约束性、控制性三大特征。

1. 计划性

计划性指在项目计划中,根据工作分解结构(WBS)项目被分解为多个工作包,形成一种系统结构,项目成本预算就是将成本估算总费用尽量精确地分配到WBS的每一个组成部分,从而形成与WBS相同的系统结构。因此,预算是另一种形式的项目计划,即项目预算是一种分配资源的计划。

2. 约束性

约束性是指因为项目各级管理人员在制定预算的时候均希望能够尽可能正确地为相关活动确定预算,既不过分慷慨,以避免浪费和管理松散,也不过于吝啬,以免项目任务无法完成或者质量低下,故项目成本预算是一种分配资源的计划,预算分配的结果可能并不能满足所涉及的管理人员的利益要求,而表现为一种约束,所涉及人员只能在这种约束的范围行动。

3. 控制性

控制性是指项目预算的实质就是一种控制机制。管理者的任务不仅是完成预定的目标,而且也必须使得目标的完成具有效率,即在完成目标任务的前提下尽可能地节省资源,这才能获得最大的经济效益。因此,管理者必须小心谨慎地控制资源的使用,不断根据项目进度检查所使用的资源量,如果出现了对预算的偏离,就需要进行修改,所以,预算可以作为一种度量资源实际使用量和计划量之间差异的基线标准而使用。

4.1.2 项目成本预算编制的原则

为了使成本预算能够发挥它的积极作用,在编制成本预算时应掌握以下一些原则。

(一)项目成本预算要与项目目标相联系

项目成本预算要与项目目标相联系,包括项目质量目标、进度目标。成本与质量、进度之间关系密切,三者之间既统一又对立,所以,在进行成本预算确定成本控制目标时,必须同时考虑到项目质量目标和进度目标。项目质量目标要求越高,成本预算也越高;项目进度越快,项目成本越高。因此,编制成本预算,要与项目的质量计划、进度计划密切结合,保持平衡,防止顾此失彼,相互脱节。

(二)项目成本预算要以项目需求为基础

项目需求是项目成本预算的推动力。项目预算同项目需求直接相关。项目范围的存在为项目预算提供了充足的细节信息。如果以非常模糊的项目需求为基础进行预算,则成本预算不具有现实性,容易发生成本的超支。

(三)项目成本预算要切实可行

编制项目成本预算,要根据有关的财经法律、方针政策,从企业的实际情况出发,充分挖掘企业内部潜力,使成本指标既积极可靠,又切实可行。项目管理部门应当正确选择设计方案,合理组织各生产环节,提高劳动生产率,改善材料供应状况,降低材料消耗,提高机械利用率,节约管理费用等。但要注意,不能为降低成本而偷工减料,忽视质量,片面增加劳动强度,忽视安全工作。

编制成本预算,要针对项目的具体特点,有充分的依据,否则成本预算就要落空。编制成本预算过低,经过努力也难达到,实际作用很小;预算过高,便失去作为成本控制基准的意义。

(四)项目成本预算应当有一定的弹性

项目在执行的过程中,可能会有预料之外的事情发生,包括国际、国内政治经济形势变化和自然灾害等,这些变化可能对预算的实现产生一定的影响。因此,编制成本预算,要留有充分的余地,使预算具有一定的适应条件变化的能力,即预算应具有一定的弹性。通常可以在整个项目预算中留出 10% ~ 15% 的不可预见费,以应付项目进行过程中可能出现的意外情况

4.1.3 成本预算与成本估算的区别

成本估算和成本预算既有区别,又有联系(见表 4-1)。

表 4-1 项目成本估算和项目成本预算的联系与区别

联系与区别	成本估算	成本预算
含义	编制一个为完成项目各项工作所需经费的近似估计	把整个项目估算的费用分配到各项活动和各部分工作上。进而确定测量项目实际执行情况的费用基准。又叫制定费用计划
依据	工作分解结构、资源要求、资源单价、活动历史估算、历史信息、账目表	工作分解结构、成本估算、项目进度计划
工具与方法	类比估算法、参数模型法、自上而下估算法、计算机工具	类比估算法、参数模型法、自上而下估算法、计算机工具
成果	成本估算、详细依据、成本管理计划	成本基准计划

成本估算的目的是估计项目的总成本和误差范围,而成本预算是将项目的总成本分配到各工作项上。成本估算的输出结果是成本预算的基础与依据,成本预算则是将已批准的估算(有时因为资金的原因需要砍掉一些工作来满足总预算要求,或因为追求经济利益而缩减成本额)进行分摊。

尽管成本估算与成本预算的目的和任务不同,但两者都以工作分解结构为依据,所运用的工具与方法相同,两者均是项目成本管理中不可或缺的组成部分。

4.2 项目成本预算的依据和方法

4.2.1 项目成本预算的依据

项目成本预算的依据主要有:成本估算、工作分解结构、项目进度计划等,其中工作分解结构确定了要分配成本的项目组成部分。项目进度计划包括要分配成本的项目组成部分的计划开始和预期完成日期,其作用是将成本分配到发生成本的时段上。

(一)项目成本估算

项目成本估算是项目成本估算后所形成的结果文件。项目成本预算的各项工作与活动的预算定额及确定,主要是依据此文件来制定的。

(二)工作结构分解

项目的工作结构分解是在项目范围界定和确认中生成的项目工作分解结构文件。在项目成本预算工作中,要依据这一文件,进一步分析和确定项目各项工作与活动在成本估算中的合理性,以及项目预算定额的分配。

(三)项目进度计划

项目进度计划是有关项目各项工作起始与终结时间的文件。依据这一文件可以安排项目的资源与成本预算方面的工作。项目的进度计划,通常是项目业主或客户与项目组织共同商定的,它规定了项目范围及必须完成的时间。项目进度计划的目的,是为了控制项目的时间和节约时间,项目进度计划规定了每一项任务所需要的时间和每项活动所需要的人数与资源,所以它也是项目预算编制的依据。

4.2.2 项目成本预算的方法

项目成本估算的方法均可以用于项目成本预算。但由于项目成本预算的目的不同于成本估算的目的,所以在具体运用时存在差异。以下对项目成本预算的两种基本方法进行比较。项目成本预算的两种基本方法是自上而下的预算和自下而上的预算。采用哪一种方法,这和项目组织的决策系统有很大关系。

(一) 自上而下的项目预算

自上而下的预算方法主要是依据上层、中层项目管理人员的管理经验和判断。这些经验和判断可能来自于历史上类似或相关项目的现实数据。首先由上层和中层管理人员对构成项目整体成本的子项目成本进行估计,并把这些估计的结果传递给低一层的管理人员。在此基础上由这一层的管理人员对组成项目和子项目的任务和子任务的成本进行估计,然后继续向下一层传递他们的成本估计,直到传递到最低一层。

这种预算方法的优点是总体预算往往比较准确,上中层管理人员的丰富经验往往使得他们能够比较准确地把握项目整体的资源需要,从而保证项目预算能够控制在比较准确的水平上。在一般情况下,同一类项目的需要往往是比较稳定的。而且,即使是看上去相差很大的项目,实际上也有很多方面是相似的,这使得有经验的管理者通常能做出比较准确的估计。这种方法的另一个优点是,由于在预算过程中总是将既定的预算在一系列任务之间进行分配,这就避免有些任务被过分重视而获得过多资源。

但是这种预算方法也存在不可避免的缺点。当上层的管理人员根据他们的经验进行成本估计并分解到下层时,可能会出现下层人员认为不足以完成相应任务的情况。这时,下层人员并不一定会表达出自己真实的观点,并和上层管理者理智地讨论,得出更为合理的预算分配方案。在现实中,常常出现的情况是,由于下层人员很难提出与上层管理者不一致的看法,而只能沉默地等待上层管理者自行发现其中的问题而进行纠正,这样就会导致项目在生产进行过程中出现困难,甚至于失败。

(二) 自下而上的预算方法

自下而上的预算方法,是管理人员对所有工作的时间和需求进行仔细的考察,以尽可能精确地加以确定。首先预算是针对资源而进行的。意见上的差异可以通过上层和中层管理人员之间的协商来解决。如果必要,项目经理可以参与到讨论中来,以保证估算的准确程度,形成项目整体成本的直接估计。项目经理在此之上加以适当的间接成本,例如加上一定的管理费用、意外准备金,以及最终项目预算要达到的利润目标等。

与自上而下的预算方法相比,自下而上的预算方法对任务档次的要求更高、更为准确,关键在于要保证把所涉及的所有工作任务都考虑到,为此,这种方法比自上而下的预算方法更为困难。例如,当进行估算的人员认为上层管理人员会以一定比例削减预算时,他们就会较高地估计自己的资源需求。而当他们这样干时,形成的总体预算结果自然会高估,结果使得高层管理人员认为需要加以削减,最终只有经过反复的测算才能使上下层管理人员意见达成一致。

自下而上预算的优点是，直接参与项目建设的人员与高层管理人员相比更为清楚项目涉及活动所需要的资源量。而且由于预算出自日后要参与实际工作的人员之手，所以可以避免引发上下层管理人员发生争执和不满情况的出现。

4.3 项目成本预算的编制

项目成本预算有一个重要的功能，就是测量和监控项目的成本执行情况，通过按时段检查项目成本预算的使用情况，可以对整个项目的实施进行动态管理，并保证项目生产的有序进行。

项目成本预算就其内容来讲，要考虑其项目的行业性质，不同的行业，其性质不同，编制的内容也不同。此处以工程项目为例说明项目成本预算的一般内容和方法。

4.3.1 成本预算总额的确定

批准的项目成本总估算成为项目成本预算总额。在确定成本预算总额时可以将目标成本管理与项目成本过程控制管理相结合，即在项目成本管理中采用目标成本管理的方法设置目标成本，并以此作为成本预算。

目标成本的确定方法可以分为四种，分别为目标利润法、技术进步法、按实计算法和历史资料法。

（一）目标利润法

目标利润法是根据项目产品的销售价格扣减目标利润后得到目标成本的方法。目标利润法确定目标成本的实施步骤为：

（1）采用正确报价战略和方法，以最理想的合同价格中标。

（2）总目标成本的设立。项目经理部从中标价中减去预期利润、税金、应上缴的管理费用等，剩下的就是自己在施工过程中所能够支出的最大限额，即基本的总目标成本。

如某公司建造某项目合同价为960万元，计划利润和税金以及企业管理独立费为80万元，则项目的目标成本为880万元（960万元－80万元）。

（二）技术进步法

技术进步法又可以称为技术节约措施法，是指以某项目计划采取的技术组织措施和节约措施所能取得的经济效果作为项目成本降低额，求项目的目标成本的方法。用公式来表示为

项目目标成本＝项目成本估算值－技术节约措施计划节约额（降低成本额）

式中，技术节约措施计划节约额是根据技术组织措施确定的。

一个项目要实现较高的经济效益,就必须在成本估算的基础上采取技术节约措施,以降低资源的消耗量,来达到目标成本水平。因此,可以在成本估算的基础上,考虑结合技术节约措施计划,降低项目资源耗费水平。

例如,某公司为某项目的生产编制成本计划。按照施工计划的工程实际量,套以施工-材料消耗定额,所计算消耗费用为820万元,技术节约措施计划节约额为19万元,则项目的目标成本为801万元(820万元-19万元)。

(三)按实计算法

按实计算法就是以项目的实际资源消耗分析测算为基础,根据所需资源的实际价格,详细计算各项活动或各项成本组成的目标成本。

(1)人工费的目标成本,可由项目经理部的劳资部门(人员)计算。人工费的目标成本=Σ各类人员计划用工量×实际水平的工资率。式中,计划用工量可根据实际水平,考虑先进性,适当提高。

(2)材料费的目标成本,可由项目经理部的材料部门(人员)计算。材料费的目标成本=Σ各类材料的计划用量×实际价格。

(3)机械使用费的目标成本,可由项目经理部的机管部门(人员)计算。机械使用的目标成本=Σ(各类机械的计划台班数×规定的台班单价或机械使用的目标成本=Σ各类机械计划使用台班数×机械租赁费)+机械用电电费。

(4)其他直接费用的目标成本,可由项目经理部的生产部门和材料部门(人员)共同计算。

(5)间接费用的目标成本,由项目经理部的财务成本人员计算。一般根据项目经理部内部的职工平均人数按历史成本的间接费用,以及压缩费用的措施和人均支出数进行测算。

(四)历史资料法

历史资料法也可以称为定率估算法,是当项目过于庞大或复杂,一个总项目包括几个子项时,采用的方法。即先将工程项目分为若干个子项目,然后参照同类项目的历史数据,采用算术平均数法计算子项目标成本降低率,然后算出子项目成本降低额,汇总后得出整个项目成本降低额、成本降低率。子项目标成本降低率确定时,可采用加权平均法或三点估算法。

(1)加权平均法。

(2)三点估算法。

(五)降低项目成本的可能途径

以上方法中,确定目标成本时需要预测项目成本降低额。在进行成本预算时,可考虑的降低项目成本的可能途径有以下几方面:

(1)加强项目管理,提高组织水平。正确选择项目实施方案,合理进行项目实施安排,做好人员和材料的调度和协作配合,加快项目进度,缩短工期。

(2)加强技术管理,提高项目质量。研究并推广新产品、新技术、新结构、新材料、新机器及其他技术革新措施,制订并贯彻降低成本的技术组织措施,提高经济效益,加强项目实施过程的技术质量检验制度,提高项目质量,避免返工损失。

(3)加强劳动工资管理,提高劳动生产率。改善劳动组织,合理使用劳动力,减少窝工浪费,实行合理的工资和奖励制度,加强技术教育和培训工作,提高项目人员的业务水平,提高工作效率。

(4)加强机械设备管理,提高机械使用率。正确选配和合理使用机械设备,搞好机械设备的保养修理,提高机械的完好率、利用率和使用效率,从而加快进度、增加产量、降低机械使用费。

(5)加强材料管理,节约材料费用。改进材料的采购、运输、收发、保管等方面的工作,减少各个环节的损耗,节约采购费用;严格材料验收制度;制订并贯彻节约材料的技术措施,合理使用材料,尽可能地节约代用、修旧利废和废料回收,综合利用一切资源。

(6)加强费用管理,节约管理费用。精减管理机构,减少管理层次,压缩非生产人员,制定费用分项分部门的定额指标,有计划地控制各项费用开支。

4.3.2 项目成本的分解

项目成本预算总额确定后,可以在 WBS 的基础上,自下而上或自上而下分解项目成本。根据管理的需要,可以按照不同的标准进行成本分解,通常可以按成本构成要素、项目构成的层次、项目进度计划或上述标准的组合进行分解。基本分解方法是自上而下、由粗到细,将项目成本依次分解、归类,形成相互联系的分解结构。

(一)按项目成本要素分解成本目标

按成本要素分解项目成本,即将总成本分解为直接费、间接费直至人工费、材料费、机械费、管理费等项内容。

(二)按项目组成分解成本目标

按项目组成分解成本,即将总成本分解到项目的各个组成部分,如子项、任务或工作单元。

(三)按项目进度计划分解成本目标

根据项目进度计划要求,将项目成本按时间分解到各年、季度、月、旬或周,以便将资金的应用和资金的筹集配合起来,同时尽可能减少资金占用和利息支出。

编制按时间进度的成本预算,通常可利用控制项目进度的网络图进一步扩充获得。即在建立网络图时,一方面确定完成各项活动所需花费的时间,另一方面同时确定完成这一活动的合适的预算。在实践中,将工程项目分解为既能方便地表示时间,又能方便地表示成本支出预算的活动是不容易的。通常如果项目分解程度对时间控制合适的话,则对成本支出预算可能分配过细,以至于不可能对每项活动确定其成本支出预算,反之亦然。因此,编制网络计划时应在充分考虑进度控制对项目划分要求的同时,还要考虑确定成本支出预算对项目划分的要求,做到二者兼顾。

综合分解是同时按照几种标准进行组合分解,以便于项目的成本管理。

以上三种编制成本预算的方法并不是相互独立的。在实践中,往往是将这几种方法结合起来使用,从而达到扬长避短的效果。例如,将按子项目分解项目总成本与按成本要素分解项目总成本两种方法相结合,横向按子项目分解,纵向按成本要素分解,或相反。这种分解方法有助于检查各单项工程和单位工程费用构成是否完整,有无重复计算或缺项;同时还有助于检查各项具体的成本支出的对象是否明确或落实,并且可以从数字上校核分解的结果有无错误。或者还可将按子项目分解项目总成本目标与按时间分解项目总成本目标结合起来,一般是纵向按子项目分解,横向按时间分解。

4.3.3 项目成本预算的调整

我们进行项目成本的预算,无论是采用哪一种预算方法,当我们得出一系列预算数字时,下一步工作就是要对已预算出的结果进行调整,并且这种调整往往需要反复数次,以使成本预算既先进又合理。项目成本预算的调整分为初步调整、综合调整和提案调整。

(一)初步调整

初步调整是借助工作任务一览表、工作分析结构、项目进度计划、成本估算在内的预算依据,在项目成本预算后对某些工作任务的遗漏和不足,某些工作活动等出现的偏差进行调整。预算调整都是从初步调整开始的。因此,初步调整主要是指在预算编制出来以后,为了保证预算更加准确,对一些可能不够准确的地方进行再调查,并根据实际情况进行修正。如在项目成本预算中,有些设备和产品的价格可能是依据前两年或更前的价格记录推算出来的,正常情况下变动可能不大,但不能排除有时价格由于某些情况出现较大的波动,而影响预算的质量,所以预算后进行初步调整是非常重要的。

(二)综合调整

进行综合调整是因为项目总是处在变化当中。例如,开发一个房地产项目,一个新条例的实施可能会使地产税上涨一个百分点;比如项目所需一种原材料需从某国进口,而该国政治局势的紧张使得供应出现短缺,价格开始上扬;比如国家为了抑制经济过热,使得项目融资成本大幅度上涨。总之,由于形势变化使项目所处环境发生了变化,使得项目预算也会发生相应的变化,这就迫使对预算做出相应的综合调整,但是这种综合调整不像初步调整那样确定和明了,在这里依靠更多的是对政治经济形势的敏感,凭借的是管理者的直觉和经验。

(三)提案调整

提案调整是当财务、技术人员编制的项目预算已经接近尾声,并认为合理可行时,就可以把它写进项目预算,提交审议。这是一个非常关键的阶段,需要说服项目经理、项目团队和主管单位,最后还要求得客户的肯定,使多数人认为该预算是适当的和周密的。当然,提交的提案难免会遭到质疑和反对,此时要回到第一、第二步骤中继续进行调整,直到最后获得普遍赞同。

在项目预算调整时,经常用到项目预算调整表。

4.3.4 成本预算结果

(一)成本预算单和预算表

在做项目预算时要填写预算单,完成成本预算。预算单上需要包括下列内容:

1. 劳动力

项目管理就像画家画像,画像离不开画布和画笔,这里的画布和画笔就是项目管理中的设备和工具。但一幅画的好坏关键在于画家的水平,因此,人是项目管理中的首要因素,不可或缺的设备和工具更为重要。估计这部分费用,首先要估计项目中所需的各类人才,估算他们完成项目工作所需的时间,再根据各类人员的工资率,即可获得人员成本。

2. 分包商和顾问

当项目团队缺少某项专门技术时,可以雇用分包商或顾问来执行这些任务。为此必须支付一定的费用。

3. 专用设备和工具

某一项目有时可能需要一些专用的仪器、设备和工具,但这些专用器具并不常用,可以租。

4. 原材料

为了项目的需要,项目团队需要购买各种原材料。建筑等工程项目,原材料占有项目费用的较大比重。但 IT 项目,原材料所占的比重就较小。

以上仅是预算单中所包括的部分内容。实际中还需要考虑更多的因素。为了防止遗漏,可以编制项目预算表(表 4-2)。

(二)成本基准计划

对项目成本目标按时间进行分解,并在此基础上编制成本基准计划,其表示方

第4章 项目成本预算

表4-2 项目预算表

项目名称：_____　　日期：自_____至_____　　制表人：_____

项　目	时间		数量（单位）	预计成本
	开　始	结　束		
A. 人员				
(a)项目团队成员				
(b)承包商				
(c)咨询商或顾问				
……				
B. 原材料				
(a)				
(b)				
(c)				
……				
C. 机械器具				
(a)				
(b)				
(c)				
(d)				
……				

式有两种：一种是在总体控制时标网络图上表示，如图4-1所示；另一种是利用时间-成本累计曲线（S形曲线）表示，如图4-2所示。

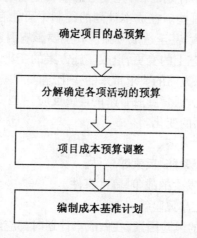

图4-1 时标网络图上按月编制的成本预算

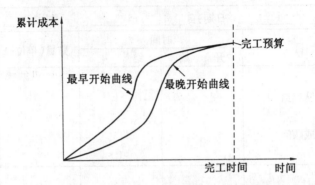

图 4-2 时间-成本累计曲线

每一条 S 形曲线都对应某一特定的进度计划。但项目的 S 形曲线只会落在由全部活动都按最早开始时间开始和全部活动都按最迟必须开始时间开始的曲线所组成的"香蕉图"内。一般而言,若所有活动都按最迟开始时间开始,对节约业主的贷款利息是有利的,但同时也降低了项目按期完工的保证率,因此应根据得出的 S 形曲线合理安排成本计划。

4.4 工程项目成本计划编制中的问题

4.4.1 影响项目成本计划的因素

在编制工程项目成本计划时,首先要考虑项目是否有风险、风险的程度、影响项目成本计划的因素有哪些。在成本计划的编制中可能存在以下几方面的因素,从而导致成本支出的加大,甚至造成亏损。其主要影响因素是:

(1) 由于技术上、工艺上的变更,造成实施方案的变化。
(2) 交通、能源、环保方面的要求带来的变化。
(3) 原材料价格变化、通货膨胀带来的连锁反应。
(4) 工资及福利方面的变化。
(5) 气候带来的自然灾害。
(6) 可能发生的工程索赔、反索赔事件。
(7) 国际、国内可能发生的战争、骚乱事件。
(8) 国际结算中的汇率风险等。

对上述各可能发生的风险因素,在做成本计划时都应给予不同程度的考虑,以便一旦发生风险时能及时修正计划。

4.4.2 项目成本计划的编制程序

项目的成本计划工作,是一项非常重要的工作,是项目成本管理的重要决策过程,是选定的技术上可行、经济上合理的最优的降低成本的方案。通过成本计划把目标成本层层分解,落实到项目实施过程的每个环节,以调动全体职工的积极性,有效地进行成本控制。编制成本计划的程序,因项目的规模大小、管理要求不同而不同,大中型项目一般采用分级编制的方式,即先由各部门提出部门成本计划,再由项目经理部汇总编制全项目工程的成本计划;小型项目一般采用集中编制方式,即由项目经理部先编制各部门成本计划,再汇总编制全项目的成本计划。无论采用哪种方式,其编制的基本程序如下:

(一)搜集和整理资料

搜集和整理资料是编制成本计划的基础工作。所需搜集的资料即是编制成本计划的依据。这些资料主要包括:

(1)国家和上级部门有关编制成本计划的规定。

(2)项目经理部与企业签订的承包合同及企业下达的成本降低额、降低率和其他有关技术经济指标。

(3)有关成本预测、决策的资料。

(4)项目的施工图计划、施工计划。

(5)施工组织设计。

(6)项目使用的机械设备的生产能力及其利用情况。

(7)项目的材料消耗、物资供应、劳动工资及劳动效率等计划资料。

(8)计划期内的物资消耗定额、劳动工时定额、费用定额等资料。

(9)以往同类项目成本计划的实际执行情况及有关技术经济指标完成情况的分析资料

(10)同行业同类项目的成本、定额、技术经济指标资料及增产节约的经验和有效措施

(11)本企业的历史先进水平和当时的先进经验及采取的措施。

(12)国外同类项目的先进成本水平情况等资料。

除此之外,还要进一步分析目前市场状况、未来的发展趋势,了解影响成本升降的各种有利和不利因素,研究如何克服不利因素和降低成本的具体措施,为编制成本计划提供丰富、具体和可靠的成本资料。

(二)估算计划成本,确定目标成本

在掌握了丰富资料的基础上,根据有关的设计、施工等计划,按照项目应投入的物资、材料、劳动力、机械、能源及各种设施,结合计划期内各种因素的变化和准

备采取的各种增产节约措施,进行反复测算、修订、平衡后,估算生产费用支出的总水平,然后提出全项目的成本计划控制指标,最终确定目标成本。

目标成本确定是成本计划的核心问题,是成本管理所要达到的目的。可按如下步骤确定目标成本:

(1)根据已有的投标、预算资料,确定中标合同价与施工图计划的总价格差,或确定施工图预算与施工预算的总价格差。

(2)根据技术组织措施预算确定技术组织措施带来的项目节约数。

(3)对施工计划未能包括的项目,包括施工有关项目和管理费用项目,参照定额加以估算。

(4)对实际成本可能明显超出或低于定额的主要子项,按实际支出水平估算出其实际与定额水平之差。

(5)充分考虑不可预见因素、工期制约因素以及风险因素、市场价格波动因素,对此加以测算调整,得出综合影响系数。

(6)综合计算整个项目的目标成本的降低额及降低率。

目标成本确定以后要把总的目标分解落实到各相关部门、班组,以便层层包干,责任分明。

(三)编制成本计划草案

在编制成本计划之前要编制成本计划草案,对于大中型项目,经项目经理部批准下达成本计划指标后,各职能部门要充分发动群众进行认真的讨论,在总结上期成本计划完成情况的基础上,结合本期计划指标,找出完成成本计划的有利和不利因素,提出挖掘潜力、克服不利因素的具体措施,以保证计划任务的完成。为了使指标真正落到实处,各部门应尽可能将指标分解落实,下达到各班组及个人,使得目标成本的降低额和降低率得到充分的讨论、反馈、再修订,使成本计划既切合实际又能成为群众共同奋斗的目标。各职能部门还应当认真讨论项目经理部下达的费用控制指标,拟订具体实施的技术经济措施方案,编制各部门的费用计划。

(四)综合平衡及编制正式的成本计划

在各职能部门上报了部门成本计划和费用计划后,项目经理部首先应结合各项技术经济措施,检查各计划的可行性,并进行综合平衡,使各部门计划和费用预算之间相互协调、衔接;其次,要从全局出发,在保证企业下达的成本降低任务和本项目目标成本能够实现的情况下,以生产计划为中心,分析研究成本计划与生产计划、劳动工时计划、材料成本与物资供应计划、工资成本与工资基金计划、资金计划等的相互协调平衡,经反复多次平衡,最后确定成本计划指标,并作为编制成本计划的依据。此时项目经理部才正式编制成本计划,上报企业有关部门后即可正式下达至各职能部门执行。

4.4.3 常用的项目工程成本计划表

在编制了成本计划以后,还需要通过各种成本计划表的形式将成本降低任务落实到整个项目实施的全过程,并且在项目实施过程中实现对成本的控制。成本计划表通常由项目成本计划任务表、技术组织措施表和降低成本计划表三个表组成。间接成本计划可用项目管理费计划表来控制。

(一)项目成本计划任务表

项目成本计划任务表是反映工程项目估算成本、计划成本、成本降低额、成本降低率的文件。成本降低额是否能够实现主要取决于企业采取的技术组织措施。因此,计划成本降低额这一栏要根据技术组织措施表和降低成本计划表来填写。

(二)技术组织措施表

技术组织措施表是预测项目计划期内工程成本各项直接费用计划降低额的依据。它是提出的各项节约措施及其经济效益的确定的文件,是由项目经理部有关人员分别就应采取的技术组织措施来预测项目的经济效益,最终汇总编制而成的。编制技术组织措施表的目的,是为了在不断采用新工艺、新技术的基础上提高技术水平,改善工艺过程,推广工业化和机械化操作方法,以及通过采纳合理化建议达到降低成本的目的。

(三)降低成本计划表

降低成本计划表是根据企业下达给该项目的降低成本任务和该项目经理部自己确定的降低成本指标,而制定的项目成本降低计划。此表是编制成本计划任务表的重要依据,必须由项目经理部有关业务和技术人员编制。它的根据是项目总包和分包的分工,项目各有关部门提供的降低成本资料及技术组织措施计划。在编制降低成本计划表时还应参照企业内外以往同类项目成本计划的实际执行情况。

(四)现场管理费计划表

现场管理费计划表是构成现场管理的各个构成项目发生额的总和,由管理费用会计科目中的细项组成。反映现场管理中预算收入、计划情况、降低数额的预计资料。

4.4.4 成本预算步骤

成本预算包括两个步骤:一是分摊总预算成本;二是制定累计预算成本。

(一)分摊总预算成本

分摊总预算成本就是将预算总成本分摊到成本要素中去,并为每一个阶段建立总预算成本。其具体方法有两种:一种是自上而下法,即在总项目成本(即人工、原材料等)之内按照每个阶段的工作范围,以总项目成本的一定比例分摊到各个阶段中;另一种方法是自下而上法,它是依据与每一阶段有关的具体活动而做成本估计的方法。每一阶段的总预算成本就是组成各阶段的所有活动的成本总和。

分摊到各阶段的数字表示为完成所有与各阶段有关活动的总预算成本。无论是自上而下法还是自下而上法,都被用来建立每一阶段的总预算成本,所以所有阶段的预算总和不能超过项目总预算成本。

(二)制定累计预算成本

为每一阶段建立了总预算成本,就要把总预算成本分配到各阶段的整个工期中去。每期的成本估计是根据组成该阶段的各个活动进度确定的。当每一阶段的总预算成本分摊到工期的各个区间,就能确定在这一时间内用了多少预算。这个数字用截止到某期的每期预算成本总和表示。这一合计数,称做累计预算成本,将作为分析项目成本绩效的基准,在制定累计预算成本时,要编制项目每期预算成本表,如表4-3所示。

表4-3 费用预算表

工作	预算值	项目日程预算(项目日历月)										
		1	2	3	4	5	6	7	8	9	10	11
A	400	100	200	100								
B	400		50	100	150	100						
C	550			50	100	250	150					
D	450				100	100	150	100				
E	1 100	7	100	300	300	200	200					
F	600							100	100	200	200	
合计		100	300	400	500	500	400	300	300	300	200	200
累计	3 500	100	400	800	1 300	1 800	2 200	2 500	2 800	3 100	3 300	3 500

累计预算成本(费用)表表示出了整个项目的每期预算成本及其累计预算成本,也表示了估计工期如何分摊每一阶段的总预算费用成本到各期,如表4-4所示。根据该表数据,可以给出时间-费用累计曲线,如图4-3所示。

表4-4 费用累积负荷曲线(预算基准准确性线)

日期	1	2	3	4	5	6	7	8	9	10	11
合计	100	300	400	500	400	300	300	300	200	200	
累计	100	400	800	1 300	1 800	2 200	2 500	2 800	3 100	3 300	3 500

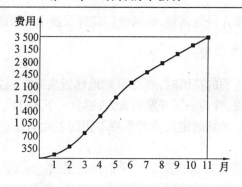

图 4-3 时间-费用累计曲线

整个项目的累计预算成本或每一阶段的累计预算成本,在项目的任何时期都能与实际成本和工作绩效作对比。对项目或阶段来说,仅仅将消耗的实际成本与总预算成本进行比较容易引起误解,因为只要实际成本低于总预算成本,成本绩效看起来总是好的。为了避免项目还没有完成,项目预算已经超出,要完成项目就必须增加费用的情形发生,就要利用累计预算成本而不是总预算成本作为标准来与实际成本作比较。如果实际成本超过累计预算成本时,就可以及时采取改正措施。

对于那些包括很多阶段或活动的大项目,可使用项目管理软件来辅助进行预算。

4.5 软件开发项目预算编制中的问题

4.5.1 预算基础

对于开发人员来说,预算基础表明在项目进程的特定部分需要花费多少时间;对于项目经理来说,预算基础是确保项目正常运作的基线;对于销售人员或者客户来说,它直接关系到努力的成果。

项目的开销和项目预算是两码事。项目的开销不仅仅指花多少钱,它包括了实际的花费、运费和税费,也包括软件和硬件的采购费用。如果使用已经购买的软硬件设备,应把它们计算为时间量(使用的小时数)。同样的,开发人员的花费也应计算为时间而不是金钱。一旦列出开销,就可以确定可能遭遇的风险,并量化每一个风险会对整个项目造成多大的影响,或者对部分项目造成影响的百分比。每一个开发团队都会被赋予一个风险值,用来处理有理由的开销,比如雇用一个临时工来保证不会超期,或者应付无法预料的超时工作。这时候预算就是花销的总和,它被转化为现金表,加上总体风险花费。预算并不是一张发票。一旦确定了报表,就要呈报给公司的决策人员做调整,确保他们理解报表中反映的花销。

4.5.2 确定项目花费

当确定了开发过程的花销时,要尽可能地贴近实际。通过观察团队内的成员在以往项目中的表现,咨询一下开发负责人,感觉一下程序的编写工作需要多少时间。这一点必须引起预算制定人员的重视。提防过度自信的评估,把可能的超时记入风险。

在项目花费中应把集成和发布的开销包括进去。会议、安全认证、许可证费用、质量检测耗时、除错、文档编写时间和资料费用,以及为经常遗漏的地方预留时间,尽管公司可能不会要求客户为这些付费,但这些都是合理的、确切的项目开销。计算这些费用有助于精确地计算项目最终的收益率。

4.5.3 风险费用

风险费用和分配对于一个项目的成功至关重要。没有它,当每个项目固有的风险周期性发生时,就会影响项目基线。评估的价值中应该包括这部分的开销,但是可以不考虑销售的影响。风险的描述实际是对开发过程的评估。

可以考虑的风险包括开发团队的经验;技术应用不熟练(可容忍的程度);计划时间不足;开发队伍的数量和地区;标准组件的数量;项目依赖的数据库或者第三方软件以及所有未知的因素。

确定可以导致风险的项目后,为每一个项目分配范围和百分比。例如,如果应用程序由 c 和 Java 组成,而开发团队由 c 程序员组成,那么 Java 组件就是潜在的高风险,它会被记录到"开发经验"的项目中。

所有项目都不可避免地存在人为的风险,如生病或者休假。通常也会分配一个百分比给它,对于一个拥有 10 个开发人员,6 个月的项目,合适的百分比是占整个项目风险的 5%。对于拥有较少开发人员而相对长期的项目该值会高一些,反之则会低一些。

通常情况下,风险费用大体相当于总费用的 20% ~ 30%。实际的风险费用依赖于评估团队的经验和未来的努力。如果在经过计算评估后,数目过高,可以参考公司的其他计划将其降下来。如果不是,说明你可能是对的。如果是,那么可能是你对团队不太信任,应当重新评估你的风险预算。

不管离现实有多近,客户总是会对低于预算的项目感到高兴。建议项目团队根据自己的项目的实际,使用一些常用的原则,从而使项目团队、项目管理人和客户都感到满意。

第4章 项目成本预算

本章小结

项目成本预算是一项制定项目成本控制标准的项目管理工作。它是将批准的项目总成本估算分配到项目各项具体工作与活动中,进而确定、测量项目实际执行情况的成本基准。

项目预算具有计划性、约束性、控制性三大特征。

项目成本预算编制的原则:(1)项目成本预算要与项目目标相联系。(2)项目成本预算要以项目需求为基础。(3)项目成本预算要切实可行。(4)项目成本预算应当有一定的弹性。

项目成本估算与预算的区别是:成本估算的目的是估计项目的总成本和误差范围,而成本预算是将项目的总成本分配到各工作项上。成本估算的输出结果是成本预算的基础与依据,成本预算则是将已批准的估算(有时因为资金的原因需要砍掉一些工作来满足总预算要求,或因为追求经济利益而缩减成本额)进行分摊。联系是两者都以工作分解结构为依据,所运用的工具与方法相同,两者均是项目成本管理中不可或缺的组成部分。

项目成本预算的依据主要有:成本估算、工作分解结构、项目进度计划等。其中工作分解结构确定了要分配成本的项目组成部分。项目进度计划包括要分配成本的项目组成部分的计划开始和预期完成日期,其作用是将成本分配到发生成本的时段上。

项目成本预算的方法:(1)自上而下的项目预算。(2)自下而上的预算方法。

项目成本预算的步骤:一是分摊总预算成本;二是制定累计预算成本。

了解软件开发项目中的预算编制问题。

练习题

(一)选择题(如无说明,选择题为单项选择)

1. 虽然成本估算与成本预算的目的和任务都不同,但两者有共同的依据(　　)。
   A. 历史资料　　　　　　B. 项目范围说明书
   C. 工作分解结构　　　　D. 资源计划
2. 项目成本预算的实质就是一种控制机制,这反映了项目成本预算的哪种特性?(　　)
   A. 约束性　　　　　　　B. 控制性
   C. 计划性　　　　　　　D. 实效性
3. (　　)是项目成本预算的基石。
   A. 项目需求　　　　　　B. 资源计划
   C. 成本估算　　　　　　D. 成本预算的弹性
4. 项目成本预算应当有一定的弹性,通常可以在整个项目预算中留出(　　)不可预见的费用。
A. 5%~10% B. 10%~15%
C. 15%~20% D. 3%~5%

5. 成本预算的方法中,(　)可以避免有些任务被过分重视而获得过多资源。
   A. 自上而下的预算 B. 自下而上的预算
   C. 两者的结合 D. 两者都不是

6. 在项目生命周期中,(　)阶段花费的成本最多。
   A. 概念 B. 规划 C. 实施 D. 收尾

7. 成本预算的主要结果是(　)。
   A. 基准预算 B. 成本预算表
   C. 成本预算单 D. 时间-成本累计曲线

8. 项目成本预算调整的第一步是(　)。
   A. 初步调整 B. 分项调整
   C. 综合调整 D. 提案调整

9. 确定项目成本最有效的方法是(　)。
   A. 工作分解结构 B. 责任分配矩阵
   C. 管理计划 D. 项目范围说明

10. 项目执行了总任务的75%之后,在项目一开始所做的原有计划通常被称为(　)。
    A. 基准计划 B. 预算计划
    C 完成工作成本的估计 D. 成本计划

11. 下面有关成本估算和成本预算说法正确的有(　)。(多选题)
    A 成本估算是对完成项目各项任务所需资源的成本进行的近似估算
    B 成本预算在项目成本估算的基础上,更精确地估算项目总成本
    C 成本估算的输出结果是成本预算的基础与依据
    D 成本预算则是将已批准的估算进行分摊

12. 项目成本预算的特性有(　)。(多选题)
    A. 计划性 B 约束性 C. 控制性 D. 实效性

13. 项目成本预算的主要依据有(　)。(多选题)
    A. 成本估算 B. 工作分解结构
    C. 项目进度计划 D 项目范围说明书

14. 你正在为一个项目进行成本预算,以下哪项是正确的(　)。(多选题)
    A. 这个过程分配成本预算给包括风险和应急计划在内的项目活动
    B. 成本基线用于评估偏差和将来的项目绩效
    C. 这个过程分配成本预算给将来的周期运行成本
    D. 成本基线是项目成本的期望值

(二)简答题

1. 什么是项目成本预算,它有什么特性?
2. 成本预算计划如何编制?有哪些基本方法?

3. 项目成本预算编制的原则、依据是什么?
4. 成本预算的程序分哪几个步骤?有哪些基本方法,
5. 简要介绍一下软件开发预算编制的问题?
6. 项目成本预算与项目成本估算的区别与联系是什么?

思考题

项目成本预算与项目成本估算的区别与联系。

第 5 章　项目成本控制

导入案例

德州仪器公司想为其应收账款部门设计一个成像系统,以使该公司的整体应收账款系统实现全方位的兼容。于是他们找到了影像之星公司对此进行设计。该项工作需要应用多项尖端科技,所以影像之星公司将工作分解结构进行了汇总,并依据工作分解结构制定了预算,同时还针对实际成本数据做了跟踪记录工作。然而,计划的预算超过了合同资金的数额,所以他们武断地削减了早期工作的预算,以保证总体预算与合同金额相一致,因为高级管理层希望赢得这份合同。

随着合同不断取得进展,预算低估的项目在挣值分析图上迅速示出。资金用度完全符合预期地显现出来,具体情况如图 5-1 所示。尽管资金用度完全符合预期的计划,但是工作进展情况却跟不上计划。因此,他们在项目的后期工作中,将注意力完全放在了关键需求上面,挣值图于是开始向计划水平爬升。项目快要接

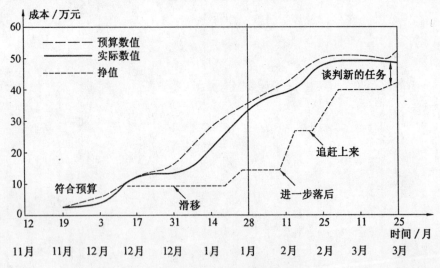

图 5-1　德州仪器公司挣值分析图

近完工的时候,客户要求增加一些使用技术,影像之星公司借此要求德州仪器公司自己完成一部分高挣值的生产任务,从而使得该项目仅仅超出预算1%。

5.1 项目成本控制概述

项目成本控制,就是随着项目的进行,监控项目支出和项目进展情况,测量与计划预算的偏差,并采取有效措施来实现最少成本的目标。

在项目管理中,项目的成本控制又称为费用控制。这里的成本或费用是指一种广义的含义,既包括资金形式的成本,也包括人力、物力及其他各项资源。项目成本管理的一个主要目的就是项目费用的控制,将项目的运行成本控制在预算范围内,或可接受的范围内,是项目成功完成的一个重要指标。成本控制的关键是能够找到可以及时分析成本绩效的方法,以便在项目失控之前能及时采取纠正措施。一般而言,一旦费用使用失控,想要在预算内完成项目是非常困难的。

5.1.1 项目成本控制的概念及对象

(一)项目成本控制的概念

项目的成本控制工作是在项目的实施过程中,通过项目成本管理,尽量使项目的实际成本控制在计划和预算范围内的一项项目管理工作。随着项目的进展,根据项目实际发生的成本情况,不断修正原先的成本估算,并对项目的最终成本进行预测的工作也属于项目成本控制的范畴。

项目成本控制涉及对于那些可能引起项目成本变化因素的控制(事前控制),项目实施过程中的成本控制(事中控制)和当项目成本变动实际发生时对于项目成本变化的控制(事后控制)。要实现对于项目成本的全面控制和管理,最根本的任务是要控制项目各方面的变动(项目变更),从而实现全面控制成本变动的目标。项目成本控制的工作包括监视项目的成本变动,确保实际需要的项目变动都能够有据可查;防止不正确的、不合适的或未授权的项目变动所发生的费用被列入项目成本预算;采取相应的成本变动管理措施等。

有效地控制项目成本的关键是经常及时地分析项目成本管理的实际绩效。至关重要的是尽早地发现项目成本出现的偏差和问题,以便在情况变坏之前能够及时采取纠正措施。一旦项目成本失控,是很难挽回的,而且要在预算内完成项目是非常困难的。只要一发现项目成本的偏差和问题就应该积极地着手去解决它,而不是希望随着项目的开展一切都将会变好。项目成本问题越早提出,对项目范围和项目进度的冲击越小。否则,项目成本要控制在预算内,可能不是要缩小项目范围,就是要推迟项目工期进度或者降低项目质量了。

(二) 项目成本控制的对象

成本控制的对象可从下列几方面来考虑。

1. 以项目成本形成过程作为控制对象

对工程项目成本的形成进行全过程、全面的控制,包括工程投标阶段的工程成本预测控制;施工准备阶段,结合图纸的自审、会审和其他资料,编制实施性施工组织设计,通过对多方案的技术经济比较,从中选择经济合理、先进可行的施工方案,编制成本计划,进行成本目标风险分析,对成本进行事前控制;在施工阶段,以施工预算、施工定额和费用标准对实际发生的费用进行控制;在竣工移交及保修期阶段,对验收过程发生的费用及保修费支出进行控制。

2. 以项目的职能部门、工程队和班组作为成本控制对象

成本控制的具体内容是日常发生的各种费用和损失。它们都发生在项目的各个部门、工程队和班组。因此,成本控制也应以部门、工程队和班组作为成本控制对象,将项目总的成本责任进行分解,形成项目的成本责任系统,明确项目中每个成本中心所承担的责任,并据此进行控制和考核。

3. 以分部分项工程作为成本控制对象

为了把成本控制工作做得扎实、细致,落在实处,还应以分部分项工程作为成本控制对象,编制施工预算,分解成本计划,按分部分项工程分别计算工、料、机的数量及单价,以此作为成本控制标准,对分部分项工程进行成本控制。

5.1.2 项目成本控制的性质

项目成本控制不单纯是项目财务方面的工作,也不仅仅是项目经济方面的工作,而是将经济、组织、管理、技术等项目多方面工作的综合。下面通过将项目成本控制与项目核算进行一下比较(表5-1)。

表5-1 投资\费用控制与项目核算的比较

名称	投资控制	项目核算
工作性质	项目管理的一部分工作	财务领域
从事工作人员	费用管理工程师	财务人员
工作时间范畴	从项目决策阶段开始,至于项目有关的全部合同终止	在项目实施过程中积累数据,在项目完成后做项目核算
工作方法论	动态控制原理	基本建设财务的方法
需要的知识	技术、经济、管理、合同	财务
工作目标	实际总投资小于投资目标值	计算实际总投资,并做实际投资分析

5.1.3 项目成本控制的原则

在我国,项目成本管理一直是项目管理的弱项,尤其对于工程项目管理而言,更是如此。在项目前期,由于没有进行深入的调研,不能准确估算完成项目活动所需的资源成本,造成开源不足的局面,甚至部分项目根本就没有经过科学的预测和分析,决策失误,不能获得盈利也就在所难免了。通常,在项目成本控制中,项目团队应该注意保持成本和收益的联动关系,维持一定比例的成本和收益。

具体而言,应该遵循以下各项原则:

(1) 成本最低化原则。项目管理中应注重降低成本的可能性并使合理的成本最低化。一方面挖掘各种降低成本的可能,使可能性变为现实;另一方面要从实际出发,制定通过主观努力可能达到合理的最低成本水平。

(2) 全面成本控制原则。项目成本的全员控制有一个系统的实质性内容,包括各部门、各单位的责任网络和经济核算。它要求随着项目施工进展的各个阶段连续进行,既不能疏漏,又不能时紧时松,应使项目成本自始至终置于有效的控制之下。

(3) 动态控制原则。项目是一次性的,成本控制应强调项目的中间控制,即动态控制,因为项目准备阶段的成本控制只是根据项目计划设计的具体内容确定成本目标、编制成本计划、明确成本基线、制定成本控制方案的,以便为今后的成本控制做好准备。而项目收尾阶段的成本控制,由于成本盈亏已基本定局,即使发生了偏差,也来不及纠正了。

(4) 责、权、利相结合原则。在项目实施过程中,项目经理部、各部门在肩负成本控制责任的同时,享有成本控制的权力;同时项目经理要对各部门在成本控制中的业绩进行定期检查和考评,实行有奖有罚。

5.1.4 项目成本控制的分类

如前所述,成本控制就是在成本形成过程中(可能性空间中)对各项生产经营活动进行指导、限制和监督,及时发现偏差,采取纠正措施,使各项具体的和全部的生产耗费被控制在原来所规定的范围之内,并不断降低成本,以保证实现既定的成本目标。因此,成本控制的方法可以按照成本形成过程和成本习性分为两大类。

(一) 按成本控制过程分类

按照成本发生和形成时间的先后次序进行控制,分为事前控制、事中控制和事后控制三个阶段。

1. 事前控制。

事前控制又称前馈控制,是根据受控量的期望值来实施的前馈控制。事前控制要预先估计或假设各种因素对控制对象可能施加的影响以及受控部分的未来行为。这种估计或假设的可靠性、详细程度及其与实际情况的吻合程度,对事前控制的有效性起着决定性的作用。

成本的事前控制通常是指通过成本预测和决策,编制成本计划,提出降低成本的措施以及形成降低成本的目标。

2. 事中控制。

事中控制又称防护性控制,是在成本形成过程中建立成本约束机制,并从制度上加强管理,预防偏差和浪费的发生,来保证项目顺利实施的防护性控制。其主要任务为:

(1)在企业内部建立以成本中心为主的责任成本制,将成本控制的指标和任务落实到有关部门和个人。

(2)建立和健全成本管理制度,如生产消耗定额、成本开支范围、费用开支标准和摊销办法等,对成本起到有效的约束和控制作用。

(3) 加强管理人员职业教育和培训,提高管理人员的从业素质,发挥遵守各项规章制度和加强成本控制的自觉性和积极性,随时纠正偏差和浪费的发生,起到防微杜渐,有效控制成本的作用。

(4)着重抓好各成本中心的核算,结合它们的生产任务,及时对各单项成本开支进行有效控制,使成本控制建立在坚实的基础上。

3. 事后控制。

事后控制又称反馈控制,是指根据受控量实际值与期望值进行的比较,分析造成偏差的原因,确定采取何种改进措施的反馈控制。

事后控制是在产品(工程)形成后的综合分析与考核。目的是对实际成本与计划成本的偏差进行分析,查明差异形成的原因,确定责任归属和业绩考评,制定降低成本的改进措施并加以反馈。对于综合性成本支出,如有关成本计划本身不先进、不合理,生产(施工)操作过程中某些工料浪费等,在事前和事中两个阶段中都是难以控制的,有待于事后分析加以改进。因此,大量的成本控制工作必须通过事后反馈控制来完成。

成本控制三个阶段有一定的先后次序,但又不是截然分开的,它们都具有前后呼应、相互提供成本控制信息的反馈作用。如事前控制无疑对后两个阶段产生影响;而事中控制则会反馈到事前决策部门和事后的分析;事后控制又不断反馈到事前和事中,影响事前的决策和事中的防护。它们彼此之间提供的成本控制信息对每一阶段成本控制所产生的积极影响,形成了交叉递进的成本控制态势,使成本控制更加有效。

(二)按成本习性分类

按成本习性分直接成本和间接成本控制。这是从划分成本的主要方面和次要方面进行的成本控制。

1. 直接成本。

直接成本是指可以直接确认归属于哪种产品的成本,是成本控制的主要方面。对直接成本的控制,主要是建立产品的各项生产消耗定额,如单位产品(工程)的材料消耗、工时消耗、机械使用台班(或台时)等定额,按标准定额进行控制。

2. 间接成本。

间接成本不能直接确认归属于哪种产品,一般是采用分配的方法计入产品成本。对于间接成本应从制定开支限额或费率,并采用合理的分配标准进行控制。

5.2 项目成本控制的方法

项目成本控制方法主要有:偏差控制法、成本分析表法、成本累计曲线法和施工图预算控制法、费用变更控制系统、绩效测量、补充计划编制和计算机工具。

5.2.1 偏差控制法

项目成本控制中的偏差控制法是在制定出计划成本的基础上,通过采用成本分析方法找出计划成本与实际成本间的偏差和分析产生偏差的原因与变化发展趋势,进而采取措施以减少或消除偏差,实现目标成本的一种科学管理方法。

项目过程中进行成本控制的偏差有三种:一是实际偏差,即项目的预算成本与实际成本之间的差异;二是计划偏差,即项目的计划成本与预算成本之间的差异;三是目标偏差,即项目的实际成本与计划成本之间的差异。它们的计算公式为

$$实际偏差 = 实际成本 - 预算成本$$
$$计划偏差 = 预算成本 - 计划成本$$
$$目标偏差 = 实际成本 - 计划成本$$

项目成本控制就是要尽量减少目标偏差。目标偏差的大小与控制效果成反比,由于目标偏差 = 实际偏差 + 计划偏差,所以要减少项目的目标偏差,只有采取措施减少项目发生的实际偏差,因为计划偏差一经计划确定,一般在执行过程中不再改变。该种方法的一般操作步骤如下:

(一)找出偏差

在项目实施过程中定期地(每日或每周)、不断地寻找和计算三种偏差,并以目标偏差为对象进行控制。通过在施工过程中不断记录实际发生的成本费用,然后将记录的实际成本与计划成本进行对比,从而发现目标偏差。还可将实际成本、计划成本在发展中二者之间的关系分析和可能的变化,用图表示出来,如图 5-2 所

示。从图中可以看出成本偏差(图中的阴影部分)的变化趋势以及出现的问题。

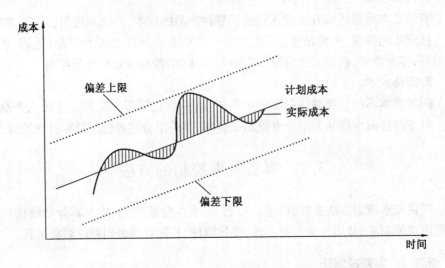

图 5-2 成本偏差

在图 5-2 中实际成本始终围绕着计划成本波动,当超出计划成本时,就表明发生了成本偏差。低于计划成本时,偏差值为负数,这对项目而言是最佳的效果。

(二)分析偏差产生的原因

要找出偏差产生的原因通常有两种方法:

(1)因素分析法。因素分析法是将成本偏差产生的原因归纳为几个相互联系的因素,然后用一定的计算方法从数值上测定各种因素对成本产生偏差的影响程度,据以找出偏差的产生是由哪种成本费用增加引起的。具体方法如图 5-3 所示。

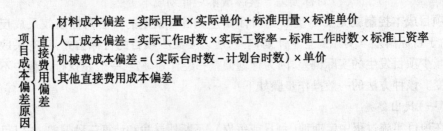

图 5-3 因素分析法

(2)图像分析法。这种方法是通过绘制线条图和成本曲线的形式,比较总成本和分项成本,发现在总成本出现偏差时是由哪些分项成本超支造成的,以便采取措施及时纠正,见图 5-4。

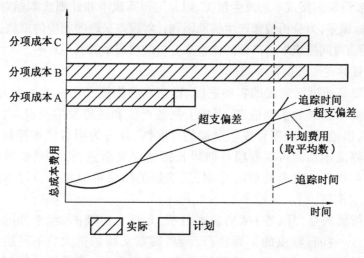

图 5-4　图像分析法

图 5-4 的上半部分是表示分项成本的线条图,斜线部分表示实际成本支出情况;下半部分表示总成本曲线(包括实际成本曲线和计划成本曲线),斜线部分表示费用超支发生偏差的情况。图 5-4 中的点画线位置为成本偏差追踪时间。由图中追踪直线所在位置可以看出,此时总成本费用发生了偏差,并且这种偏差是因分项成本 B 超支而造成的。

(三)纠正偏差

在明确成本控制目标,发现成本偏差,并经过成本分析找出产生偏差的原因后,要保证目标成本的实现,必须针对偏差产生的原因及时采取措施,把成本控制在理想的开支范围之内。

5.2.2　成本分析表法

项目成本分析表是利用项目中各种表格进行成本分析和控制的一种方法,它是项目成本分析控制的主要手段之一,项目成本分析表包括月度分析表和最终成本控制表。其中,月度分析表又可以细分为月度直接成本分析表和月度间接成本分析表等两种。

(一)月度直接成本分析表

它主要反映分部项目工程完成的实物量和成本相对应情况,以及预算成本和计划成本相对比的实际偏差和目标偏差,为分析偏差产生的原因和针对偏差采取相应措施提供依据。

（二）月度间接成本分析表

它主要反映间接成本的发生情况，以及与预算成本和计划成本相对比的实际偏差和目标偏差，为分析偏差产生的原因和针对偏差采取的相应的措施提供依据。此外，还要通过间接成本占产值的比重来分析间接成本的利用水平。

（三）最终成本控制报告表

它主要是通过已完成的实物进度、已完成的产值和已完成的实际成本，同时考虑到尚未完成的实物进度、尚未上报的产值和还将发生的成本，进行最终成本预测，以检验实现项目成本目标的可能性，并可为项目成本控制提出新的要求。最终成本预测可根据项目期限长短情况灵活进行，工期长的项目可以半年或一年进行一次最终成本预测，工期短的项目可以每月或每季度进行一次最终成本预测。

应当指出的是，月（季）度的成本分析，是项目定期的、经常性的中间成本分析。对于一些有特点的工程项目而言，其意义特别重大。不同层次的管理者通过系统提供的各种报表对项目的成本进行分析，在项目的不同层次查看目标成本的实施情况、误差原因、重大超标项目、主要超标原因等。当然，上述三种项目成本控制方法，不一定也无必要在一个项目实施过程中同时使用，应当根据项目的实际情况和客观需要，选择其中有针对性的、简单实用的方法，这样做能达到更好的效果。

5.2.3 成本累计曲线法

成本累计曲线法可通过时间-累计成本图表示，它是反映整个项目或项目中某个相对独立部分开支状况的图示。它既可以从成本预算计划中直接导出，也可借助网络图、条线图等工具单独建立。

成本累计曲线图上的实际支出与计划情况有任何偏差，都要引起项目组织的警惕。当然，现实与理想情况存在的偏差并不意味着项目成本控制工作一定发生了问题。项目部应当认真查清产生偏差的原因，判断该偏差是正常或非正常偏差，针对其原因采取相应的处理措施。

在成本累计曲线图上，根据实际支出情况的趋势可以对未来的支出进行预测，将预测曲线与理想曲线进行比较，可获得很有价值的成本控制信息。这对项目管理很有帮助。

对于大型机床项目，表5-2表示了估计工期如何分摊每一阶段的预算总成本到各工期，也表示出了整个项目的每期预算成本及其累计预算成本。

根据表中的数据，可以给出时间-成本累计曲线，如图5-5所示。

第5章 项目成本控制

表5-2 机床项目每期预算成本表 （单位：万元）

成本项目	合计	周											
		1	2	3	4	5	6	7	8	9	10	11	12
设计	26	5	5	8	8								
建造	75					9	9	15	15	14	13		
合计	120	5	5	8	8	9	9	15	15	14	13	10	9
累计		5	10	18	26	35	44	59	74	88	101	111	120

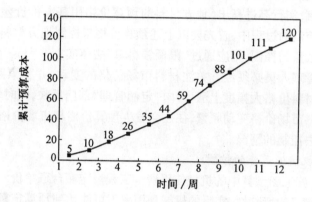

图5-5 时间-成本累计曲线

整个项目的累计预算成本或每一阶段的累计预算成本，在项目的任何时期都能与实际成本和工作绩效作对比。对项目或阶段来说，仅仅将消耗的实际成本与总预算成本进行比较容易引起误解，因为只要实际成本低于总预算成本，成本绩效看起来总是好的。

在大型机床的例子中，我们会认为只要实际总成本低于120万元，项目成本就得到了控制。但当某一天实际总成本超过了总预算成本120万元，而项目还没有完成，那该怎么办呢？到了项目预算已经超出而仍有剩余工作要做的时候，要完成项目就必须增加费用，此时再打算进行成本控制就太晚了。为了避免这样的事情发生，就要利用累计预算成本而不是总预算成本作为标准来与实际成本作比较。如果实际成本超过累计预算成本时，就可以在不算太晚的情况下及时采取改正措施。

5.2.4 施工图预算控制法

在施工项目的成本控制中，可按施工图预算，实行"以收定支"或者叫"量入为

出",这是最有效的方法之一。具体的处理方法如下:

(一)人工费的控制

假定预算定额规定的人工费单价为 13.80 元,合同规定人工费补贴为 20 元/工日,两者相加,人工费的预算收入为 33.8 元/工日。在这种情况下,项目经理部与施工队签订劳务合同时,应该将人工费单价定在 30 元以下,其余部分考虑用于定额外人工费和关键工序的奖励费。如此安排,人工费就不会超支,而且还留有余地,以备关键工序的不时之需。

(二)材料费的控制

在实行按"量价分离"方法计算工程造价的条件下,水泥、钢材、木材等"三材"的价格随行就市,实行高进高出(地方材料的预算价格用基准价价差系数)。在对材料成本进行控制的过程中,首先要以上述预算价格来控制地方材料的采购成本;至于材料消耗数量的控制,则应通过"限额领料单"去落实。

项目材料管理人员必须经常关注材料市场价格的变动,并积累系统翔实的市场信息。如遇材料价格大幅度上涨,可向"定额管理"部门反映,同时争取甲方按实补贴。因为材料市场价格变动频繁,往往会发生预算价格与市场价格严重背离,而使采购成本失去控制的情况。

(三)施工机械使用费的控制

$$施工图预算中的机械使用费 = 工程量定额台班单价$$

由于项目施工的特殊性,实际的机械利用率不可能达到预算定额的取定水平;再加上预算定额所设定的施工机械原值和折旧率又有较大的滞后性,因而使施工图预算的机械使用费往往小于实际发生的机械使用费,形成超支。由于上述原因,有些施工项目在取得甲方的谅解后,于工程合同中明确规定一定数额的机械费补贴。在这种情况下,就可以施工图预算的机械使用费和增加的机械费补贴来控制机械费支出。

5.2.5 费用变更控制系统

费用变更控制系统是一套修改项目文件时应遵循的程序,其中包括书面文件、跟踪系统和变更审批制度。这一系统规定了改变费用基线的程序,包括文书工作、跟踪系统和批准更改所必需的批准级别。

在多数情况下,执行组织通常采用变更控制系统,然而当现有系统不再满足系统的需求时,管理小组则应开发出一个新的系统,以适应新的情况。无论是旧的还是新的系统,都要包括措施、信息和反馈三大要素。这三大要素之间形成循环关系,如图 5-6 所示,保证了对项目变更的有效控制。

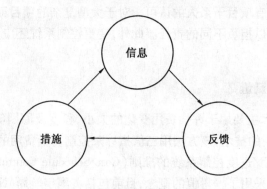

图 5-6 变更控制系统三要素

循环由措施开始,产生关于措施实施效果的信息,这些信息经过处理又作为反馈信息呈送给决策者,便完成了一次循环。如果反馈的信息表明一切正常,项目经理就可以指导项目团队按原定的项目计划继续进行;如果反馈的信息预示着要发生问题,项目经理就要采取补救措施,或调集资源,或调整计划,使项目得以顺利进行。在补救过程中又会产生新的信息。通过这三个要素之间的循环,也可以将实际的项目综合变更控制过程用图表示出来,如图 5-7 所示。

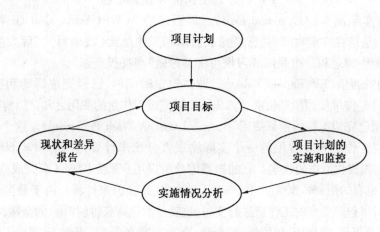

图 5-7 项目综合变更控制系统

因此,要实施有效的变更控制,项目团队必须建立一套完善的变更控制系统。许多变更控制系统都成立一个变更控制委员会,负责批准或拒绝变更需求。变更控制委员会的主要职能就是为准备提交的变更申请提供指导,对变更申请做出评价,并管理批准的变更实施过程。变更控制系统应该明确变更控制委员会的责任和权限,并得到所有项目干系人的认可。对于大型复杂的项目而言,可能要设多个变更控制委员会,以担负不同的责任。此外,变更控制系统还应该有处理自动变更的机制。

5.2.6 绩效测量

绩效测量技术主要用于评估费用变化的大小、程度及原因等。挣得值(Earned Value)法是最常用的技术,该方法用三值指标来控制衡量费用的使用。1967年,美国国防部制定费用/进度控制系统的准则(Cost/Schedule ControlSystems Criteria,即C/SCSC)时,正式采用了挣得值的概念,目前包括美国宇航局(NASA),美国国税局(IRS)和美国联邦调查局(FBI)等国防部以外的机构也采用了挣得值的概念。在C/SCSC内使用挣得值法的三个基本值是:

(1)计划值(PV,Planned Value)。在规定时间内,计划在某个活动和工作单元(或项目)上的预算费用,以前在项目管理界普遍称为 BCWS(Budgeted Cost Of Work Scheduled)。这个值对衡量项目进度和项目费用都是一个标尺或基准。一般来说,在工作实施过程中应保持不变,除非合同有变更。如果合同变更影响了工作的进度和费用,经过批准认可,相应的基线也应做相应的更改。按我国的习惯可以把它称做"计划投资额"。其公式为

$$PV = 计划工作量 \times 预算定额$$

(2)实际成本(AC,Actuai Cost)。即原来的 ACWP(Actuai Cost Of Work Performed),是指在规定时间内,已经完成活动和工作单元(或项目)实际发生的直接与间接费用的总和。按我国的习惯可将其称做"消耗投资额"。

(3)挣得值(EV,Earned Value)。即在规定时间内,已经完成活动和工作单元(或项目)是按单位的预算价格计算出的实际完成工作量的费用之和。以前我们称为 BCWP,指已完成工作的预算费用(Budgeted Cost Of Work Performed)。这个值往往用正在完成工作的预算费用的一个实际完成百分比来计算,譬如,30%,60%,80%,100%等,以简化数据的收集。有的挣得值分析仅用 0% 或 100%(未完成或已完成)来计算,也有的用 0%,50% 或 100%(已开始或已完成)来计算。由于业主正是根据这个值对承包商完成的工作量进行支付,也就是承包商获得(挣得)的金额,故称挣得值(也称获得值、净赚值、赚取值、盈余量、挣值、实践值等)。当然,已完成工作必须经过验收,符合质量要求。挣得值反映了满足质量标准的项目实际进度,真正实现了投资额到项目成果的转化。按我国的习惯可将其称做"实现投资额"。

$$EV = 已完成工作量 \times 预算定额$$

由上式可以看出,挣得值 EV 是按单位预算价格计算出的实际完成工作量的费用之和,是以预算为依据计算出的项目所创造的实际工程价值,因此又被简称为

"挣值"。见图 5-8。

为了便于理解,下面通过一个简单的例子来认识 EV。

某土方工程挖方量为 1 万立方米,预算单价为 45 元/立方米。该挖方工程预算总费用为 45 万元,计划 25 天完成,每天 400 立方米。

在开工后第 7 天早上刚上班时,业主项目管理人员前去测量,取得了两个数据:已完成挖方 2 000 立方米,支付给承包单位的工程进度款累计达 12 万元。

由此,我们可以得到以下几个数值:

计算挣值为

$$EV = 45 \text{ 元/立方米} \times 2\ 000 \text{ 立方米} = 9 \text{ 万元}$$

按项目计划(查看计划)得到预计的项目进度款累计额为 $PV = 10.8$ 万元,$AC = 12$ 万元。

通常,这三个值也是项目成本控制过程中需要始终关注的非常重要的指标,成本控制的核心就是管理好这几个关键指标。

通过这三个基本值的对比,可以对项目的实际进展情况做出明确的测定和衡量,有利于对项目进行监控,也可以清楚地反映出项目管理和项目技术水平的高低。

项目投资级的三个基本值实际上是三个关于时间的函数,即

$$PV(t) \quad (0 \leq t \leq T_0)$$
$$EV(t) \quad (0 \leq t \leq T)$$

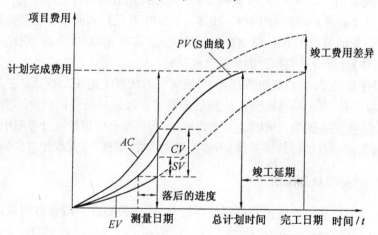

图 5-8 挣得值评价曲线图

式中,t 表示项目完成时点,T 表示项目进展中的监控时点。理想状态下,上述三条函数曲线应该重合于 $PV(t)$,$0 \leq t \leq T$。如果管理不善 $AC(t)$ 会在 $PV(t)$ 曲线之上,说明费用已经超支;$AC(t)$ 会在 $PV(t)$ 曲线之下,说明进度已经滞后。

从上述三个基本值还可导出以下几个重要指标。

成本控制是通过比较挣得值与实际费用来进行的。

费用偏差(CV,Cost Variance) = 实际费用 — 挣得值。

费用偏差率 = 费用偏差/挣得值。

如果偏差为正值,表示项目超支,就要采取适当的措施;如果为负值,表明项目在预算之内。

比较挣得值与预算费用可以告诉我们项目是提前还是滞后。如果挣得值比预算费用大,表明项目提前;如果比预算费用小,则表明项目滞后。

进度偏差(SV,Schedule Variance) = 挣得值 — 预算费用。

进度偏差率 = 进度偏差/预算费用。

成本绩效指标(CPI,Cost Performance Index)。

进度绩效指标(SPI,Scheme Performance Index)。

进度绩效指标 $SPI - EV(t)/ACWP(t)$,($SPI > 1.0$ 表示进度超前,$SPI < 1.0$ 表示进度滞后);费用绩效指标 $CPI = EV(t)/PV(t)$,($CPI > 1.0$ 表示费用结余,$CPI < 1.0$ 表示费用超支)。

CPI = 累计挣得值(CEV)/累计实际成本(CAC)。如上图所示。

在上面的例子中,我们可以进一步计算,从而得到:

CV(成本差异) = $EV - AC = 9 - 12 = -3$(万元),表明项目已经超支。

SV(进度差异) = $EV - PV = 9 - 10.8 = -1.8$(万元),表明项目已经拖延。

1.8 万元的费用相当于 18 000 元 ÷ 45 元/立方米 = 400 立方米,正好是预算中一天的工作量,所以承包单位的进度已经落后一天。

值得注意的是,在实际执行过程中,最理想的状态应是 AC、PV、EV 三条线靠得很近,平稳上升,表示项目按预定计划目标前进。如果三条线离散度不断增加,则预示可能发生关系到项目成败的重大问题,在项目综合变更控制过程图中,$CV < 0$,$SV < 0$,这表示项目执行效果不佳,即费用超支、进度延误,应采取相应的补救措施。

5.2.7 补充计划编制

少有项目能够精确地按照预定计划进行,因此需要新的或修订的成本估算或替代方法,以便分析未来的变化。

价值工程是进行成本控制的一种重要工具,在项目管理中已经越来越受重视,并得到了越来越广泛的应用。

所谓价值工程,指的都是通过集体智慧和有组织的活动对产品或服务进行功能分析,使目标以最低的总成本(寿命周期成本),可靠地实现产品或服务的必要功能,从而提高产品或服务的价值。价值工程的主要思想是通过对选定研究对象的功能及费用分析,提高对象的价值。这里的价值,指的是反映费用支出与获得之间的比例,用数学比例式表达如下:价值＝功能/成本。

进行一项价值工程,首先需要选定价值工程的对象。一般说来,价值工程的对象是要考虑社会生产经营的需要以及对象价值本身可被提高的潜力。例如,选择占成本比例大的原材料部分,如果能够通过价值分析降低费用或提高价值,那么这次价值分析对降低产品总成本的影响也会很大。当我们面临一个紧迫的境地,例如生产经营中的产品功能、原材料成本都需要改进时,研究者一般采取经验分析法、ABC分析法、百分比分析法及用户评分法。选定分析对象后需要收集对象的相关情报,包括用户需求、销售市场、科技技术进步状况、经济分析以及本企业的实际能力等。价值分析中能够确定方案的多少以及实施成果的大小与情报的准确程度、及时程度、全面程度紧密相关。有了较为全面的情报之后就可以进入价值工程的核心阶段——功能分析。在这一阶段要进行功能的定义、分类、整理、评价等步骤。经过分析和评价,分析人员可以提出多种方案,从中筛选出最优方案加以实施。在决定实施方案后应该制定具体的实施计划,提出工作的内容、进度、质量、标准、责任等方面的内容,确保方案的实施质量。

5.2.8 计算机工具

计算机工具在项目管理中,我们常常使用项目管理软件(如 Microsoft Project 以及 P3 等)、电子表格等计算机工具来对计划费用和实际费用进行跟踪、对比,并能预测费用变更所引起的后果。

计算机工具用于现代化的项目管理中,是非常重要和必要的,因为尤其对大型项目而言,我们需要收集大量的历史数据、市场信息以及其他相关资料,并进行集中存储和处理;在不同阶段需要编制不同深度的费用计划;随着项目的进行,还要动态地进行计划值与实际值的比较,并及时提供各种需要的状态报告。这些工作如果仅仅依靠人力来完成,那简直是天方夜谭,计算机工具的使用,不仅可以节省人力,更重要的是节约了我们宝贵的资源——时间。

5.2.9 有关项目不确定性成本的控制

由于各种不确定性因素的存在,项目的成本一般都会有三种不同成分:一是确定性的成本,对这一部分成本人们知道它是确定会发生的,而且知道其数额的大小;二是风险性的成本部分,对此人们只知道它可能发生,同时知道其发生的概率,以及不同发生概率情况下成本的分布情况,但是人们不能肯定它一定会发生;三是完全不确定性成本,对它人们既不知道其是否会发生,也不知道其发生的概率分布情况。它们构成了一个项目的总成本。

项目不确定性成本的不确定性主要表现在三个方面,一是项目具体活动本身存在的不确定性,二是项目所消耗和占用资源价格的不确定性,其三是项目具体活动规模及其所消耗和占用资源数量方面的不确定性。对于它们和它们的控制详细说明如下。

(一)项目具体活动本身的不确定性

众所周知,在项目的实现过程中,有一些具体活动的发生是不确定的。例如,如果出现雨天,项目的一些室外施工就要停工,并且需要组织排水;而如果不出现雨天,就不需要停工,也不需要组织排水。但是是否出现雨天是不确定的,所以停工和排水的活动就是不确定性的。虽然人们在决策项目实施计划时可以有气象资料做参考,但是气象资料给出的也只是出现下雨的可能性或叫概率(每天天气预报的降水概率)。这种具体活动的不确定性会直接转化成项目成本的不确定性。对于这种不确定性成本的控制主要依赖于加强预测和制定附加计划法。

(二)项目具体活动规模及其所耗资源数量的不确定性

在项目的实现过程中,有一些具体活动的规模及其所耗资源的数量有可能比较大,也可能比较小。例如,在一个工程建设项目的地基开挖过程中,如果实际地质情况比地质勘察资料给出的要好,则地基开挖的工作量就会比预计的要小,从而所消耗与占用的资源数量就会少。虽然人们在确定地基开挖工作量时有地质勘探资料作依据,但是地质勘探的调查方法是抽样调查加推断的方法,是根据样本去推断总体的方法,并不是全面调查的方法,所以由此给出的调查结果只是在一定置信区间内相对可信的资料,其本身就存在着一定的不确定性。由于这种原因的存在就造成了具体活动规模及其所消耗及占用资源的不确定性,这又进一步造成了项目成本的不确定性,这种成本的不确定性是很难预测和防止的,一般使用项目不可预见费来弥补。

(三)项目具体活动所消耗和占用资源价格的不确定性

在项目的实现过程中,有一些具体活动所消耗和占用资源的价格会发生异常性的波动和变化。例如,进口设备由于汇率在短期内大幅变化所形成的价格波动就属于这一范畴。同样,人们可以对项目实现活动所消耗与占用资源的价格进行种种预测,但是通常的这种预测都是对变动范围及其发生概率的预测,而这些预测结果本身就包含着不确定性,所以具体活动所消耗与占用资源的价格也是不确定性的。这种项目具体活动所消耗与占用资源价格的不确定性会直接形成项目成本的波动与变化。

另外,项目所有的不确定性成本会随着项目的展开和逐步实施,从最初的不确定性成本逐步地转变成为风险性成本,然后转变成确定性成本。因为随着项目的逐步实施,各种完全不确定的事物和条件将逐步地向风险性的事件转化,然后风险性事件再进一步向确定性事件转化。所以,一般只有当项目完成时,才会最终形成一个完全确定的项目成本。

综上所述,项目成本的不确定性是绝对的,确定性是相对的。项目成本的不确定性是客观存在的,这就要求在项目的成本管理中必须开展对于包括风险性成本和不可预见费等预备费在内的各种风险性成本和风险性成本管理储备资金的直接控制。

因此,对于项目的成本控制与管理必须从控制项目的确定性成本、风险性成本和完全不确定性成本三类不同性质的成本去开展项目的成本控制管理。

5.3 项目成本控制的流程

5.3.1 项目成本控制的依据

项目成本控制的目的是通过依次满足项目建设的阶段性成本目标,尽量降低项目成本,实现实际成本不超出计划额度要求,并同时取得项目建设投资的经济、社会及生态环境效益。要在项目建设过程中实现实际成本不超出计划额度的目标,就应当想方设法减少项目实施过程中的各种损失,降低材料费、人工费用、营运费用等各项费用开支,在确保实现项目预定目标的前提下使项目投入最小化。换言之,成本控制就是要保证各项工作在它们各自的预算范围内进行。成本控制的基础是事先就对项目进行的费用预算,即费用预算是成本控制的基础。项目成本控制的直接依据是费用预算报告、执行情况报告、变更申请和费用管理计划。

(一)费用预算报告

成本预算是在项目成本估算的基础上,更精确地估算项目总成本,并将其分摊到项目的各项具体活动和各个具体项目阶段上,为项目成本控制制定基准计划的项目成本管理活动,它又称为项目成本计划。成本标准是项目成本控制的准绳,成本标准首先包括成本计划中规定的各项指标。但成本计划中的一些指标都比较综合,还不能满足具体控制的要求,这就必须规定一系列具体的标准。费用预算报告是以可供利用的信息对不同时间点上的成本进行预测,然后将所有估算的成本进行加总后形成项目费用预算报告。它提供了费用预算和使用的一个基本范围,是实施成本控制的最基本的依据。

项目开工以前,应根据设计图纸计算工程量,并按照企业定额或上级统一规定的施工预算定额编制整个工程项目的施工预算,作为指导和管理施工的依据。如果是边设计边施工的项目,则编制分阶段的施工预算。在编制施工图预算的时候,要充分考虑可能发生的成本费用,包括合同规定的属于包干(闭口)性质的各项定额外补贴,并将其全部列入施工图预算。在施工过程中,如遇工程变更或改变施工方法,应由预算员对施工预算做统一调整和补充,其他人不得任意修改施工预算,或故意不执行施工预算。

(二)项目成本控制执行情况报告

项目成本控制执行情况报告是指为了最终实现计划的成本目标,控制人员要收集项目实际情况和其他有关项目的信息,将各种投资、进度、质量数据和有关项目的信息进行整理、分类和综合,提出项目状态报告。项目成本控制执行情况报告指的是与项目有关的各种计划以及项目实施必须遵循的各种标准、规范,这也是项目成本控制的依据。它提供了项目实施过程中已经发生的成本,以及完成项目所需成本的估计,是以目的实际执行情况为基础,对整个项目成本的一个预测。项目成本控制执行情况报告提供了项目实施过程中成本方面的信息,例如,超预算的是哪些工作,仍在预算范围内的是哪些工作。报告可以提醒项目部该项目在将来的执行中可能会发生的问题。

(三)变更申请

成本控制是一个持续改进的过程,在成本控制体系运行过程中,应采取措施,及时纠偏,完善各种核算管理制度,修订有关成本定额,调整有关成本计划,以适应变化了的情况,使成本控制系统在循环的过程中不断得到完善。很少有项目能够精确按计划进行,有必要及时修正成本控制体系。可预见的改变可能需要对原成本估计进行修正或用其他方法估计成本。实际上,项目经理不可能完全按照原始的费用预算来控制项目成本,因为预测成本可能是准确的,但很多情况下是不准确的。项目执行过程中发生的很多情况都会改变项目环境或其约束,由于设计、施工和甲方使用要求等种种原因,工程的变更是项目施工过程中经常发生的事情,是不以人们的意志为转移的。随着工程的变更,必然会带来工程内容的增减和施工工序的改变,从而也必然会影响成本费用的支出。因此,项目承包方应就工程变更对既定施工方法、机械设备使用、材料供应、劳动力调配和工期目标等的影响程度,以及为实施变更内容所需要的各种资源进行合理估价。所以把项目预算作为一个不能变动的指标并不能防止成本的变动,往往会对项目成本预算的某些方面提出调整的要求。这些变更申请由各类变更控制程序来处理。变更申请可能是口头的也可能是书面的,可能是直接的也可能是非直接的,可能是正式的也可能是非正式的,可能是请求增加预算也可能是减少预算。

(四)项目费用管理计划

计划成本是控制项目成本的基本依据。项目成本目标一经确定,就应该编制详细的计划成本。在确定计划成本的同时,必须制定降低成本的有效措施与方法,使成本的降低建立在可能与积极的基础上。这些措施主要是对可控成本进行控制,一般包括技术、经济和管理措施。项目费用管理计划是描述当实际成本与计划成本发生差异时如何进行管理的计划。在项目执行过程中,要坚持作好项目的资金分析,通过与项目控制部门的配合,进行计划收支与实际收支对比,找出差异,分析原因,改进资金管理。通过比较项目的实际与计划费用,确定有无偏差及偏差大小程度,并据此决定采取相应的管理措施,以实现对整个项目成本控制过程进行有序的安排,达到实现费用合理使用的目的。费用管理计划可以是详细的,也可以是粗略的;可以是正规的也可以是非正规的,完全取决于项目经理的判断。它是整个项目管理计划的一个组成部分。

5.3.2 项目计划和标准、规范

项目计划和标准、规范是指与项目有关的各种计划以及项目实施必须遵循的各种标准、规范,也是项目成本控制的依据。

(一)项目计划的内容

项目计划包括以下几个方面。

(1)编制工作进度计划。要根据本企业规定和项目实际情况,确定项目的工作流程,编制项目的工作计划。此计划为高层计划,各阶段的工作时间安排要包括完成阶段文档成果、文档成果提交评审及进行修改的时间,各阶段结束的标志是阶段成果发布。

在计划中要求明确以下内容:

①工作任务划分;

②显示项目各阶段或迭代的时间分配情况的时间线或甘特图;

③确定主要里程碑、阶段成果;

④要求用文字对项目工作计划作出解释。最终用一张时间表格来完整说明整个工作计划;对于迭代开发的项目,应编制出第一阶段的阶段计划。阶段内的任务分割以2~5天为合适,特殊任务的时间跨度在两个星期内;在项目的进行过程中,项目经理编制双周工作计划,指导成员的具体工作。

(2)编制项目的监控计划。其中说明进度控制、质量控制成本控制、预算控制等。

(3)编制项目的风险计划。分析项目过程中可能出现的风险以及相应的风险对策。对于大型项目,建议以附件方式编制,便于不断更新。

(4)制定辅助工作计划。根据项目需要,编制如培训计划、招聘计划等。

(5)规划开发支持工作,如供方管理计划。

(6)规划项目验收,制定项目的验收计划。此项工作可以视需要进行裁减。

(7)规划项目收尾与交接活动。制定项目的验收、培训和项目进入维护阶段与

技术支持部的交接工作。

(二)项目实施的标准、规范

在项目实施过程中,必须严格遵守项目管理方面的很多规范标准,比如说施工现场有安全现场管理标准,项目管理有项目管理规范,建设监理有建设监理规范,这是国家颁布的关于管理的标准,这些标准都要很好地贯彻实施。还要严格遵循其他的技术标准和规范。如果管理标准的执行可以而且应当结合企业的实际进行必要的调整,那么技术性的规范标准,如设计/施工标准、材料/半成品/部件检验标准、施工机械/用电等操作规程、工程竣工验收标准、其他各种类型的技术标准和规范的特点则是具有强制性,可以提高但不能变通降低,必须严格遵循技术标准和规范执行。

5.3.3 项目成本控制的基本流程

(一)成本控制的工作流程

成本控制的工作流程主要包括监控费用执行情况,查明与预算的偏差;确保所有适宜的更改已经在费用基线中准确地记录下来;将已批准的更改通知到相关的部门;进行控制。

具体来看,项目费用(成本)控制工作首先是从确定工作范围开始的。控制工作范围包括成本预算和工作进度计划。项目具体工作开始实施后,就要进行检查和跟踪工作,然后对检查和跟踪工作的结果进行分析,预测其发展趋势,做出费用进展情况及发展趋势报告。根据费用进展报告和发展趋势报告,做出下一步行动计划的决策。具体而言,就是依据费用进展报告和发展趋势报告,采取具体的纠偏措施。图5-9所示为项目成本控制的工作流程图。

下面,以工程项目为例,来看一下项目成本控制的整个流程。

第一步,分解预算成本。工程项目中标后,以审定的施工图预算为依据,确定预算成本。预算成本是对施工图预算所列价值,按照成本项目的核算内容进行分析、归类而得的,其中直接成本的人工费、材料费、机械使用费根据分部分项工程量和预算单价(定额)计算求得,直接成本的其他费用、间接成本的施工管理费按工程类别、计费基础和取费系数计算求得。

属于有专门用途的费用,如间接费、利润、税金、概预算定额编制费和劳动定额测定费等,不包括在预算成本内,但为了便于对比计算,也作为独立的项目反映。

第二步,确定计划成本。计划成本的确定要从两个方面考虑,一是按预算成本确定,二是按可能支出确定。在按预算成本确定计划成本前,一定要先计算税金、利润、概预算定额编制费和定额测定费够不够向有关部门缴纳,如果向业主收取的上述四项费用超出应向税务局、公司和有关部门缴纳的数额,超出部分可作为暂实现的收入;如果收取的上述四项费用小于应向税务局、公司和有关部门缴纳的数额,差额部分从直接费用或间接费用中弥补。

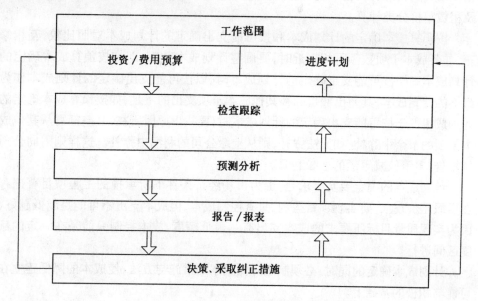

图5-9 项目成本控制流程图

按预算成本确定计划成本,最主要的一点是能把不可控费用剔除,然后按照各成本项目的预算成本折算成各成本项目的计划成本。

在按预算成本确定了初步的计划成本后,还必须按预算工程量、材料用量、机械设备需用量和实际人工单价、材料采购价、机械设备使用、租赁单价等因素确定可能支出的计划成本。

(1)人工费支出计划成本。要根据预算总工日数和内部职工平均实际日工资计算,还可以按照分部分项的工程量和单项工程人工费单价计算人工费支出的计划成本。

(2)材料费支出计划成本。可根据预算材料费减去材料计划降低额求得。材料计划降低额的计算分两个方面进行:一是价差,即根据材料预算价和市场采购价的差额计算综合材料采购降低率,然后乘以预算材料费即可,也可以几种用量大的主要材料的采购降低率来代替综合材料的采购降低率,计算材料价差的计划降低额;二是量差,即根据以往的经验、采用的工艺、方法,先推算出可节约主要材料的用量比例,再乘以主要材料的用量,便可计算出主要材料量差的计划降低额。

(3)机械使用和维修费支出计划成本的测算。测算可分为两部分,一部分是使用自有机械的折旧大修费、经常修理费、操作人员的工资及奖金、燃油及电费等，根据使用台数、有关资料及经验测算；另一部分是使用租赁机械，根据需要租赁台数及租赁单价分类计算。

按预算成本确定的计划成本和按可能支出确定的计划成本对照比较，互相修正，如各成本子项数额不相接近时，要调整计划成本数额，即如按预算成本确定的计划成本高于按可能支出确定的计划成本时，以按可能支出确定的计划成本作为最终的计划成本，其超出额可弥补其他成本子项支出的不足；如按预算成本确定的计划成本低于按可能支出确定的计划成本时，要找出原因所在，其差额需从其他成本子项的节余中弥补，如无法弥补，则从上缴公司的利润中弥补。这样则需向公司打报告，申请核减等额的上缴利润。

计划成本的确定要实事求是，因为市场经济条件下所承揽的工程项目普遍存在压级压价现象，要实现项目盈利，只有控制成本，但成本支出不可能是越低越好，因为实现质量目标所要求的成本支出有一最低额度，成本控制只能是在一定的额度区间进行。

计划成本确定的同时，必须制定降低成本的措施与方法，使成本的降低建立在可能与积极的基础上。

第三步，实施成本控制。对项目成本执行情况进行检查跟踪，包括制度控制、定额或指标控制、合同控制等。

(1) 制度控制。制度控制指在成本支出过程中，必须执行国家、公司的有关制度，如财经制度、工资含量包干制度等。

(2) 定额或指标控制。定额或指标控制指为了控制项目成本，要求成本支出必须按定额执行，没有定额的，要根据同类工程耗用情况，结合本工程的具体情况和节约要求制定各项指标，据以执行。如材料用量的控制，应以消耗定额为依据，实行限额领料，没有消耗定额的材料，要制定领用材料的指标。材料购置实际单价超过预算单价时，可能的话，要报经营部门签证或直接找业主签证，以便在合同外另结算工程款。

(3) 合同控制。合同控制即项目部为了达到降低成本的目的，根据已确定各成本子项的计划成本，与各专业管理人员、施工队长等签订成本承包合同，即按照费用归口管理的要求，确立各部门、各有关人员的成本管理责任制。

第四步，进行成本核算。成本核算，要严格遵守成本开支的范围，划清成本费用支出与非成本费用支出的界限，划清工程项目成本和期间费用的界限。

实际成本中耗用材料的数量，必须以计算期内工程施工中实际耗用的量为准，不得以领代耗。已领未耗用的材料，应及时办理退料手续；需留下期继续使用的，应办理假退料手续。实际成本中按预算价（计划价）核算耗用材料的价格时，其材料成本差异应按月随同实际耗用材料计入工程成本中,不得在季(年)末一次计算分配。

第五步,组织成本分析,进行下一阶段的预测分析。项目部每月按成本费用项目进行成本分析,提出截止到本月项目累计成本实现水平,并逐项分析成本项目节约或超支情况,并寻找原因;之后,根据成本分析报告,定期或不定期召开项目成本分析会,总结成本节约的经验,吸取成本超支的教训,为下月成本控制提供对策。

第六步,采取相应措施根据预测分析的结果,提出相应的解决方案,以保证项目成本按计划进行,不至于偏离太远。

第七步,项目竣工进行成本核算。项目竣工时,工程结算收入与各成本项目的支出数额最终确定,项目部整理汇总有关的成本核算资料报公司审核。根据公司的审核意见及项目部与各部门、各有关人员签订的成本承包合同,项目部对责任人予以奖罚。如果成本核算和信息反馈及时,在工程施工过程中,分次进行成本考核并奖罚兑现,效果会更好。

(二)项目成本控制的关键点

上述过程即以图 5-9 所示的流程为主线,结合项目实际情况的一种项目成本控制程序。从中不难看出,成本控制有以下关键点。

(1)核算口径一致。预算成本、计划成本和实际成本的核算范围、项目设置和计算口径,不仅应与财经制度规定、施工图预算、施工预算一致,而且应相互一致。

每一项目开始前,应统一确定项目目录,据此确定成本核算对象,然后将各种原始资料的记录、核算、上报口径统一、明晰,这样预算成本、计划成本和实际成本才有相互对比、考核、分析的基础。

(2)最终目标明确。项目成本控制的基本任务是:执行有关的成本开支范围、费用开支标准、项目预算定额等,制定积极的、合理的计划成本和降低成本的措施,严格、准确地控制和核算项目实施过程中发生的各项成本,及时提供可靠的成本分析报告和有关资料,并与计划成本相对比,对项目进行经济责任承包的考核,以期改善经营管理,降低成本,提高经济效益。

最终目标是经济效益最优化。成本控制的一切工作都是为了效益,只有控制住成本,利润空间才能打开。因为项目的一次性特点,其成本控制没有现成的依据可寻,更需要因项目而异,因时间而异。

(3)责权利相结合。要想实现最终目标,在项目成本控制的过程中一定要严格执行责权利相结合的原则。当然,在实施项目过程中情况是千变万化的,虽然我们根据监控的情况进行了分析预测,但还是很有可能发生一些意想不到的事情。此时,虽然被动,依旧需要实施控制。据此,又可以将对成本的控制分为主动控制和被动控制。

主动控制,顾名思义,是在已有资料的基础上,首先分析、估计目标偏离的可能性,采取预防措施,根据实施情况再进行分析预测,加以预防,如此循环,争取避免或尽量减小现实情况与目标的偏离。

被动控制则是在发生了偏离之后,对现实情况进行分析,采取纠偏措施,如果采取措施之后,目标依旧偏离,就需要再分析并进行纠偏,直至实际情况与目标或计划吻合。

总之,实际情况千变万化,项目团队要依据成本控制流程以不变应万变,做好成本的控制工作。

5.4 项目成本控制的输出结果

项目成本控制是根据成本基准计划来控制项目预算的变化,成本控制过程的主要输出是修正后的成本估算、更新预算、纠正措施、完工估算、计划的变更及取得的教训。

5.4.1 修正后的成本估算

按预算成本确定的计划成本和按可能支出确定的计划成本对照比较,互相修正,如各成本子项数额不相接近时,要调整计划成本数额,即如按预算成本确定的计划成本高于按可能支出确定的计划成本,以按可能支出确定的计划成本作为最终的计划成本,其超补额可弥补其他成本子项支出的不足;如按预算成本确定的计划成本低于按可能支出确定的计划成本,要找出原因所在,其差额需从其他成本子项的节余中弥补,如无法弥补,则从上缴公司的利润中弥补。

5.4.2 项目成本预算更新

我们知道,项目的成本控制是控制项目预算的变更并作及时调整以达到控制目的的过程。为了建立项目的预算,我们必须预测项目需要耗费何种资源,各种资源需要的使用量、何时需要以及相应形成的成本,其中要考虑到未来通货膨胀的影响。任何预测都带有不确定性,有些时候,预测可能会非常困难。例如,进行一种全新技术的开发项目,开发结果事前都难以确定,更不用说项目进展的具体过程了。因此,有必要对项目成本预算进行更新。在项目成本控制的实际工作中,对项目成本预算进行更新,通常要对完成项目所需成本进行估计。完成项目所需成本估计(EAC)是以项目执行的实际执行情况为基础对整个项目成本的一个预测。最常见的EAC有以下几种:

(1) EAC = 实际已发生成本 + 对剩余的项目预算。在项目现在的偏差可视为将来偏差时,这种方法通常被利用。

(2)EAC=实际已发生成本+对剩余项目的一个新估计值。当过去的执行情况表明先前的成本假设有根本缺陷或由于条件改变而不再适用新的情况时,这种方法最为常见。

(3)EAC=实际已发生成本+剩余原预算。当现有偏差被认为是不正常的(由偶然因素引起),项目管理小组认为类似偏差不会发生时,用这种方法最为常见。

5.4.3 项目成本纠正措施

项目成本纠正措施是指项目经理采取措施使项目执行情况回到项目成本计划。项目部应当定期按成本费用项目进行成本分析,提出截至本期项目累计成本实现水平,并逐项分析成本项目节约或超支情况,寻找原因,然后根据成本分析报告,定期或不定期召开项目成本分析会,总结成本节约的经验,吸取成本超支的教训,为及时对项目成本纠正提供对策。纠正措施是为了使项目将来的预期绩效与项目管理计划一致所采取的所有行动,是指任何使项目实现原有计划目标的努力。费用管理领域的纠正措施经常涉及调整计划活动的成本预算,比如采取特殊的行动来平衡费用偏差。

项目成本偏差有三种:一是实际偏差,它等于实际成本减去承包成本;二是计划偏差,它等于承包成本减去计划成本;三是目标偏差,它等于实际成本减去计划成本。在项目实施过程中应当尽量减少目标偏差,目标偏差越小,说明控制效果越好。目标偏差为计划偏差与实际偏差之和。项目部要根据成本偏差,用因果分析图分析产生的原因,然后设计纠正偏差的措施,制定对策,协调成本计划。对策要列成对策表,落实执行责任,对责任执行者进行考核。

5.4.4 完成估算

项目成本估算是对完成项目各项任务所需资源的成本所进行的近似估算。项目成本估算是根据项目资源计划以及各种资源的价格信息,粗略地估算和确定项目各项活动的成本及其项目总成本的项目管理活动。

项目成本估算的基本结果有三个方面的内容:

(1)项目的成本估算。它描述完成项目所需的各种资源的成本,其结果通常用劳动工时、工日、材料消耗量等表示。

(2)详细说明。成本估算的详细说明应该包括成本估算的范围描述、成本估计的实施方法、成本估算信赖的各种假设、估算结果的有效范围。

(3)请求的变更。成本估算过程可能产生影响资源计划、费用管理计划和项目管理计划的其他组成部分的变更请求,请求的变更应通过整体变更控制过程进行处理和审查。

5.4.5 项目成本计划的变更

在项目管理实践中,很少有项目能够准确地按照期望的成本预算计划执行,不可预见的各种情况要求在项目实施过程中重新对项目的费用作出新的估算和修改,形成项目变更请求。计划成本的编制以"按施工程序,明细到部位"为原则,为施工过程制定了标准成本,同时又为成本控制提供了依据。需要说明的是,开工前的计划成本是根据图纸计算得来,而施工过程经常会出现设计变更(或洽商变更)等偏离图纸的情况,因此,需对设计变更(或洽商变更)重新计算,并修改原预算书相关内容,始终保持施工预算的可依据性和指导性。只有当这些变更请求经各类变更控制程序得到妥善的处理,或增加项目预算,或减少项目预算,项目成本才能更加科学、合理,符合项目实际并使项目成本真正处于控制之中。

5.4.6 经验与教训

费用控制中所涉及的各种情况,如导致费用变化的各种原因,各种纠正工作的方法等,对以后项目实施与执行是一个非常好的案例,应该以数据库的形式保存下来,供以后参考。

5.4.7 项目成本控制体现的方面

在市场经济中,项目的成本控制不仅在项目控制中,而且在整个项目管理以至于整个企业管理中都有着重要的地位,企业的成就通常通过项目来实现,而项目的成就通过盈利的最大化和成本的最小化来实现。由于成本、进度和资源三者密不可分,项目成本管理系统决不能脱离资源管理和进度管理而独立存在,相反要在成本、资源、进度三者之间进行综合平衡。要实现这种全过程控制(事前、事中、事后)和全方位控制(成本、进度、资源),离不开及时、准确的动态信息的反馈系统对成本、进度和资源进行跟踪报告,以便于进行项目经费管理和成本控制。以建筑市场为例,在激烈的市场竞争中许多施工企业的中标价非常低,而低价中标使得施工企业不得不把加强项目的成本控制放在重要的位置。根据经验,施工企业主要从以下几个方面加强项目成本控制。

(一)加强项目财务管理人员的教育,树立成本第一的观念

项目的预算、财会人员,是收支的具体执行者。为了防止项目部在收支上违反国家政策和企业的经营管理规定,必须采取由上级向项目部派遣政治素质好、责任心强、业务水平高的预算和财会人员的做法。这些人员的收入与项目部脱钩,让他

们切实承担起成本"卫士"的责任。项目所有生产要素的运作,都与项目的成本相联系。因此要把工期、质量、安全、文明施工等纳入成本管理的范畴,对超出目标成本指标的,项目部管理人员及职工,在评先、评优、职务提升及收入分配等方面,坚持一票否决制度,以使他们牢固树立成本第一的管理思想。

(二)建立工程项目经济评估制度,科学、合理地确定各项经济指标

工程中标后,要及时组织有关人员对工程项目进行经济评估,进行成本计算。要在深入地进行市场调查研究的基础上,将预算成本与实际成本对比,测算项目的经济效益,对项目成本效益要做到心中有数。目标成本一经确定,既是企业对工程项目进行成本控制和考核的尺度,又是项目部要达到的目标成本要求,项目部要按不同的成本要素,将目标成本进行分解。纵向分解到施工队、班组,横向分解到项目部领导、职能部门和个人,建立纵向到底、横向到边的目标责任成本体系,将目标成本分解落实到每个阶段、每个责任人,形成全员、全方位、全过程项目责任成本管理体系,真正做到人人责任明确,个个肩上有指标。

(三)建立材料招标采购制

在项目的成本构成中,工程所需要的材料是成本的大头,因此,必须抓好成本费用中的人工费、材料费的控制,加强对材料成本的控制。对材料的控制,一方面要采取加强管理,杜绝"跑、冒、滴、漏"及限额领料等措施,另一方面重点要把住材料的采购关。项目开工准备阶段,应及时组织有关人员,邀请资信较好的材料供应商进行公开招标,做好市场的比质、比价、比运费,确定购进价格(含运费)。实行材料招标采购,不仅对降低成本能起到有效作用,而且可以避免"暗箱操作"和吃回扣加大成本现象。

(四)定期进行成本分析,发现问题及时整改。

工程实施过程中必须加强成本检查与分析,及时与目标比较差异,采取相应措施,保证责任成本目标的实现。具体要从两方面做好工作:一是要求各责任部门定期报送报表,除按正常的会计报表格式报送有关报表外,还要按照责任成本分解要求报送执行情况报表,并对发生差异原因作出分析和说明;二是要定期(月、季)对项目成本计划执行情况进行检查。同时,要及时修正成本控制体系。成本控制是一个持续改进的过程,在成本控制体系运行过程中,应采取措施,及时纠偏,完善各种核算管理制度,修订有关成本定额,调整有关成本计划,以适应变化了的情况,使成本控制系统在循环的过程中不断得到完善。

(五)抓好工程及分部分项工程的验收、结算、拨款工作。

计价和拨款可以说是控制成本支出的最后一道关,这个环节应把握"程序"二字,计价和拨款都不能一人说了算,必须重点把握"集体"两个字,验收计价必须由项目部牵头,组织技术、质检、计财、物资等部门人员,核实完成的实物工程量、质量

情况、用料情况,依据确定的目标责任成本和承包单价,计算工程价款。拨付工程款时,应做到验收看现场,计价看验收,多方共签认,留足质保金。同时项目部应按月、季、年向企业管理部门上报计价拨款报表,使企业随时掌握施工进度、工程价款使用和目标成本情况。在加强项目成本控制的同时抓好对每个单项工程的完工清算和数个工程项目的竣工决算,也是把住项目成本的重要一环。当工程项目和单项工程完工后,应按合同要求,及时组织有关人员搞好竣工验收和竣工决算,核实项目发生的实际成本,分析目标成本执行情况。

5.5 不可预见费用

不可预见费用是根据确定的项目工作范围,可以预料的潜在风险(如数量偏差、价格变化、进度拖延和项目特殊情况)等因素确定的。列入费用估算的不可预见费用,不包括那些由于人们无法预料和控制的风险(如不可抗力、社会经济发生重大变化等)引起的异常风险费用。后者应通过签订项目承包合同来明确发生异常风险时使承包商免遭损失的条款。

不可预见费用要考虑两个方面:一是"基本不可预见费用"(也称平均不可预见费用),这是综合考虑项目实施中各项费用可能发生的不利和有利情况,按其平均值来选取的;二是"最大风险不可预见费用",指的是在最坏情况下需要考虑的不可预见费用。

这里介绍两种求取基本不可预见费用的方法:一种是根据项目进展阶段,并选用适合于具体项目的"估算偏差幅度系数"来求取。另一种是目前国际上许多工程公司采用的"蒙特卡罗法"进行模拟风险分析来确定不可预见费用。前一种方法与我国目前采用的方法相接近,后一种方法国内尚不多见。但无论采用什么方法求取不可预见费用,其可靠程度均取决于选用的数据和种种设想是否正确,因而最终还是取决于人的判断。

5.5.1 不可预见费用的求取

(一)用"估算偏差幅度系数"求取。

这种方法通常用来求取基本不可预见费用。

(1)根据项目各个进展段所标明的估算偏差幅度范围,确定编制具体项目费用估算所选用的偏差幅度系数,如表5-3所示,是选择上限、平均值,还是下限,应视具体工程项目的可变因素和未知事项的具体情况而定。

表5-3 估算偏差幅度系数

项目进展阶段	项目进展情况	费用估算偏差幅度范围/±%	费用估算平均偏差幅度系数/%
0	工艺设计完成以前的最初阶段	25~50	30
1	工艺设计完成,设备已确定,但未询价;散装材料量已用系数法估算求出,但无单价	15~25	20
2	基础工程设计完成,工艺物料流程图、PIU、装置布置图已批准,设备已询价,散装材料已初步统计,并已询价	10~15	13
3	详细工程设计完成,设备和散装材料的最终数量已统计,最终订单已发出	5~10	8
4	施工安装工程完工(机械竣工)	0~5	4
5	工程结束	0	0

(2)用表5-4所示的计算基本不可预见费用的标准表格,计算不可预见费用。例如当一项费用处在项目最初阶段时,则在项目进展阶段"0"栏内填写100%。又如一项费用已经通过设备详细估算阶段认可,而且这项费用的50%已经用于采购订货,则在项目进展阶段"2"和"3"栏内各填50%。基本不可预见百分数是将项目进展阶段"0~5"栏内各个阶段的百分数分别乘以各自对应的按表5-3确定的偏差幅度系数之和。基本不可预见费用是将估算值乘以基本不可预见费用百分数即可。最后将所有基本不可预见费用值都加在一起,就可得到整个工程项目的基本不可预见费用。

需要说明的是,表5-4中项目进展阶段"0~5"栏是通过将一项费用按其实施百分率分别填入"0-5"阶段相应的栏内(总共是100%),以此来识别该项费用实际所处项目的进展阶段,并相应确定其估算偏差幅度系数。往表中填写百分数不要求很精确,只需近似的判断值即可。这些百分数不是一成不变的定值,如果对项目实施费用情况定期(如按月)做检查,并随项目实施阶段的进展不断调整其基本不可预见费用,那么按月往表中填写百分数时,将从"0"阶段(即第五列)逐渐往后推移,直至最后只在第"5"阶段中填写(表示自该月起此项费用的基本不可预见费用即为零)。因此该表所介绍的方法不仅可用来求取项目费用估算的基本不可预见费用,而且还可用来对项目的不可预见费用实行科学的管理。

表 5-4 计算基于不可预见费用的标准表格

WBS 编码	费用名称	估算值/元	占估算总值的百分数	项目进展阶段						基本不可预见费用百分数	基本不可预见费用金额/元
				0	1	2	3	4	5		
				估算值对应于项目各进展阶段的百分数							

(二) 确定最大风险不可预见费用的方法

按上面所述求出基本不可预见费用之后,还要参照图 5-10 的图表格式,先按记账码(SCAN)分别计算其最大风险不可预见费用,然后按 WBS 逐级汇总,即可求得各装置(工区)或整个项目的最大风险不可预见费用值。计算步骤是:

(1) 先按记账码并按图 5-10 的风险区,判定每个记账码可能发生的风险类别。

(2) 按风险类别,估算已判定的每种风险可能引起的最大额外费用值。

(3) 判定发生该项风险的概率(%)。

(4) 将该项风险引起的最大额外费用值乘以它的概率(%),得到该项风险的额外费用净值。

(5) 各项风险的额外费用净值加在一起,就可得到该记账码的最大风险不可预见费用。

(6) 按 WBS 逐级汇总,即可求得各组码、工区、装置直至整个项目的最大风险不可预见费用总值。

(三) 蒙特卡罗模拟风险分析方法

用蒙特卡罗法进行模拟风险分析的步骤如图 5-11 所示,现介绍如下。

第5章 项目成本控制

风险区

- 劳力短缺
- 人工费用高
- 气候恶劣
- 劳动生产率低
- 延期交货
- 材料短缺

- 设备破损
- 分包合同执行不力
- 供货商索赔
- 各种事故赔偿费和损失
- 完成进度计划的障碍
- 操作运转中的问题

费用编码	风险类别	因风险产生的最大额外费用值	发生风险的概率/%	风险额外费用净值

图5-10 最大风险不可预见计算图表

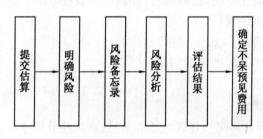

图5-11 蒙特卡罗法模拟风险分析步骤

第一步,提交估算。这是根据所获得的图纸、文件和数据等资料,按WBS中组码一级分类编制的估算。此估算包括应当考虑的余量,但不包括不可预见费用。

第二步,确定风险区。风险区总的可分为两大类:定量风险区和附加风险区。

定量风险区是指与提交估算偏差幅度有关的风险。通常将它分解成三个主要风险区:技术信息风险、材料统计风险和价格风险。设计部门负责评估其中的技术信息风险和材料统计风险,采购部门负责评估价格风险。

(1)技术信息风险是指提交估算所使用的资料、数据的可靠程度。一般考虑下

列因素:
　　①工艺资料。
　　　属于新工艺、原装样机或尚未定型而处于研究开发阶段的技术。
　　　工艺技术资料的完整性。
　　②工程设计。
　　　工程技术资料的完整性。
　　　与常规标准的差异。
　　　采用特殊的技术规格。
　　③其他因素。
　　　管道仪表流程图的完整性。
　　　安装工程设计的完整性。
　　　假定条件的范围和准确性。
　　　对工作范围、责任和用户要求等方面所了解的确切程度。
　　④根据上述因素,由估算人员评估其影响程度。
　　　对工程施工的影响。
　　　对公司本部人工时的影响。
　　　对进度的影响。
　(2)材料统计风险是在正确确定技术信息风险的基础上,对编制估算的数量、数据表和成本等统计工作的准确性进行评估。一般应考虑下列因素:
　①关于直接材料的统计。
　　　采用的估算方法。
　　　在统计过程中可能遗漏的细项。
　　　材料统计的误差。
　　　统计工作的质量。
　②关于余量(向估算部门建议增加的余量,在风险分析中不应重复计算)。
　③在材料统计风险中,对某些细项(如蒸汽伴管、运费等)估算的准确性,或对某些未做专门规定的细项(如安装时才能确定的支架等)估算的准确性,可按推测来确定。
　(3)价格风险是在正确确定技术信息风险和材料统计风险的基础上,对定价方法和单价的准确性进行评估。一般考虑下列因素:
　①收到报价的形式。
　　　固定价。
　　　电报报价。
　　　口头报价。

②公司内部估算。
现行价格。
参考其他项目的估算。
估计价格。
③单价的准确性。
④费用系数。
⑤历史数据。
⑥厂商提供的数据。
⑦供货来源。

上述三个主要定量风险区的划分是按估算的编制程序确定的。估算工程造价首先是根据有关图纸、文件和数据(即技术信息),把它们转化成工程量(即材料统计),再乘上单价即是工程造价。如果对工程量计算的准确性和单价的准确性分别进行定量分析,就可以确定该项估算的风险值。

附加风险区是指为了求取最大风险不可预见费用而应评估的风险。这方面要考虑的因素及其计算方法如前所述。

第三步,编制风险备忘录。风险备忘录应对那些可能影响费用和进度的潜在风险因素着重予以强调。尽管以费用的形式来定量评估风险是十分困难的(因为有许多不确定的因素,并有很大的随机性),但只要估算人员根据经验认真进行分析和判断,得出一个比较合理的风险评估数据是可以做到的。

风险备忘录的编制应做到简明扼要,不能含糊不清。

第四步,风险分析。根据风险备忘录提出的风险评估数据,用蒙特卡罗模拟技术进行风险分析。

蒙特卡罗模拟技术是用随机数对输入的每类费用进行随机模拟,经过多次模拟,得到每类费用和项目费用的概率分布图(图 5 – 12)和经营费用概率图(图 5 – 13),并根据概率分布曲线和可接受的风险等级来选择不可预见费用。

用蒙特卡罗法进行模拟风险分析时,应输入下述数据:
①净估算值(不含不可预见费用)。
②高估值(最小值)。可用百分比或数值来表示。高估值是指估算值可能大于实际最终值的百分比或数值(从估算值中减去高估值,更小,即可得到最小估算值)。该值限定出现的机会为 1/10 或更小。
③低估值(最大值)。低估值是指估算值可能低于实际最终值的百分比或数值(将估算值加上低估值即可得到最大估算值),该值限定出现的机会为 1/10 或更小。

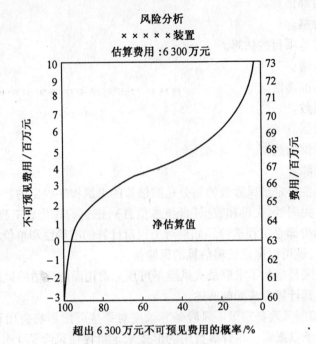

图 5-12 经营费用超值的概率分布曲线图

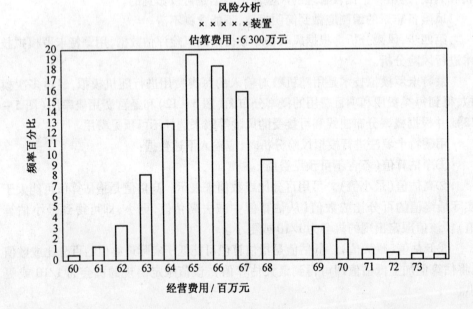

图 5-13 经营费用频率图

输入上述数据的目的是为了界定各类费用可能变化的范围。然后通过模拟计算得到概率分布曲线,一般以概率为50%点作为定量风险分析的最可能值,再加上附加风险即可确定不可预见费用。

第五步,评估结果。根据风险分析结果,取概率为50%点的值减去提交估算值作为基本不可预见费用,再根据项目具体情况求得最大风险不可预见费用,由项目经理会同项目团队有关人员进行审核,并由项目经理向公司领导部门提出建议的不可预见费用。

第六步,确定不可预见费用。公司领导审查项目经理提出建议的不可预见费用,最后确定项目的不可预见费用值。

5.5.2 不可预见费用的管理

将基本不可预见费用作为费用估算的组成部分列入估算中,而将最大风险不可预见费用作为项目的一项独立费用,用来弥补通过判断可能发生的主要风险所引起的额外损失。

不可预见费用在项目实施过程中要不断地分析和调整。对项目实施过程中编制的每次估算(如初期控制估算、批准的控制估算、首次核定估算和二次核定估算)都要进行风险分析和修正不可预见费用。

随着项目实施的进展,费用估算中某些费用项已付诸实施,有些已不会再超支,这时应把至今尚未成交的费用项作为控制不可预见费用的重点,定期进行核定,避免费用超支。

5.6 项目经理班子中相关人员的职责

鉴于项目控制在项目管理中的重要作用,在工程项目中,许多公司专门设立项目控制部,以加强对项目的控制。项目控制部一般下设四个组:进度控制组、成本估算组、成本控制组和材料控制组。一旦项目成立(合同签订),项目控制部就选派该项目的控制经理以及进度计划工程师、成本估算师、成本控制工程师和材料控制工程师参加项目团队的工作。对于重要项目,上述人员均集中到项目团队的办公地点办公,在项目经理的直接领导下工作。对于一般项目,也可以在项目控制部办公,负责指定项目的项目控制工作。与项目团队的其他人员一样,项目控制部的人员被选派到项目团队去工作之后,接受项目经理和项目控制部的双重领导。

5.6.1 项目成本估算师及其职责

项目成本估算师在项目经理领导下工作,是项目办公室的重要一员。如果项目团队不设项目控制经理,则项目成本估算师直接在项目经理领导下工作。如果成本估算单位不设在项目控制部,而是公司独立设置的成本估算室,则项目成本估算师接受项目经理和公司估算室的双重领导。项目成本估算师的主要职责如下:

(1)根据项目合同的规定或项目经理提供的工作范围,分阶段编制项目成本估算,即初期控制估算、批准的控制估算、首次核定估算以及二次核定估算。

(2)当需要做多个设计方案比较时,配合进行相应的成本估算。

(3)当出现重大项目变更或重大用户变更时,配合进行相应的变更成本估算。

(4)为成本控制工程师提供所需的原始资料。

5.6.2 项目成本控制工程师及其职责

项目成本控制工程师由项目控制部派出,在项目控制经理领导下工作。如果项目团队不设项目控制经理,则项目成本控制工程师直接在项目经理领导下工作。在后一种情况下,项目成本控制工程师受项目经理和项目控制部双重领导。项目成本控制师的主要职责是:

(1)负责制定和执行项目成本控制计划,并按成本控制的程序和方法进行成本控制。

(2)协助项目经理确定姓名工作分解结构(WBS)及其编码。

(3)对项目费用进行分解,经项目经理的审查批准,下达给设计经理、采购经理、施工经理和开车经理,作为各阶段成本控制的依据。

(4)根据费用分解指标、项目进度计划、人力投入计划,按月编制费用支付计划。

(5)运用费用/进度控制系统,分析监控费用偏离情况和劳动生产率状况,预测费用发展趋势,提出建议、意见和措施。

(6)从成本控制角度审查项目变更和用户变更。根据项目变更单或用户变更单编制变更估算。

(7)编制项目费用状态报告(月报),并及时向项目经理或项目控制经理报告成本控制执行情况。

(8)当项目的施工和开车任务对外分包时,参与对分包单位投标文件中提出的工厂进度和工程费用的评审。

(9)审查分包单位提出的费用计划,对照原费用分解指标和预测月支付计划,找出差异,提出措施。

(10)管理不可预见费用的使用,并将其使用情况按月以书面形式向项目经理报告。

本章小结

项目成本控制,就是随着项目的进行,监控项目支出和项目进展情况,测量与计划预算的偏差,并采取有效措施来实现最少成本的目标。项目成本控制的对象包括:(1)以项目成本形成过程作为控制对象。(2)以项目的职能部门、工程队和班组作为成本控制对象。(3)以分部分项工程作为成本控制对象。

项目成本控制的原则:(1)成本最低化原则。(2)全面成本控制原则。(3)动态控制原则。(4)责、权、利相结合原则

项目成本控制的分类:按照成本发生和形成时间的先后次序进行控制,分为事前控制、事中控制和事后控制三个阶段。直接成本和间接成本控制这是从划分成本的主要方面和次要方面进行的成本控制。

项目成本控制方法主要有:偏差控制法、成本分析表法、进度－成本同步控制法和施工图预算控制法、费用变更控制系统、绩效测量、补充计划编制和计算机工具。

费用变更控制系统是一套修改项目文件时应遵循的程序,其中包括书面文件、跟踪系统和变更审批制度。这一系统规定了改变费用基线的程序,包括文书工作、跟踪系统和批准更改所必需的批准级别。

所谓价值工程,指的都是通过集体智慧和有组织的活动对产品或服务进行功能分析,使目标以最低的总成本(寿命周期成本),可靠地实现产品或服务的必要功能,从而提高产品或服务的价值。

项目成本控制的依据是:费用预算报告、执行情况报告、变更申请和费用管理计划。

项目成本控制的基本流程:

(1)分解预算成本。工程项目中标后,以审定的施工图预算为依据,确定预算成本。(2)确定计划成本。计划成本的确定要从两个方面考虑,一是按预算成本确定,二是按可能支出确定。在按预算成本确定了初步的计划成本后,还必须按预算工程量、材料用量、机械设备需用量和实际人工单价、材料采购价、机械设备使用、租赁单价等因素确定可能支出的计划成本。(3)实施成本控制。对项目成本执行情况进行检查跟踪,包括制度控制、定额或指标控制、合同控制等。(4)进行成本核算。成本核算,要严格遵守成本开支的范围,划清成本费用支出与非成本费用支出的界限,划清工程项目成本和期间费用的界限。(5)组织成本分析,进行下一阶段的预测分析。项目部每月按成本费用项目进行成本分析。(6)采取相应措施根据预测分析的结果,提出相应的解决方案,以保证项目成本按计划进行,不至于偏离太远。(7)项目竣工进行成本核算。项目竣工时,工程结算收入与各成本项目的支

出数额最终确定,项目部整理汇总有关的成本核算资料报公司审核。

成本控制过程的输出结果有:修正后的成本估算、更新预算、纠正措施、完工估算、计划的变更及取得的经验教训。

项目经理班子中相关人员的职责:项目成本估算师及其职责;项目成本控制工程师及其职责。

练 习 题

(一)单选题

1. 在施工过程中,对影响施工项目成本的各种因素加强管理,并采用各种有效措施加以纠正,这是(　　)。
   A 施工成本控制　B 施工成本计划　C 施工成本预测　D 施工成本核算

2. 在项目执行期间,项目发生了许多的变更,项目经理应该(　　)。
   A 等到所有的变更都被告知并打印出新的进度计划
   B 根据需要进行一定的变更,但要保留基准计划
   C 根据需要进行变更
   D 在决定变更前告诉管理者

3. 什么是挣值(EarnedValue)概念的基本缺点?(　　)
   A 由于它与当前的 WBS 有关,故无法知道客户的项目范围
   B 等到 BCWP 计算出来,再对项目成本采取纠正措施就太晚了
   C 要对完工的百分比作出准确评估是很困难的
   D 这个概念中没有缺点

4. 下面关于类比估算的描述哪一项是不正确的?(　　)
   A 它支持自上向下的估算
   B 它是专家判断(Expert Judgment)的一种形式
   C 它能够精确到与实际成本相差 ±10%
   D 它使用以前类似的项目成本为基础,对现在的项目成本进行评估

5. 成本变更控制系统的目的是(　　)。
   A 确定何时给项目增加应急资金　B 确定成本基准计划据以变更的程序
   C 决定成本变化的原因　D 决定是否需要更新预算

6. 如果成本偏差与进度偏差相等,那么(　　)。
   A 成本偏差是由进度偏差引起的　B 偏差对项目是有利的
   C 可以轻易纠正进度偏差　D 劳动率从项目开始时就提高了

7. 成本管理计划是(　　)。
   A 描述如何管理成本偏差　B 成本基准计划
   C 测量和监控成本绩效　D 建立绩效测量基准

8. 如果一个工作包中的部分操作的估算成本是 1 500 元,并且在今天完成了,然而实际上成本用了 1 350 元,而工作中完成了全部的 2/3,成本偏差是(　　)。

第5章 项目成本控制

　　A＋150　　　　B－150　　　　C－350　　　　D－500
9. 编制资源计划的目的是(　　)。
　　A 确定完成项目活动中需要的物质资源　B 估计完成项目活动所需的资源成本
　　C 确定潜在可用的资源　　　　　　　　D 评估项目资源使用的组织政策
10. 预算更新通常是在(　　)作出的。
　　A 项目经理知道如果不做修订将会导致成本超支的情况下
　　B 范围变更被批准的时候
　　C 项目任一方面被重新制定了基准计划的时候
　　D 使用应急或管理储备时
11. 价值工程/分析是技术的系统应用,它不是(　　)。
　　A 为所要求的功能确立价值　　　B 以最低的成本提供所要求的功能
　　C 以最低的成本识别所要求的功能　D 寻求以成本换取绩效
12. 下面选项中哪个是成本控制的输出?(　　)
　　A 成本基准计划　　B 变更申请　　C EAC　　D 补充计划
13. 在什么情况下,重新制定基准计划可能是成本控制的一项输出?(　　)
　　A 成本偏差(CV)非常严重,并且需要实际的绩效测量的时候
　　B 修订的成本估算已经准备好了,并且分发给项目干系人
　　C 必须采取纠正措施,使预期的未来绩效与项目计划相一致
　　D A 和 C
14. 您已经总结了项目,并且注意到:计划 28 000 小时,挣得 25 000 小时,支付 26 000 小时。正确的结论是(　　)。
　　A 项目正在有利的成本效率比率下进行
　　B 我们需要趋势分析报告
　　C 项目落后于进度计划
　　D 项目提前于进度计划
15. 下面哪种方法被用来控制项目支出?(　　)
　　A 财务预测　　B 工作授权　　C 参数估算　　D 自下而上的估算

(二)判断题
1. 成本预测是一个完整的决策过程,通过预测可以为企业降低成本指明方向和途径,为此选择最优计划方案提供科学的依据。
2. 项目竣工阶段的成本控制时即使发生了成本偏差,也应当积极采取措施纠正。
3. 项目成本核算科目应当涵盖工程项目总经营成本的最重要的环节和开支项目。
4. 控制的全过程就是由一个个循环过程组成的。循环控制要持续到项目建成使用。控制贯穿项目的整个实施过程。
5. 由于学习及经验曲线效应,开展某项活动的成本可能因为经验和学习的经济性而随时间下降。
6. 项目设计成本控制是项目形成的关键,它的成败影响到项目建成后的经济效益与社会效益。

7. 项目预算变更申请由各类变更控制程序来处理。变更申请应当以书面的方式请求增加预算或是减少预算。

8. 费用预算报告是根据可供利用的信息对不同时间点上的成本进行预测,然后将所有估算的成本进行加总后形成项目费用预算报告。它提供了费用预算和使用的一个基本范围,是实施成本控制的最基本的依据。

9. 纠正措施是为了使项目将来的预期绩效与项目管理计划一致所采取的所有行动,是指任何使项目实现原有计划目标的努力。

10. 月(季)度的成本分析,是项目定期的、经常性的中间成本分析。

思 考 题

1. 项目成本控制的含义是什么?
2. 项目成本控制应遵循哪些基本原则?
3. 简要说明项目成本控制的依据?
4. 试述项目成本控制的方法?
5. 简述项目成本控制的基本流程?

阅读材料

工程项目成本控制的主要内容及措施

1. 分解预算成本。工程项目中标后,以审定的施工图预算为依据,确定预算成本。如某工程,合同总价款为75 000万元,经过综合论证,预计工程的总预算成本为56 250万元,包括燃油费、维修费、主要材料费39 000万元,人工费7 000万元,财务费用和管理费用7 400万元,税金2 850万元。目标利润18 750万元。

2. 确定计划成本。计划成本的确定要从两方面考虑,即以预算成本为基础,考虑各个项目的可能支出。

(1)在确定分解的材料费计划成本时,可根据预算材料费减去材料计划降低额求得。材料计划降低额的计算由价差和量差两种计算方式:即价差和量差。若采用价差计算材料计划降低额,前面例子中的燃油、石料、水泥、沙就可作为代替综合材料采购降低率的主要原料。

(2)人工费支出计划成本。根据预算总工日数和职工平均实际日工资计算,还可按照工程项目的工程量和单位工程量人工费支出计算计划成本。如上面例子中,该工程项目测算的预计工期为18个月,平均施工人数为1 500人,平均工资水平为2 600元/月,该项目的总体人工费为7 000万元。

(3)机械维修和使用费用。该费用大致可分两部分,一部分是使用自有机械的经常性修理费、大修理费用和各种易耗备件所耗的费用,这些费用可根据预计使用机械的总台数、机械设备的现有状态和保养情况以及有关资料和经验较准确地予以测算;另一部分是使用租赁机械,根据租赁台数及租赁单价分类计算。

3.实施成本控制。成本控制包括定额或指标控制、合同控制等。

(1)定额或指标控制指为了控制项目成本,要求成本支出必须按定额执行。

(2)合同控制即项目部为了达到降本的目的,根据已确定各成本子项的计划成本,与各专业人员签订成本管理责任制。

4.进行成本核算。成本核算,要严格遵守成本开支的范围,划清成本费用支出与非成本费用支出的界限,划清工程项目成本和期间费用的界限。

5.组织成本分析。项目部每月按成本费用项目进行成本分析,提出截至本月项目累计成本实现水平,并逐项分析成本项目节约或超支情况,并寻找原因。

6.严格成本考核。项目竣工时,工程结算收入与各成本项目的支出数额最终确定,项目部整理汇总有关的成本核算资料,报公司审核。

通过以上分析,我们可以清晰地认识到工程项目成本控制的基本任务是:全过程核算控制项目成本,即对设计、采购、制造、质量、管理等发生的所有费用进行跟踪,执行有关的成本开支范围、费用开支标准、工程预算定额等,制定积极的、合理的计划成本和降低成本的措施,严格、准确地控制和核算施工过程中发生的各项成本,及时地提供可靠的成本分析报告和有关资料,并与计划成本相对比,对项目进行经济责任承包的考核,以期改善经营管理,降低成本,提高经济效益。

施工企业的最终目标是经济效益最优化。成本控制的一切工作都是为了效益,建筑产品的价格一旦确定,成本便是最终效益的决定因素。只有稳健地控制住工程项目成本,利润空间才能打开。因为建筑产品的一次性特点,其成本控制没有现成的依据可寻,更需要因项目而异,因时间而异。

第 6 章 项目成本核算与分析

导入案例

A 建筑公司承建某项目。A 公司与甲方签订的合同预算造价为 1 400 万元,其中预算成本为 1 190 万元,合同工期为 15 个月。按照施工组织设计测算,变动成本总额为 980 万元,变动成本率为 80.83%,每月固定成本支出 12 万元,目标成本降低率为 6%。假设该项目竣工造价不变,但是在施工过程中采取了有效的技术组织措施,使变动成本率下降到 80%,月固定成本支出降低为 5 万元,实际工期缩短到 14 个月。

请根据上述资料测算该项目的工期成本。

6.1 项目成本核算概述

项目成本核算,就是将项目实施过程中发生的各项生产费用,根据有关资料,进行科目汇总,然后再直接或分批计入有关的成本核算对象,计算出各个工程项目的实际成本。项目成本核算是项目成本管理中一个重要的组成部分,其重要性主要体现在:一是项目成本核算是对项目进行成本估算,制定成本预算和实行成本控制所需要的信息的重要来源;二是项目成本核算是对项目进行成本分析和成本考核的基本依据。

6.1.1 会计核算

会计核算主要是以货币作为主要量度单位,以各项业务经济凭证为基础,会计记账凭证为依据,对各项资金来源和去向进行综合系统完整的记录、计算、加工整理,分类汇总,实行货币量度计算,具体核查办理内外往来业务的货币结算,反映监督生产经营活动中货币收、支、存等各个环节的生产经营成果、盈亏情况,搞好资金筹集调度、管理运用,保证生产经营活动的正常进行,以取得最好的经济效益。会计核算在核查办理货币结算手续时,应当经过会计复核、计算、记账。如果具体办理往来资金、账务与货币结算手续,说明生产经营业务已经正式完成。

6.1.2 统计核算

统计核算是利用业务核算、会计核算的资料,用统计特有的方法记录、计算、整理、汇总生产经营活动的情况,提供统计资料,实行统计监督,揭示事物发展变化的原因及其规律性。统计核算的计量尺度比会计核算宽,可以用货币计量,也可以用实物或者是劳动量来计量。统计核算的主要内容包括产值指标、劳动指标、机械指标、质量指标和成本指标等。它能提供绝对数指标,也能提供相对数和平均数指标,可以计算当前的实际水平并预测未来的发展趋势。对会计核算的资料进行综合性的研究分析,反映企业生产、劳动、物资、财务等各方面经济活动的全貌。

6.1.3 业务核算

业务核算是各个业务部门以业务工作的需要而建立的核算制度。业务核算对业务的各个环节程序,用各种凭证进行具体核算管理,建账建卡、手续完备,详细记录发生业务活动的具体时间、地点、对象、计量单位、规格型号、产地、价格、数额、分类、分库存放收发、分类指导、动态活动。业务核算的范围比会计核算与统计核算都要广,不仅对已经发生的,而且还要对尚未发生或正在发生的经济活动进行核算,看看是否值得去做,及其效果如何。其特点是具体、生动、差异大,对个别的经济业务进行单项核算,只是记载单一的事项,最多是略有整理或稍加归类,不求提供综合性、总括性指标。业务核算的范围不太固定,方法也很灵活。

业务核算是会计核算和统计核算的基础,既有实物量又有价值量,是数量和价值量的双重完整核算。从内容和形式上看,它是会计核算与统计核算的雏形,会计核算和统计核算的资料来源于业务核算的各种原始凭证。

项目成本核算应采取会计核算、统计核算和业务核算相结合的方法,并应作下列比较分析:

(1)实际成本与责任目标成本的比较分析;实际成本与计划目标成本的比较分析。

(2)项目经理部应在跟踪核算分析的基础上,编制月项目成本报告,上报给企业成本主管部门进行指导检查和考核。

(3)项目经理部应在每月的分部、分项成本的累计偏差和相应的计划目标成本余额的基础上,预测后期成本的变化趋势和状况;根据偏差原因制定改善成本控制的措施,控制下月项目任务的成本。

6.2 项目成本会计核算的对象和原则

项目经理部应根据财务制度和会计制度的有关规定,在企业职能部门的指导下建立项目成本核算制,明确项目成本核算的原则、范围、程序、方法、内容、责任及要求,并设置核算台账,记录原始数据。成本核算对象、核算方法一经确定,不得随意改变,并应与项目管理目标成本的界定范围相一致。

6.2.1 项目成本会计核算的对象

项目成本会计核算对象,是指在成本计算过程中,为归集和分配费用而确定的费用承担者。项目成本会计核算对象应当按照单位工程划分,并与施工项目管理责任目标成本的界定范围相一致。

(一)成本核算对象确定的原则

成本核算对象一般应根据工程合同的内容、施工生产的特点、生产费用发生情况和管理上的要求来确定。有的工程项目成本核算工作开展不起来,其中的主要原因就是成本核算对象确定与生产经营管理相脱节。成本核算对象划分要合理,在实际工作中,往往划分的过粗,把相互之间没有联系或联系不大的单项工程或单位工程合并起来,作为一个成本核算对象,不能反映独立施工的工程实际成本水平,不利于考核和分析工程成本的升降情况。当然,成本核算对象如果划分的过细,会出现许多间接费用需要分摊,增加核算工作量,又难以做到准确核算成本。

(二)成本核算对象划分的方法

(1)建筑安装工程一般应以每一独立编制施工图预算的单位工程为成本核算对象,对大型主体工程(如发电厂房本体)应尽可能以分部工程作为成本核算对象。

(2)规模大、工期长的单位工程,可以将工程划分为若干部位,以分部位的工程作为成本核算对象。

(3)同一工程项目,由同一单位施工;同一施工地点、同一结构类型、开工竣工时间相近、工程量较小的若干个单位工程,可以合并作为一个成本核算对象。

(三)工程成本明细账的建立

成本核算对象确立后,所有的原始记录都必须按照确定的成本核算对象填制,为集中反映各个成本核算对象应负担的生产费用,应按每一成本核算对象设置工程成本明细账,并按成本项目分设专栏,以便计算各成本核算对象的实际成本。

6.2.2 项目成本会计核算的要求

组织好成本核算,对全面提高企业管理水平,落实企业各部门经济责任制,提高企业经济效益,有很大的推动作用。在竞争日趋激烈的市场经济环境中,成本管理工作显得尤为重要。由于项目成本会计核算在项目成本管理中处于重要的地位,所以,项目成本会计核算的前提和首要任务是严格执行国家有关成本开支范围、费用开支的标准。同时,项目成本会计核算的根本目的是,正确及时地进行生产费用和间接费用核算,计算项目的实际成本,反映和监督项目成本预测的完成情况,为项目成本估算及项目生产经营决策提供可靠的成本报告和有关资料,改善项目经营管理,节约开支,降低成本,提高项目的经济效益。

项目成本会计核算的基本要求有两点:

(一)正确划分各种费用支出界限

(1)严格划分资本性支出和收益性支出的界限

凡是支出所带来的收益涉及多个会计年度的应当列为资本性支出,如购置固定资产等。资本性支出要在将来的若干个会计期间才能逐步转移到成本费用中去。凡是支出所带来的收益只涉及本年度的应列为收益性支出,如项目生产过程中所使用的原材料、直接工资、制造费用和期间费用等。收益性支出应当计入当期的项目成本,或作为期间费用列入当期的损益。

(2)正确划分各种成本费用的界限

项目成本核算制应坚持实际形象进度、实际产值、实际成本"三同步"的原则,严格划清成本界限。

①划分项目成本和期间费用的界限。项目在生产经营过程中发生的费用是多种多样的,必须按照其用途的不同来确定成本费用的归属。

②划分本期项目成本和下期项目成本的界限。要按照权责发生制原则,正确核算各期的待摊费用和预提费用,划清本期项目成本和下期项目成本。

③划清不同成本核算对象之间的成本界限。凡是能够直接确定应当由具体某个成本核算对象负担的费用,都应当计入该核算对象应当负担的费用;否则,项目所反映的成本信息是不真实的。

④划清未完工项目成本与已完工项目成本之间的界限。期末未完工项目的成本应当按照一定计算方式,将其折合成已完工项目的工作量,再按照未完工项目成本计算公式计算未完工项目的成本。

(二)加强项目成本核算的基础工作

项目成本核算的基础工作相当重要,它是决定项目成本核算真实性和正确性的关键。项目部应当建立健全成本核算的原始记录管理制度、计量验收制度、财产、物资的管理与清查盘点制度、内部价格制度及内部稽核制度。

6.2.3 项目成本会计核算的原则

项目成本核算应坚持施工进度、施工产值统计、实际成本归集"三同步"的原则。项目成本核算提供的成本信息必须是对项目管理者有帮助的,因此,应当提高成本会计核算的质量,建立合理、可行的项目成本管理信息系统,遵循成本会计核算的12个基本原则。

(一)成本确认原则

成本确认原则,即各项经济活动及业务中,只要是为了经营目的所发生的成本费用支出,都必须按照一定的标准和范围进行确认。正确划分成本项目,客观地反映产品成本的结构,便于分析研究降低成本的途径。以房地产开发企业为例,"开发成本"作为一级成本核算科目,企业应在该科目下,根据自己的经营特点和管理需要,选择成本项目,并据此进行明细核算。选择成本项目不能太多,对于发生次数较少,特别是单笔发生的费用,应尽量合并。而对金额较大,并陆续发生的费用应单独设立科目核算。

(二)成本核算分期原则

成本核算应当按照企业会计准则中有关"成本计算应当按月计算"的原则,将整个项目期划分成若干个期间,而且成本核算的分期应当与会计分期相同。

(三)相关性原则

相关性原则,即项目成本会计信息要与项目经理的经济决策相关联,也就是说,成本会计信息要满足项目加强内部经营管理的需要。

(四)及时性原则

及时性原则,即项目成本的核算、结转和成本信息必须及时提供,否则信息的价值就会大大降低。

(五)明晰性原则

明晰性原则,即项目成本的会计记录必须直观、明晰、简明,便于项目管理人员理解和运用,这样才能有效地控制项目的成本费用。

(六)可比性原则

可比性原则要求为了让不同项目之间具有可比性,各个项目应当尽可能地使用统一的会计处理方法和程序。

(七)一贯性原则

一贯性原则,即项目成本会计核算的处理方法在各期应当保持一致,成本核算资料的口径应当统一,前后连贯、可比,以便于项目的纵向比较。

(八)权责发生制原则

权责发生制原则,即凡是项目当期已经实现的收入和已经发生或应当负担的费用,无论款项是否收付,都应作为当期的收入或费用处理;凡是不属于当期的收入和费用,即使款项已经在当期收付,也不应作为当期的收入和费用。根据权责发生制进行收入与成本费用的核算,能够更加准确地反映特定会计期间真实的财务成本状况和经营成果。

（九）配比原则

配比原则，即获取营业收入必须与其相对应成本、费用相互配比，也就是说，为取得本期收入所发生的成本和费用应当与本期实现的收入在同一时期内确认入账。配比方式可以根据收入与费用之间的因果关系进行直接配比，也可以根据收入与费用在时间上的一致关系配比。项目成本核算应遵循权责发生制原则、收入与费用配比原则，真实、准确、及时地反映成本费用的开支情况，不得以暂估成本、计划成本或预算成本代替实际成本。

（十）实际成本核算原则

实际成本核算原则，即项目成本的核算、结转和成本信息的提供应当在要求的时期内完成。因为成本信息是具有时效性的，其信息价值随着时间的流逝而逐渐降低。

（十一）稳健性原则

稳健性原则，即在市场经济条件下，在成本、会计核算中应当对项目可能发生的损失和费用，作出合理预计，以便不高估资产或收益，不低估损失和费用。

（十二）重要性原则

重要性原则，即在保证尽可能全面完整地反映项目财务状况与经营成果的前提下，要根据一项会计核算的内容是否对会计信息使用者的决策产生重大影响，来决定对其进行核算的精确程度，以及是否在会计报表上单独反映。

6.2.4 项目成本的计算期

项目成本的计算期主要看项目产品的对象是什么，要根据项目产品的大小、生产时间的长短，以及生产的行业来确定项目的成本计算期。会计制度要求，项目的成本结算时间应当与项目价款的结算时间相一致。所以一般地来说，施工过程中项目成本的核算，宜以每月为一核算期，在月末进行。

6.3 项目成本会计核算的方法

成本核算总的原则是：能分清受益对象的直接计入，分不清的需按一定标准分配计入。项目成本的管理和成本核算，应当使项目成本具有直观性、敏感性、可控性，能够使"项目经理部自己能掌握自己的命运"。项目成本核算一定要坚持"谁受益，谁负担"的原则，以便达到考核项目经理部的成本管理水平，正确地进行项目成本的估算和决策的目的。

6.3.1 项目成本会计核算的基础工作

（一）成本核算的基础工作

成本部门应当建立健全成本核算的原始记录管理制度、计量验收制度、财产、物资的管理与清查盘点制度、内部价格制度及内部稽核制度。

（二）各部门的成本管理职责

1. 计划（经营）统计部门

编制预算及内部结算单价，按成本核算对象确认当期已完工程的实物工程量和未完工程情况，编制工程价款结算单，及时同业主和分包单位进行结算。

2. 劳动工资部门

制定项目用工记录、统计制度，收集班组用工日报表，建立项目用工台账，编制职工考勤统计表、单位工程用工统计表。编表时，要符合公式：职工人数×日历天数=各项目（生产）用工工日之和+非生产用工工日+各类休假日。

3. 物资管理部门

搞好计划采购，建立材料采购比价制度，按经济批量采购，降低存货总成本；建立健全材料收、发、领、退制度，做好修旧利废工作，耗料注明工程项目或费用项目；加强机械设备的调度平衡和检修维护，提高设备完好率和利用率，提供机械设备运输记录和机械费用的分配资料。

4. 财务部门

财务部门是成本核算的中心，全面组织成本核算，掌握成本开支范围，参与制定内部承包方案并对其执行情况进行考核，开展成本预测，进行成本分析。

6.3.2 项目成本核算的程序

项目经理组织成本核算工作的第一步是确立成本核算指标。为了便于进行成本控制，成本核算指标的设置应尽可能与成本计划相对应。将核算结果与成本计划对照比较，使其及时反映成本计划的执行情况。例如，以核算的某类机械实际台班费用支出与该分部工程计划机械费支出的比值，作为该类施工机械使用费核算指标，可以综合反映施工机械的利用率、完好率和实际使用状况。利用成本核算指标反映项目成本实施情况，可以避免以往成本核算中过多的核算报表，简化核算过程，提高核算的可操作性。

以承包工程项目成本核算为例，其核算的基本程序为：

（1）根据当月统计验工报量按照项目承包合同规定计算项目当月的收入及上交款，编制有关凭证。

$$项目当月结算收入 = 当月统计验工报量 \times (1 - 上交比率)$$

$$项目当月应上交款 = 当月统计验工报量 \times 上交比率$$

（2）根据当月发生的人工费、材料费、机械使用费等原始凭证，归集各项成本费用,编制记账凭证。

(3)计算当月应分摊和计提的有关费用,编制相关凭证。

(4)结转已完工程实际成本。

(5)结转损益,计算工程结算利润。

(6)编制工程成本表。

6.3.3 成本费用的归集与分配

各项费用的核算方法如下:

(一)人工费的核算

劳动工资部门根据考勤表、施工任务书和承包结算书等,每月向财务部门提供"单位工程用工汇总表",财务部门据以编制"工资分配表",按受益对象计入成本和费用。

采用计件工资制度的,费用一般能分清为哪个工程项目所发生的;采用计时工资制度的,计入成本的工资应按照当月工资总额和工人总的出勤工日计算的日平均工资及各工程当月实际用工数计算分配;工资附加费可以采取比例分配法;劳动保护费的分配方法同工资是相同的。

(二)材料费的核算

应根据发出材料的用途,划分工程耗用与其他耗用的界限,只有直接用于工程所耗用的材料才能计入成本核算对象的"材料费"成本项目,为组织和管理工程施工所耗用的材料及各种施工机械所耗用的材料,应先分别通过"间接费用"、"机械作业"等科目进行归集,然后再分配到相应的成本项目中。材料费的归集和分配的方法:

(1)凡领用时能够点清数量、分清用料对象的,应在领料单上注明成本核算对象的名称,财会部门据以直接汇总计入成本核算对象的"材料费"项目;

(2)领用时虽然能点清数量,但属于集中配料或统一下料的,则应在领料单上注明"集中配料",月末由材料部门根据配料情况,结合材料耗用定额编制"集中配料耗用计算单",据以分配计入各受益对象。

(3)既不易点清数量,又难分清成本核算对象的材料,可采用实地盘存制计算本月实际消耗量,然后根据核算对象的实物量及材料耗用定额编制"大堆材料耗用计算单",据以分配计入各受益对象。

(4)周转材料、低值易耗品应按实际领用数量和规定的摊销方法编制相应的摊销计算单,以确定各成本核算对象应摊销费用数额。

(三)机械使用费的核算

租入机械费用一般都能分清核算对象;自有机械费用,应通过"机械作业"归集并分配。其分配方法如下：

(1)台班分配法。即按各成本核算对象使用施工机械的台班数进行分配。它适用于单机核算情形。

(2)预算分配法。即按实际发生的机械作业费用占预算定额规定的机械使用费的比率进行分配。它适用于不便计算台班的机械使用费。

(3)作业量分配法。即按各种机械所完成的作业量为基础进行分配,如以公里计算汽车费用。

(四)其他直接费的核算

其他直接费一般都可分清受益对象。发生时直接计入成本。

(五)间接费用的核算

间接费用的分配一般分两次,第一次是以人工费为基础将全部费用在不同类别的工程以及对外销售之间进行分配;第二次分配是将第一次分配到各类工程成本和产品的费用再分配到本类各成本核算对象中。分配的标准是,建筑工程以直接费为标准,安装工程以人工费为标准,产品(劳务、作业)的分配以直接费或人工费为标准。施工产值及实际成本的归集,宜按照下列方法进行。

(1)应按照统计人员提供的当月完成工程量的价值及有关规定,扣减各项上缴税费后,作为当期工程结算收入。

(2)人工费应按照劳动管理人员提供的用工分析和受益对象进行账务处理,计入工程成本。

(3)材料费应根据当月项目材料消耗和实际价格,计算当期消耗,计入工程成本;周转材料供应实行内部调配制,按照当月使用时间、数量、单价计算,计入工程成本。

(4)机械使用费按照项目当月使用台班和单价计入工程成本。

(5)其他直接费应根据有关核算资料进行账务处理,计入工程成本。

(6)间接成本应根据现场发生的间接成本项目的有关资料进行账务处理,计入工程成本。

6.3.4 项目成本计算的分批法

项目成本计算的分批法,又称为"订单法",它是以项目产品的批别作为核算对象并以此分配和归集生产费用并计算产品成本的计算方法,又称为成本计算订单法。根据此方法,要按月汇集项目产品的生产费用,但是,只有项目产品全部都完工的时候,才能计算项目产品的实际成本。在分批法下,成本计算期与生产周期相一致,属于不定期计算产品成本法。这种方法适用于单件小批量、多品种的生产类型。

在这一方法下,成本对象(或批别)的确定有两种方法,一是根据客户的订单直接分批组织生产;二是依据客户的订单并结合企业生产经营的具体情况,按照企业内部订单分批组织生产。在以上两种情况下,由于产品生产都是分批进行的,而且批量很小,所以产品成本计算完全可以按照各个批别作为成本计算对象,设置产品成本明细账,据以归集生产费用,计算产品成本。

在分批法下,对于各批产品直接耗用的原材料、生产工人工资以及提取的职工福利费,一般根据有关原始凭证或者要素费用分配表直接记入成本明细账中的直接材料、直接人工成本项目中,至于在车间内发生的各项其他费用(如间接耗用材料、管理人员工资、折旧费、修理费等),一般先按不同的车间进行归集,分别记入各年制造费用账户中。月末采用一定的分配方法进行分配后再记入各有关成本明细账中制造费用成本项目中。由于分批法的生产周期长短不一,一批产品往往同时投产、同时完工。因此,在一批产品完工以前,该批产品成本明细账中所归集的生产费用就是这批产品的产品成本;当这批产品全部完工以后,该批产品成本明细账中所归集的生产费用就是该批产品的总成本,用总成本除以该批产量,就可以计算出单位成本。

有时也会发生一批产品跨月先后完工的情况,而且再次对外销售;在这种情况下,可对先完工的产品按计划成本或估计成本入账,等到这批产品全部完工以后,再对这批产品的实际成本进行重新计算。

成本计算分批法的一般计算程序是:

第一,确定项目产品成本计算对象,设置成本计算单,开设成本项目专栏。

第二,根据各种原始凭证(包括各种费用分配表)、记账凭证,登记各生产成本和间接费用等明细账和成本计算单。

第三,编制费用分配表,并据以编制产品成本计算单。

第四,计算各项目产品成本。

6.3.5 项目成本计算的建造合同法

建造合同是指为建造一项资产或者在设计、技术、功能、最终用途等方面密切相关的数项资产而订立的合同。这里所讲的资产,是指房屋、道路、桥梁、水坝等建筑物以及船舶、飞机、大型机械设备等。所建造的资产从其功能和最终用途看,可分为两类:一类是建成后就可以投入使用和单独发挥作用的单项工程,如房屋、桥梁、船舶等;另一类是在设计、技术、功能和最终用途等方面密切相关的由数项资产构成的建设项目,只有这些资产全部建成投入使用时,才能整体发挥效益。如承建一个发电厂,该项目由锅炉房、发电室、冷却塔等几个单项工程构成,只有各单项工程全部建成投入使用时,发电厂才能正常运转和发电。建造合同属于经济合同范

畴,但它不同于一般的材料采购合同和劳务合同,而有其自身的特征,主要表现在:

(1)先有买主(即客户),后有标的(即资产)。建造资产的造价在签订合同时已经确定。

(2)资产的建设期长,一般都要跨越一个会计年度,有的长达数年。

(3)所建造的资产体积大,造价高。

(4)建造合同一般为不可取消的合同。

(一)正确确定各项建造合同的成本核算对象

正确确定各项建造合同的会计核算对象,是正确核算和反映建造合同损益的关键。企业与客户签订的建造合同有其多样性,通常,建造一项资产要签订一个合同,有时,建造数项资产只签订一个合同,或者为建造一项资产或数项资产而同时签订一组合同。在上述情况下,对同一企业来讲,确定不同的会计核算对象,会产生不同的核算结果。例如,某建造承包商同时签订了一组建造合同,在执行合同中,有的可能盈利,有的可能亏损,如果将该组合同单独分别核算或合并在一起核算,就会产生不同的损益。因此,为了正确核算建造合同的损益,防止人为操纵利润,《企业会计准则 建造合同》对此专门作了相应的规定。一般情况下,企业应以所订立的单项合同为对象,分别计量和确认各单项合同的收入、费用和利润。如果一项合同包括建造多项资产,或为建造一项或数项资产而签订一组合同,企业应按《企业会计准则 建造合同》规定的合同分立和合并的原则,正确确定建造合同的会计核算对象。

(二)核算建造合同成本应设置的会计科目及账务处理

1.建造合同成本应设置的会计科目

根据《企业会计准则 建造合同》的规定,建造合同成本应设置以下会计科目:

(1)设置"工程施工"科目(建筑安装企业使用)或"生产成本"科目(船舶等制造企业使用),核算实际发生的合同成本和合同毛利。实际发生的合同成本和确认的合同毛利记入本科目的借方,确认的合同亏损记入本科目的贷方,合同完成后,本科目与"工程结算"科目对冲后结平。

(2)设置"工程结算"科目,核算根据合同完工进度已向客户开出工程价款结算账单办理结算的价款。本科目是"工程施工"或"生产成本"科目的备抵科目,已向客户开出工程价款结算账单办理结算的款项记入本科目的贷方,合同完成后,本科目与"工程施工"或"生产成本"科目对冲后结平。

(3)设置"应收账款"科目,核算应收和实际已收的进度款,预收的备料款也在本科目核算。已向客户开出工程价款结算账单应收的工程进度款记入本科目的借方,预收的备料款和实际收到的工程进度款记入本科目的贷方。

(4)设置"主营业务收入"科目,核算当期确认的合同收入。当期确认的合同收入记入本科目的贷方,期末,将本科目的余额全部转入"本年利润"科目,结转后,本科目应无余额。

(5)设置"主营业务成本"科目,核算当期确认的合同费用。当期确认的合同费用记入本科目的借方,期末,将本科目的余额全部转入"本年利润"科目,结转后,本科目应无余额。

(6)设置"合同预计损失"科目,核算当期确认的合同预计损失。当期确认的合同预计损失,记入本科目的借方,期末,将本科目的余额全部转入"本年利润"科目,结转后,本科目应无余额。

(7)设置"预计损失准备"科目,核算建造合同计提的损失准备。在建合同计提的损失准备,记入本科目的贷方,在建合同完工后,应将本科目的余额调整"主营业务成本"科目。

2. 核算建造合同成本的账务处理

《企业会计准则—建造合同》第15条规定了合同成本的会计处理。

(1)直接费用。由于直接费用在发生时能够分清受益对象,所以本准则规定"直接费用在发生时直接计入合同成本"。其账务处理是:耗用的人工费用,借记"工程施工"或"生产成本"科目,贷记"应付工资"、"应付福利费"等科目;耗用的材料费用,借记"工程施工"或"生产成本"科目,贷记"库存材料"、"原材料"、"周转材料摊销"(分摊的周转材料摊销额)、"银行存款"(支付的周转材料租赁费)等科目;耗用的机械使用费,借记"工程施工"或"生产成本"科目,贷记"机械作业"(使用本单位的自有施工机械发生的费用)、"银行存款"(租用外单位的施工机械发生的租赁费)等科目;耗用的其他直接费用,借记"工程施工"或"生产成本"科目,贷记"银行存款"等科目。

(2)间接费用。间接费用虽然也构成了合同成本的组成内容,但是间接费用在发生时一般不易直接归属于受益对象,这是因为,间接费用是在企业下属的直接组织和管理施工生产活动的单位发生的费用,这些单位如果同时组织实施几项合同,则其发生的费用应由这几项合同的成本共同负担,因此,会计准则规定"间接费用应在期末按照系统、合理的方法分摊计入合同成本"。

在会计实务中,间接费用一般应设置必要的会计科目进行归集,期末再按一定的方法分配计入有关合同成本。间接费用的分配方法主要有人工费用比例法、直接费用比例法等。

(三)项目完工程度的确认

建造合同的施工期较长,通常要跨越一个会计年度,为了及时反映各年度的经营成果和财务状况,一般情况下,不能等到合同工程完工时才确认收入和费用,而应按照权责发生制的要求,遵循配比原则,在合同实施过程中,按照一定的方法,合理确认各年的收入和费用。

在一个会计年度内完成的建造合同,应在完成时确认合同收入和合同费用。例如,某建造合同于 2005 年 1 月 5 日开工,2005 年 12 月 20 日完工。企业应于 2005 年 12 月 20 日确认该项合同的收入和费用。而大部分的建造合同的开工日期与完工日期通常分属于不同的会计年度,因此,要将合同收入和合同成本分配计入实施工程的各个会计年度。

按照现行的企业会计制度,建造合同原则上采用完工百分比法确认合同收入与合同费用。完工百分比法是指根据合同完工进度确认收入和费用的方法。根据这种方法,合同收入应与为达到完工进度而发生的合同成本相配比,以反映当期已完工部分的合同收入、费用和利润。这种方法能为报表使用者提供有关合同进度及本期业绩的有用信息。采用完工百分比法确认合同收入和费用的前提是,该项建造合同的结果能够可靠地估计。只有在建造合同的结果能够可靠地估计时,才能采用完工百分比法确认合同收入和费用,反之,则不能采用完工百分比法确认合同收入和费用。

完工百分比法的运用就是如何根据该方法确认合同收入和合同费用。完工百分比法的运用包括两个步骤:

首先,确定建造合同的完工进度,计算出完工百分比。现行会计准则规定了确定完工进度的方法。

其次,根据完工百分比计量和确认当期的合同收入和费用。当期确认的合同收入和费用可用下列公式计算:

当期确认的合同收入 =(合同总收入 × 完工进度)- 以前会计年度累计已确认的收入

当期确认的合同毛利 =(合同总收入 - 合同预计总成本)× 完工进度 - 以前会计年度累计已确认的毛利

当期确认的合同费用 = 当期确认的合同收入 - 当期确认的合同毛利 - 以前会计年度预计损失准备

需要说明的是,完工进度实际上是累计完工进度,因此,企业在运用上述公式计量和确认当期合同收入和合同费用时,应分别按建造合同的实施情况进行处理。

第一种情况:当年开工当年未完工的建造合同。在这种情况下,企业可直接运用上述公式计量和确认当期收入和费用。

第二种情况:以前年度开工本年仍未完工的建造合同。在这种情况下,企业可直接运用上述公式计量和确认当期收入和费用。

第三种情况:以前年度开工本年完工的建造合同。在这种情况下,当期计量和确认的合同收入,等于合同总收入扣除以前会计年度累计已确认的收入后的余额;

第6章 项目成本核算与分析

当期计量和确认的合同毛利,等于合同总收入扣除实际合同总成本减以前会计年度累计已确认的毛利后的余额。

第四种情况:当年开工当年完工的建造合同。在这种情况下,当期计量和确认的合同收入,等于该项合同的总收入;当期计量和确认的合同费用,等于该项合同的实际总成本。

下面举例说明完工百分比法的运用。

某建筑公司签订了一项合同总金额为2 000万元的固定造价合同。合同规定的工期为三年。假定经计算第一年完工进度为30%,第二年完工进度已达80%,经测定前两年的合同预计总成本均为1 600万元。第三年工程全部完成,累计实际发生合同成本1 500万元。根据上述资料计算各期确认的合同收入和费用如下:

第一年确认的合同收入 = 2 000 × 30% = 600(万元)

第一年确认的合同毛利 = (2 000 - 1 600) × 30% = 120(万元)

第一年确认的合同费用 = 600 - 120 = 480(万元)

其账务处理是:

借:主营业务成本　　　　　4 800 000
　　工程施工———毛利　　1 200 000
　　贷:主营业务收入　　　　6 000 000

第二年确认的合同收入 = (2 000 × 80%) - 600 = 1 000(万元)

第二年确认的合同毛利 = (2 000 - 1 600) × 80% - 120 = 200(万元)

第二年确认的合同费用 = 1 000 - 200 = 800(万元)

其账务处理是:

借:主营业务成本　　　　　8 000 000
　　工程施工———毛利　　2 000 000
　　贷:主营业务收入　　　　10 000 000

第三年确认的合同收入 = 2 000 - (600 + 1 000) = 400(万元)

第三年确认的合同毛利 = (2 000 - 1 500) - (120 + 200) = 180(元)

第三年确认的合同费用 = 400 - 180 = 220(万元)

其账务处理是:

借:主营业务成本　　　　　2 200 000
　　工程施工———毛利　　1 800 000
　　贷:主营业务收入　　　　4 000 000

6.4 项目成本分析

6.4.1 项目成本分析概述

项目成本分析是项目施工管理的重要步骤和主要内容之一,它是借助一定的方法,通过对项目成本的收入和成本的形成过程中各个阶段和各个要素的组成进行分析,具体来讲,就是按照时间的顺序,将当期的成本数据与其他项目的先进成本数据,或者是与计划成本数据相对比,发现成本差异或者是成本变动的程度,并找出其发生原因以寻求和探索项目成本的有效降低手段和方法的过程;离开项目成本分析,就谈不上科学的成本管理,也就谈不上其功能的充分发挥。

项目成本分析的最终目的是寻求进一步降低成本的方法,同时还可以从账簿、报表反映的成本现象中掌握成本的实质,从而增强项目成本的透明度和可控性,为加强成本控制、实现项目成本目标创造有利的条件。

6.4.2 项目成本分析方法

项目成本分析主要从项目的视角提供了企业成本分析功能,项目成本的来源分为多种类别,比如工作量成本、出差成本、电话成本、项目工资奖金、出图打印等。数据的来源有多种途径,有的来自系统自动提供(如出图管理模块),有的由相关部门或人员填写,最终获得一个项目的总体成本,包括直接成本,人力成本,项目奖金,外委成本。

由此可见,项目成本涉及的范围很广,需要分析的内容也很多,成本分析的方法也很多,所以应该在不同的情况下采取不同的分析方法。

(一)项目成本分析的基本方法

1. 比较分析法

比较法,又被称为"指标对比分析法",是指通过技术经济指标的对比,检查计划的完成情况,分析产生差异的原因,进而挖掘内部潜力的方法。这种方法,具有通俗易懂、简单易行、便于掌握的特点,因而得到了广泛的应用,但在应用时必须注意各技术经济指标的可比性。

比较法的应用,通常有下列形式:

(1)将实际指标与计划指标对比,进而检查计划指标的完成情况,分析完成计划的积极因素和影响计划完成的原因,以便及时采取措施,保证成本目标的实现。在进行实际与计划对比时,还应当注意计划本身的质量。如果计划本身出现质量问题,则应调整计划,重新正确评价实际工作的成绩,以免挫伤项目实施人员的积

(2)将本期实际指标与上期实际指标对比。通过这种对比,可以看出各项技术经济指标的动态情况,掌握施工项目管理水平的提高程度。在一般情况下,一个技术经济指标只能代表施工项目管理的一个侧面,只有成本指标才是施工项目管理水平的综合反映。因此,对成本指标的对比分析尤为重要,分析一定要真实可靠,而且要有深度。

(3)将本期实际指标分别与本行业平均水平、先进水平对比。通过这种对比,可以掌握本项目的技术管理和经济管理与其他项目的平均水平和先进水平的差距,进而采取措施赶超先进水平。

以上三种对比,可以在一张表上同时反映。

例如,某项目本年计划节约"三材"100 000元,实际节约120 000元,上年节约95 000元,本企业先进水平节约130 000元。"三材"与实际节约对比分析表,如表6-1所示。

表6-1 "三材"与实际节约对比分析表　　　　　　　　单位:万元

指标	本年预算数	上年实际数	企业先进水平	本年实际数	差异数		
					与预算比	与上年比	与先进比
钢材、水泥、木材等"三材"的节约数	100 000	95 000	130 000	120 000	+20 000	+25 000	-10 000

2. 因素分析法

任何经济现象都不是孤立存在的,某一经济现象与其他经济现象之间必然存在着一定的因果关系,分析这种因果关系的方法就叫做因素分析法。因素分析法,又称连锁置换法或连环替代法。这种方法,可用来分析各种因素对成本形成的影响程度。在进行分析时,首先要假定众多因素中的一个因素发生了变化,而其他因素则不变,然后逐个替换,并分别比较其计算结果,以确定各个因素的变化对成本的影响程度。

因素分析法的计算步骤如下:

(1)确定分析对象,即所分析的技术经济指标,并计算出实际与计划(预算)数的差异。

(2)确定该指标是由哪几个因素组成的,并按其相互关系进行排序。

(3)以计划预算数为基础,将各因素的计划预算数相乘,作为分析替代的基数。

(4)将各个因素的实际数按照上面的排列顺序进行替换计算,并将替换后的实际数保留下来。

(5)将每次替换计算所得的结果,与前一次的计算结果相比较,分析两者的因素对成本的影响程度。

(6)各个因素的影响程度之和,应与分析对象的总差异相等。

因素分析法的具体应用,举例说明如下:

某工程浇捣一层结构商品混凝土,实际成本比计划成本超支19 760元。用"因素分析法"(连锁替代法)分析产量、单价、损耗率等因素的变动对实际成本的影响程度。

必须说明,在应用"因素分析法"时,各个因素的排列顺序应该固定不变。否则,就会得出不同的计算结果,也会产生不同的结论。

3. 差额计算法

差额计算法是因素分析法的一种简化形式,它利用各个因素的计划与实际的差额来计算其对成本的影响程度。其特点是先计算各个因素实际数与计划数的差额,然后再按连环替代法替代顺序依次计算各个因素的影响额。由于差额计算法的过程简单,在开展经济活动分析的实际工作中具有广泛的应用价值。

4. 比率法

比率法是指用两个以上的指标的比例进行分析的方法。它的基本特点是:先把对比分析的数值变成相对数,再观察其相互之间的关系。常用的比率法有以下几种:

(1)相关比率。由于项目经济活动的各个方面是互相联系,互相依存,又互相影响的,因而将两个性质不同而又相关的指标加以对比,求出比率,并以此来考察经营成果的好坏。例如,产值和工资是两个不同的概念,但它们的关系又是投入与产出的关系。在一般情况下,都希望以最少的人工费支出完成最大的产值。因此,用产值工资率指标来考核人工费的支出水平,就很能说明问题。

(2)构成比率。又称比重分析法或结构对比分析法。通过构成比率,可以考察成本总量的构成情况以及各成本项目占成本总量的比重,同时也可看出量、本、利的比例关系,即预算成本、实际成本和降低成本的比例关系,从而为寻求降低成本的途径指明方向。

(3)动态比率。动态比率法,就是将同类指标不同时期的数值进行对比,求出比率,以分析该项指标的发展方向和发展速度。动态比率的计算,通常采用基期指数(或稳定比指数)和环比指数两种方法。

(二)综合成本的分析方法

所谓综合成本,是指涉及多种生产要素,并受多种因素影响的成本费用,如分部分项工程成本,月(季)度成本、年度成本等。由于这些成本都是随着项目施工的进展而逐步形成的,与生产经营有着密切的关系。因此,做好上述成本的分析工作,无疑将促进项目的生产经营管理,提高项目的经济效益。

1. 分部分项工程成本分析

分部分项工程成本分析是施工项目成本分析的基础。分部分项工程成本分析的对象为已完分部分项工程。分析的方法是：进行预算成本、计划成本和实际成本的"三算"对比，分别计算实际偏差和目标偏差，分析偏差产生的原因，为今后的分部分项工程成本寻求节约途径。

分部分项工程成本分析的资料来源是：预算成本来自施工图预算，计划成本来自施工预算，实际成本来自施工任务单的实际工程量、实耗人工和限额领料单的实耗材料。

由于施工项目包括很多分部分项工程，不可能也没有必要对每一个分部分项工程都进行成本分析，特别是一些工程量小、成本费用微不足道的零星工程。但是，对于那些主要分部分项工程则必须进行成本分析，而且要做到从开工到竣工进行系统的成本分析。这是一项很有意义的工作，因为通过主要分部分项工程成本的系统分析，可以基本上了解项目成本形成的全过程，为竣工成本分析和今后的项目成本管理提供一份宝贵的参考资料。

2. 月(季)度成本分析

月(季)度的成本分析，是施工项目定期的、经常性的中间成本分析。对于有一次性特点的施工项目来说，有着特别重要的意义。因为，通过月(季)度成本分析，可以及时发现问题，以便按照成本目标指示的方向进行监督和控制，保证项目成本目标的实现。

月(季)度的成本分析的依据是当月(季)的成本报表。分析的方法，通常有以下几个方面：

(1)通过实际成本与预算成本的对比，分析当月(季)的成本降低水平；通过累计实际成本与累计预算成本的对比，分析累计的成本降低水平，预测实现项目成本目标的前景。

(2)通过实际成本与计划成本的对比，分析计划成本的落实情况，以及目标管理中的问题和不足，进而采取措施，加强成本管理，保证成本计划的落实。

(3)通过对各成本项目的成本分析，可以了解成本总量的构成比例和成本管理的薄弱环节。例如，在成本分析中，发现人工费、机械费和间接费等项目大幅度超支，就应该对这些费用的收支配比关系认真研究，并采取对应的增收节支措施，防止今后再超支。如果是属于预算定额规定的"政策性"亏损，则应从控制支出着手，把超支额压缩到最低限度。

(4)通过主要技术经济指标的实际与计划的对比，分析产量、工期、质量、"三材"节约率、机械利用率等对成本的影响。

(5)通过对技术组织措施执行效果的分析，寻求更加有效的节约途径。

(6)分析其他有利条件和不利条件对成本的影响。

3. 年度成本分析

企业成本要求一年结算一次,不得将本年成本转入下一年度。而项目成本则以项目的寿命周期为结算期,要求从开工到竣工到保修期结束连续计算,最后结算出成本总量及其盈亏。由于项目的施工周期一般都比较长,除了要进行月(季)度成本的核算和分析外,还要进行年度成本的核算和分析。这不仅是为了满足企业汇编年度成本报表的需要,同时也是项目成本管理的需要。因为通过年度成本的综合分析,可以总结一年来成本管理的成绩和不足,为今后的成本管理提供经验和教训,从而可对项目成本进行更有效的管理。

年度成本分析的依据是年度成本报表。年度成本分析的内容,除了月(季)度成本分析的六个方面以外,重点是针对下一年度的施工进展情况规划切实可行的成本管理措施,以保证施工项目成本目标的实现。

4. 竣工成本的综合分析

凡是有几个单位工程而且是单独进行成本核算(即成本核算对象)的施工项目,其竣工成本分析应以各单位工程竣工成本分析资料为基础,再加上项目经理部的经营效益(如资金调度、对外分包等所产生的效益)进行综合分析。如果施工项目只有一个成本核算对象(单位工程),就以该成本核算对象的竣工成本资料作为成本分析的依据。

单位工程竣工成本分析,应包括以下三方面内容:

(1)竣工成本分析;

(2)主要资源节超对比分析;

(3)主要技术节约措施及经济效果分析。

通过以上分析,可以全面了解单位工程的成本构成和降低成本的来源,对今后同类工程的成本管理很有参考价值。

(三)目标成本差异的分析方法

目标成本差异是指实际成本脱离目标成本的差额。进行目标成本差异分析的目的是为了找出并分析目标成本差异的原因,从而尽可能地降低成本,提高项目整体竞争力。

1. 人工费分析

在实行管理层和作业层两层分离的情况下,项目施工需要的人工和人工费,由项目经理部与施工队签订劳务承包合同,明确承包范围、承包金额和双方的权利、义务。对项目经理部来说,除了按合同规定支付劳务费以外,还可能发生一些其他人工费支出,主要有:

(1)因实物工程量增减而调整的人工和人工费。

(2)定额人工以外的估点工工资(如果已按定额人工的一定比例由施工队包干,并已入承包合同的,不再另行支付)。

(3)对在进度、质量、节约、文明施工等方面作出贡献的班组和个人进行奖励的费用。项目经理部应根据上述人工费的增减,结合劳务合同的管理进行分析。

人工费量差=工日差×预算人工单价。工日差是指实际耗用工日数与预算定额工日数之间的差异,因此,实际用工数的增加或减少会引起人工费的增加或减少。

2. 材料费分析

材料费分析包括主要材料、结构件和周转材料使用费的分析以及材料储备的分析。

(1)主要材料和结构件费用的分析。主要材料和结构件费用的高低,主要受价格的消耗数量的影响。而材料价格的变动,则要受采购价格、运输费用、途中损耗、来料不足等因素的影响;材料消耗数量的变动,也要受操作损耗、管理损耗和返工损失等因素的影响,可在价格变动较大和数量超用异常的时候再作深入分析。为了分析材料价格和消耗数量的变化对材料和结构件费用的影响程度,可按下列公式计算:

因材料价格变动对材料费的影响=(预算单价-实际单价)×消耗数量

因消耗数量变动对材料费的影响=(预算用量-实际用量)×预算价格

(2)周转材料使用费分析。在实行周转材料内部租赁制的情况下,项目周转材料费的节约或超支,决定于周转材料的周转利用率和损耗率。因为周转一慢,周转材料的使用时间就长,同时也会增加租赁费支出;而超过规定的损耗,更要照原价赔偿。周转利用率和损耗率的计算公式如下:

周转利用率=实际使用数×租用期内的周转次数/(进场数×租用期)×100%

损耗率=退场数/进场数×100%

举例:

某施工项目需要定型钢模,考虑周转利用率85%,租用钢模4500m,月租金5元/m;由于加快施工进度,实际周转利用率达到90%。可用"差额分析法"计算周转利用率的提高对节约周转材料使用费的影响程度。

具体计算如下:

$$(90\% - 85\%) \times 4\,500 \times 5 = 1\,125(元)$$

(3)采购保管费分析。材料采购保管费属于材料的采购成本,包括材料采购保管人员的工资、工资附加费、劳动保护费、办公费、差旅费,以及材料采购保管过程中发生的固定资产使用费、工具用具使用费、检验试验费、材料整理及零星运费和材料物资的盘亏及毁损等。材料采购保管费一般应与材料采购数量同步,即材采购多，采购保管费也会相应增加。因此，应该根据每月实际采购的材料数量（金额）和实际发生的材料采购保管费，计算"材料采购保管费支用率"，作为前后期材料采购保管费的对比分析之用。

(4) 材料储备资金分析。材料的储备资金，是根据日平均用量、材料单价和储备天数（即从采购到进场所需要的时间）计算的。上述任何两个因素的变动，都会影响储备资金的占用量。材料储备资金的分析，可以应用"因素分析法"。从以上分析内容来看，储备天数的长短是影响储备资金的关键因素。因此，材料采购人员应该选择运距短的供应单位，尽可能减少材料采购的中转环节，缩短储备天数。

3. 机械使用费分析

项目施工的一次项目经理部不可能拥有自己的机械设备，而需随施工的需要，向企业动力部门或外单位租用。在机械设备的租用过程中，存在着两种情况：一是按产量进行承包，并按完成产量计算费用的，如土方工程，项目经理部只要按实际挖掘的土方工程量结算挖土费用，而不必过问挖土机械的完好程度和利用程度；另一种是按使用时间（台班）计算机械费用的，如塔吊、搅拌机、砂浆机等。如果机械完好率差或在使用中调度不当，必然会影响机械的利用率，从而延长使用时间，增加使用费用。因此，项目经理部应该给予一定的重视。

由于建筑施工的特点，在流水作业和工序搭接上往往会出现某些必然或偶然的施工间隙，影响机械的连续作业；有时，又因为加快施工进度和工种配合，需要机械日夜不停地运转。这样，难免会有一些机械利用率很高，也会有一些机械利用不足，甚至租而不用。利用不足，台班费需要照付；租而不用，则要支付停班费。总之，都将增加机械使用费支出。

因此，在机械设备的使用过程中，必须以满足施工需要为前提，加强机械设备的平衡调度，充分发挥机械的效用；同时，还要加强平时的机械设备的维修保养工作，提高机械的完好率，保证机械的正常运转。

完好台班数，是指机械处于完好状态下的台班数，它包括修理不满一天的机械，但不包括待修、在修、送修在途的机械。在计算完好台班数时，只考虑是否完好，不考虑是否在工作。

制度台班数，是指本期内全部机械台班数与制度工作天的乘积，不考虑机械的技术状态和是否工作。

4. 其他直接费分析

其他直接费是指施工过程中发生的除直接费以外的其他费用，包括：

(1) 二次搬运费；

(2) 工程用水电费；

(3) 临时设施摊销费；

(4) 生产工具、用具使用费；
(5) 检验试验费；
(6) 工程定位复测；
(7) 工程点交；
(8) 场地清理。

其他直接费的分析，主要应通过预算与实际数的比较来进行。如果没有预算数，可以计划数代替预算数。

5. 间接成本分析

间接成本是指为施工准备、组织施工生产和管理所需要的费用，主要包括现场管理人员的工资和进行现场管理所需要的费用。间接成本的分析，也应通过预算（或计划）数与实际数的比较来进行。

（四）特定问题和与成本有关事项的分析

针对特定问题和与成本有关事项的分析，包括成本盈亏异常分析、工期成本分析、质量成本分析、资金成本分析等内容。

1. 成本盈亏异常分析

成本出现盈亏异常情况，对施工项目来说，必须引起高度重视，必须彻底查明原因，必须立即加以纠正。

检查成本盈亏异常的原因，应从经济核算的"三同步"入手。因为，项目经济核算的基本规律是：在完成多少产值、消耗多少资源、发生多少成本之间，有着必然的同步关系。如果违背这个规律，就会发生成本的盈亏异常。

"三同步"检查是提高项目经济核算水平的有效手段，不仅适用于成本盈亏异常的检查，也可用于月度成本的检查。"三同步"检查可以通过以下五方面的对比分析来实现。

(1) 产值与施工任务单的实际工程量和形象进度是否同步？
(2) 资源消耗与施工任务单的实耗人工、限额领料单的实耗材料、当期租用的周转材料和施工机械是否同步？
(3) 其他费用（如材料价差、超高费、台班费等）的产值统计与实际支付是否同步？
(4) 预算成本与产值统计是否同步？
(5) 实际成本与资源消耗是否同步？

实践证明，把以上五方面的同步情况查明以后，成本盈亏的原因自然一目了然。

2. 工期成本分析

工期的长短与成本的高低有着密切的关系。在一般情况下，工期越长费用支出越多,工期越短费用支出越少。特别是固定成本的支出,基本上是与工期长短成正比的,这是进行工期成本分析的重点。工期成本分析,就是计划工期成本与实际工期成本的比较分析。所谓计划工期成本,是指在假定完成预期利润的前提下,计划工期内所耗用的计划成本;而实际成本,则是在实际工期中耗用的实际成本。

工期成本分析的方法一般采用比较法,即将计划工期成本与实际工期成本进行比较,然后应用"因素分析法"分析各种因素的变动对工期成本差异的影响程度。进行工期成本分析的前提条件是,根据施工图预算和施工组织设计进行量本分析,计算施工项目的产量,成本和利润的比例关系,然后用固定成本除以合同工期,求出每月支用的固定成本。

(五)项目成本分析实例

下面以某热带花卉种子种苗生产项目为例,进行项目成本分析。

项目经营过程由建设期、投产期和正常投产期构成,前两期的生产成本按不完全投入计算,正常投产期(即达到设计能力的投产期)才按完全生产成本投入来计算。具体计算如下:

(1)原材料。指母株枝苗、基质、营养杯、化肥、农药和包装材料的消耗。按综合测算,每株种苗消耗的材料成本1.3元/株。每年生产1 400万株,共需1 400 × 1.3 = 1 820万元。

(2)水费。按照每亩日用水量3吨,每年按300天计算,500亩花卉年用水量为45万吨。水费按单价0.5元/吨计算,全年用水费用为45 × 0.5 = 22.5万元。

(3)电费。按日耗电量400度,每年300天计,则全年耗电量为12万度。以电费单价1元/度计,全年用电的费用为12万元。

(4)燃料。按照每日耗用汽油100公升,每年按300天计算,全年耗油量为30吨。以汽油单价5 000元/吨计,全年用油费用为15万元。

(5)维修费。主要用于生产设备、交通工具等固定设备的维修以及设备更新,按照原始投资的25%分16年平均计算,年维修费用为16.37万元。

(6)人员工资。花卉基地的定员为管理人员10人,人均平均工资2万元,则管理人员的年总工资为20万元。生产工人的定员按照种苗繁育区每人管理5亩,350亩需要工人70人;母株区每人管理20亩,100亩需要5人,则共需生产工人75人,以年人均工资6 400元计,生产工人年工资总额为75 × 0.64 = 48万元。因此,年人员工资总额为20 + 48 = 68万元。

(7)销售费用。正常年产品收入为2 660万元,销售费用占5%,为2 660 × 5% = 133万元。

(8)折旧与摊销费用。项目投资形成的固定资产需要在经营期通过折旧的形式计入各年度的生产成本,固定资产原值为883.54万元,83.54万元残值,按16年的折旧年限计算,年折旧费用为50万元。项目设备摊销原值为558.44万元,摊销年限按16年计算,年摊销额为34.9万元。

(9)项目融资贷款利息支出平均每年为39.09万元。

综合以上9项成本支出合计2 210.86万元。如表6-2所示。

表6-2 项目生产成本分析表

项 目	单位	单价/元	数量	金额/万元	备注
一、原材料					指母株枝节条、基质、化肥、农药、培养杯、包装材料等
①荫生叶植物种苗	万株	1.3	480	624	
②阳生与造园植物种苗	万株	1.3	320	416	
③切叶植物种苗	万株	1.3	160	208	
④切花植物种苗	万株	1.3	160	208	
⑤热带兰花种苗	万株	1.3	80	104	
⑥棕榈植物种苗	万株	1.3	200	260	
小计			1 400	1 8820	
二、经营费用					
①水费	万吨	0.5	45	22.5	
②电费	万度	1	12	12	
③汽油费	吨	5 000	30	15	
④维修费				16.37	
小计				65.87	
三、员工工资	人	8 000	85	68	
四、销售费用		5%	2 660	133	按年产值的5%
五、折旧及摊销费用					
六、财务费用					
合计				2 210.86	

项目成本分析,就是利用系列统计资料,将合同预算、施工预算、计划成本与实施项目的实际成本进行比较,了解成本的变动情况,利用一定的方法,分析成本盈亏的原因,同时制定相应的对策,寻找降低项目部施工成本的途径,减少不合理消耗,达到降低项目成本的目的。项目部需要建立规范的严格的月度成本分析制度,把月度成本分析作为总结成本管理业绩、改善和深化项目施工成本管理的重要工作来抓。一系列成本报表完成后,由财务部长进行收集汇总,然后要经过经营副经理审核确认,并把概况信息通报项目经理。

成本分析活动一般采用会议讨论的方式进行,特殊情况下,也可以采用专人专项进行分析,无论哪种方式,都要指定专人做好会议记录或书面会谈记录,提交经营副经理确认,最后项目经理审核并存档。成本分析会要求成本分析小组成员全部参加,项目经理主持会议,每次会议项目经理必须参加。

本章小结

项目成本核算,就是将项目实施过程中发生的各项生产费用,根据有关资料,进行科目汇总,然后再直接或分批计入有关的成本核算对象,计算出各个工程项目的实际成本。

项目成本会计核算对象,是指在成本计算过程中,为归集和分配费用而确定的费用承担者。项目成本会计核算对象应当按照单位工程划分,并与施工项目管理责任目标成本的界定范围相一致。

项目成本会计核算的原则:成本确认原则、成本核算分期原则、相关性原则、及时性原则、明晰性原则、可比性原则、一贯性原则、权责发生制原则、配比原则、实际成本核算原则、稳健性原则、重要性原则。

项目成本分析是项目施工管理的重要步骤和主要内容之一,它是借助一定的方法,通过对项目成本的收入和成本的形成过程中各个阶段和各个要素的组成进行分析,具体来讲,就是按照时间的顺序,将当期的成本数据与其他项目的先进成本数据,或者是与计划成本数据相对比,发现成本差异或者是成本变动的程度,并找出其发生原因以寻求和探索项目成本的有效降低手段和方法的过程;离开项目成本分析,就谈不上科学的成本管理,也就谈不上其功能的充分发挥。

项目成本分析的基本方法:比较分析法、因素分析法、差额计算法、比率法、综合成本的分析方法、目标成本差异的分析方法、特定问题和与成本有关事项的分析。

练习题

(一)单选题

1. 编制施工成本计划时采用(　　)等作为编制依据。
   A 施工结算　　B 施工预算　　C 施工图预算　　D 施工决算

2. (　　)可以全面了解单位工程的成本构成和降低成本的来源。
   A 竣工成本综合分析　　B 月(季)度成本分析
   C 年度成本分析　　　　D 分部分项工程成本分析

3. (　　)是各业务部门根据业务工作的需要而建立的核算制度。
   A 业务核算　　B 统计核算　　C 会计核算　　D 成本核算

4. 根据成本信息和施工项目的具体情况,运用一定的专门方法,对未来的成本水平及其可能发展趋势作出科学的估计,这是(　　)。
   A 施工成本控制　B 施工成本计划　C 施工成本预测　D 施工成本核算

5. 以货币形式编制施工项目在计划期内的生产费用、成本水平、成本降低率以及为降低成本所采取的主要措施和规划的书面方案,这是(　　)。
   A 施工成本控制　B 施工成本计划　C 施工成本预测　D 施工成本核算

第6章 项目成本核算与分析

6. 用表格法进行偏差分析具有的优点是(　　)。
　　A 信息量小　　B 信息量大　　C 简单易算　　D 灵活、适用性强
7. (　　)是指按照规定开支范围对施工费用进行归集,计算出施工费用的实际发生额,并根据成本核算对象,采用适当的方法,计算出该施工项目的总成本和单位成本。
　　A 施工成本分析　B 施工成本考核　C 施工成本控制　D 施工成本核算

(二)判断题

1. 会计核算是业务核算和统计核算的基础,既有实物量又有价值量,是数量和价值量的双重完整核算。
2. 统计核算能提供绝对数指标,也能提供相对数和平均数指标,可以计算当前的实际水平并预测未来的发展趋势。
3. 资本性支出要在将来的若干个会计期间才能逐步转移到成本费用中去。
4. 相目经理部应在跟踪核算分析的基础上,按年度编制项目成本报告,上报给企业成本主管部门进行指导检查和考核。
5. 凡是有几个单位工程而且是单独进行成本核算的施工项目,其竣工成本分析是对各单位工程竣工成本分析资料进行分析。
6. 按照现行的《企业会计制度　建造合同》必须采用完工百分比法确认合同收入与合同费用。完工百分比法是指根据合同完工进度确认收入和费用的方法。
7. 分部分项工程成本分析是施工项目成本分析的基础。
8. 检查成本盈亏异常的原因,应从经济核算的"三同步"入手。
9. 项目成本要求一年结算一次,不得将本年成本转入下一年度。

思　考　题

1. 什么是成本核算对象?项目成本核算需要遵循哪些原则?
2. 什么是项目成本分析?项目成本分析的主要内容有哪些?
3. 项目成本分析的基本方法有哪些?
4. 单位工程竣工成本分析包括哪几方面的内容?
5. 综合成本的分析方法包括的内容有哪些?
6. 专项成本的分析方法包括的内容有哪些?
7. 如何确认项目完工程度?
8. 目标成本差异分析方法包括哪些内容?
9. 工程项目成本核算的基本程序包括哪些内容?

阅读材料

一、项目成本分析方法

一、目的

　　掌握如何在项目进行中或结束后对项目成本进行分析,学会在项目的不同层次查看目标成本的实施情况、误差原因、重大超标项目、主要超标原因等,从而增强

项目成本的透明度和可控性,为加强成本控制,实现项目成本目标创造条件。

二、准备

了解项目成本分析是项目施工管理的重要步骤和主要内容之一,它是借助一定的方法,通过对项目成本的收入和成本的形成过程中各个阶段和各个要素的组成进行分析,以寻求和探索项目成本的有效降低手段和方法的过程。要熟悉项目成本分析的几种常用方法。

三、步骤

以自有货车运输成本分析为例进行实训。有效的、经济的自有运输运营需要有对实际运营成本的工作经验。经理必须知道影响自有货运的单个成本因素,进行有效的决策来降低成本、提高服务。成本可以分为固定成本和营业成本(可变的)。

第一步,计算固定成本

固定成本是在短期内不变的成本。对于自有货运来说,固定成本可以分为四类:折旧(租赁费)、投资利息、管理成本以及办公室和车库费用。如表 6-3 所示,对于冷冻产品的长距离运输来说,固定成本大概为 29.9 分每英里(总成本的 22.1%)。

表 6-3 拖挂车的营业成本

成本项目	分/英里
固定成本	
车辆折旧费	8.7
车辆利息	2.9
其他项目的折旧费和利息	1.6
管理费用	16.7
固定成本总计	29.9
营业成本	
燃料	21.0
司机	38.6
维修费	15.7
保险费	10.7
许可证费	9.9
轮胎费	2.6
杂费	6.8
营业费总计	105.3
总成本	135.2

每英里的固定成本随每年的运营里程数而反向变化。运营里程越多,每英里

的固定成本就越低,也就是说,总固定成本是平均分布在运营里程上的。因此,大多数的自有车队管理者,提到提高车辆利用率的经济性时,考虑的都是把固定成本分布在更多的里程数上。

例如,在表 6-3 中,如果每年运营 140 000 英里,总运营的固定费用为 41 860 美元(140 000 英里 × 0.299 美元)。如果车辆运行了 200 000 英里,大概比每年 140 000 英里多了 43%,则每英里的固定费用降至 20.9 分(41 860 美元 ÷ 200 000)。

(1) 利息

在表 6-3 中,车辆(投资)利息为 2.9 分每英里,占每英里总固定成本的 10%。由于较低的借款成本,车辆利息成本占总固定成本的比重已经从 1989 年的 25% 降为 1997 年的 10%。

(2) 管理费用

在 1997 年,管理费用(办公室和车库)是 16.7 分每英里,相当于总固定成本的 56%。通常,管理费用在自有货运运营中的估计比较保守。管理时间及其成本从公司的主要业务中转向来管理车队。这种"免费"的管理在自有车队的成本分析中很少被提到。

(3) 折旧费

车辆折旧费占总固定成本的 29.1%,也就是 8.7 分每英里。车辆成本近几年有所下降,但是将来多半会再升高。卡车的实际成本取决于其大小、装载能力、发动机和市场条件。

第二步,计算运营成本

营业成本是在短期内可变的成本。自有货运的营业成本包括燃料、司机、维修费、许可证费、轮胎费和使用者税。如表 6-3 中所示,1997 年的营业成本为 105.3 分每英里(总成本的 77.9%)。总营业成本随着每年运行里程数而正向变化。运行里程越多,总营业成本越高。每英里的营业成本近似保持不变。

例如,每年行驶 140 000 英里的总营业成本为 147 420 美元(140 000 英里 × 1.053)。如果每年的行驶里程上升到 200 000 英里,而每英里的营业成本约为 105.3 分,则总营业成本将上升到 210 600 美元。实际中,许可证费、保险费和杂费每年基本保持不变,而随着行驶里程数的增加而降低,但是维修费增加。

(1) 燃料

燃料成本占总营业成本的 19.9%(21.0 分每英里)。柴油牵引车平均每油耗一加仑行驶 5.0 到 6.5 英里,汽油牵引车平均行驶距离略少。车队的操作者努力地提高单位燃料行驶里程数,因为其潜在的节省费用相当可观。

例如,在表 6-3 中,假设车队能把每加仑燃油的行驶里程提高 10%,从每加仑 5 英里提高到 5.5 英里,则每辆卡车每年行驶 140 000 英里的燃料成本就节约 2800

美元,就是9.1%。这样潜在的节省费用使得200美元到400美元的子午线轮胎的支出是非常值得的。

(2)人力

司机成本(不属于工会的)是38.6分每英里,占总营业成本的36.6%,如表6-3中所示。长途司机的工资按行驶里程支付,城市司机按小时支付。

(3)维修费

从表6-3中我们可以看出,维修费(包括轮胎费)为18.3分每英里,占总营业成本的17.4%。维修费包括平常的预防成本(比如润滑油和新轮胎)、大修理和小修理。轮胎、零部件和人力的成本包括在18.3分每英里的成本中,轮胎的成本占维修费的1/6。

(4)其他运营成本

其他的运营成本——保险、许可证费和杂费——为27.4分每英里,占总营业成本的26.0%。保险费包括车辆碰撞以及其他的综合保护险、公共和个人责任险,以及货物险。公司的事故等级决定了保险费的评定。

许可证费和车辆登记费决定于车辆的大小以及本州和其他州的运营车辆的数量。各州的车辆许可证费并不统一。多数的州需要缴纳登记费才能使用高速公路。因此,自有运输涉及的范围越广,许可证费和登记费就越高。

杂费包括的项目有通行费、超载罚款和司机的路途支出(比如住宿和吃饭)。自有车队管理者必须密切注意杂费的成本,因为这些成本可能会"隐藏"低效率和不经济的运作。

总而言之,对于一个经济的自有车队来说,最基本的要求是掌握成本。一旦知道成本并进行分析,就能作出有效的决策。

二、成本分析会的组织

成本分析会的准备工作:各业务口负责人,按经营副经理的组织,每月27日把相关表格准确、及时地填写完毕,并就结果数据形成自己的初步分析,最后交财务部长汇总;汇总后交经营副经理审核,并由经营副经理把初步分析的结果通报项目经理。

在成本分析会上,业务分析是一个重要内容:

第一步,项目经理落实上次成本分析会的问题整改情况。

第二步,分析本月进度计划完成情况、月度工程洽商统计分析数据等,此项工作由工程部长负责汇报。进度计划完成情况表的主要意义在于:统计项目是否完成了月进度计划,特别是就未完成情况要分析原因,采取措施,落实整改;此项工作将涉及系列相关成本数据的统计、计算和分析,比如预算收入、计划成本等。月度工程洽商统计分析表主要意义在于显示项目在本月期间的工程洽商情况。

第三步,施工产值完成情况、月度经济洽商统计分析、工程分包统计分析表,由经营部长负责汇报。此两表的主要意义在于项目的收入核定。

第四步,主要消耗材料的用量分析、商品砼用量分析、月度技术洽商统计分析,由技术部长负责汇报。主要消耗材料的计划成本与实际成本分析表的意义,是依据技术部门提取的材料需用计划,追踪其实际的执行状况;商品混凝土的分析也是着眼于实际与计划的对比分析;月度技术洽商统计分析表主要意义在于显示项目在本月期间的技术洽商情况。

第五步,辅助材料、租赁周转材料、自有周转材料、现场和库存材料用量分析,均由物资部长负责汇报。

第六步,劳务分包分析数据,由工程部长负责汇报。

第七步,现场经费分析、临设费摊销分析表、四算对比分析表和项目总盈亏分析,均由财务部长负责汇报。

在业务分析之后,要进行问题落实并提出解决方案。各阶段汇报后,均展开分析探讨。在进行分析说明时,由说明人指出本月存在的问题,如有可能,应针对发现的问题讨论出解决办法并指定相关执行负责人;对不能当时解决的问题由项目经理指定问题负责人,会后由问题负责人进行问题落实并提出解决方案,解决方案应于成本分析会后5天内提交项目经理确认,一经确认立即实施。

做好会议记录。每次成本分析会由经营副经理指定会议记录人,记录人要记录主要问题及解决办法、问题负责人等,于第二天形成会议纪要,并将会议纪要送达相关人员(可设定专用共享文件夹存放,其他人读取)。

形成月度成本分析报告。由经营副经理在成本分析会之后的3个工作日内,依据本次召开的成本分析结果、会议内容、需要解决的问题等形成一份月度成本分析报告,并报项目经理认可。最后,此报告和会议纪要均由财务部存档。

要重视问题的反馈。本月提出的问题将在下次成本分析会上进行检查,原则上由项目经理对上次会议的问题进行提问式落实,由问题负责人进行说明。

通过定期成本分析会的召开,可以及时解决出现的问题,避免推诿、扯皮等现象的发生;可以促使各部门的工作及时交流,同时能够加强职工的工作责任感。

第7章 项目成本决算

导入案例

某地产公司的工程决算,除小型零星合同由审计部造价审计师审核外,其余全部外包给一些知名造价事务所进行。该公司审计总监前期参加了一个培训,了解到工程款决算审计委托造价事务所审核后很可能还有水分,公司往往为此多支付的工程款仍有 15%~30% 的空间。这个培训课给他猛击一掌,他有一种如梦初醒的感觉。

原来公司多个负责造价审核的审计师陆续跳槽,并曾给他留有多封建议信,请他一定要考虑对委外造价审核进行复核,不然我们这些审计人员白养了,审些小合同,无关痛痒。他都认为中介做的双方认可,有公信力,而未予考虑。现在想来那些部下倒是颇有见地的。

审计总监立即组织审计师对近期已经结算的某小区 15 万平方米建安工程决算进行复查,该工程由公司长年合作的著名的建筑铁军承包,工程按期、保质完成,并获得当地市优工程奖杯,工程造价由审计部遴选的当地最大一家造价事务所审核,核减了 12%,项目工程款除应予暂扣的质量保证金外均已结清。

审计师审核中发现,部分工程存在定额套用错误、部分变更签证存在重复计算、个别设计变更未实施工程仍计算在内、工程奖励条款错用省优奖市优等情况,整体计算下来,经核减的决算报告仍多算工程款 1 800 余万元,比例接近 8%。

审计总监又将审计师的审核结果委托其在造价事务所的同学参谋了一下,确认了该审核结果的可靠性。

审计总监犯难了,数据出来了,结算已经完结,该款项能与施工单位洽商,追回来吗?

7.1 项目成本决算概述

7.1.1 项目成本决算的概念

决算是以实物量和货币为单位,综合反映项目实际投入和投资效益、核定交付使用财产和固定资产价值的文件。费用决算是指项目从筹建开始到项目结束交付使用为止的全部费用的确定。

建设项目竣工决算是指建设项目竣工后,建设单位按照国家有关规定在新建、改建和扩建工程建设项目竣工验收阶段编制的竣工决算报告。竣工决算,是以实物数量和货币指标为计量单位,综合反映建设项目从筹建开始到项目竣工交付使用为止的全部建设费用、建设成果和财务情况的总结性文件,是竣工验收报告的重要组成部分。竣工决算是正确核定新增固定资产价值,考核分析投资效果,建立健全经济责任制的依据,是反映建设项目实际造价和投资效果的文件。

要编好项目决算,首先要编好结算,结算是决算的主要资料来源。项目决算依据主要是合同、合同的变更。在项目的收尾阶段有必要对项目实施的所有支出进行核算,以便确定项目的最终实际支出以及项目实际成本是否超出了项目成本预算。对工程项目而言,成本决算包括承包商编制的项目成本决算和业主编制的成本决算。

(一)承包商编制的项目成本决策

承包商编制的项目成本决算是以单位工程为对象,以竣工后的工程结算为依据,通过实际工程成本分析,为核算一个单位工程的预算成本、实际成本和成本降低额而编制的单位工程竣工成本决算。

(二)业主编制的成本决策

业主编制的成本决算也可以称为竣工决算或基本建设项目竣工决算,是指在建设项目全部完工并经竣工验收合格后,由项目业主按照国家有关规定编制的反映项目财务状况和建设成果的总结性文件,即决算报告,它是对建设项目的实际造价和投资效益的总结。竣工决算报告由竣工决算报表、竣工财务决算说明书、竣工工程平面示意图、工程造价比较分析等四部分组成。其中,竣工决算报表、竣工财务决算说明书属于竣工财务决算的内容。竣工财务决算是竣工决算的组成部分,是正确核定新增固定资产价值,考核分析投资效果,建立健全经济责任制的依据,也是竣工验收报告的重要组成部分。通过编制竣工决算,可以全面清理基本建设财务,做到工完账清,便于及时总结项目建设经验,积累各项技术经济资料,提高基建管理水平和投资效果。

7.1.2 项目成本决算的内容与结果

(一)项目成本决算的内容

项目管理的目标就是要保证项目在规定的时间、预算内,在保证项目质量的前提下,按要求完成计划工作,提交项目产品,使业主或顾客满意。为此,在项目的结束阶段,就有必要对项目的花费进行核算,以明确项目实施过程是否超支。项目的费用决算就是依据项目合同和合同的变更,确定项目生命周期各个阶段所支付的全部费用,然后形成项目决算书,为最后项目的验收提供依据。一般而言,项目决算书应该包括以下两部分内容:

(1)文字说明。文字说明主要包括工程概况、设计概算、实施计划和执行情况、各项技术经济指标的完成情况、项目的成本和投资效益分析、项目实施过程中的主要经验、存在的问题、解决意见等。

(2)决算报表。大中型项目的决算报表包括竣工项目概况表、财务决算表、交付使用决算表、交付使用财产总表、交付使用财产明细表等;小型项目决算表则只需提供决算总表和交付使用财产明细表。

(二)项目成本决算的结果

项目成本决算的结果形成项目决算书,经项目各参与方共同签字后作为项目验收的核心文件。决算书由两部分组成:文字说明和决算报表。

工程项目竣工财务决算由竣工财务决算说明书和竣工财务决算报表两部分组成。小型建设工程项目[经营性项目投资额在5 000万元(含5 000万元)、非经营性项目投资额在3 000万元(含3 000万元)以下为小型建设项目]的竣工决算报表,由竣工决算总表和交付使用资产明细表两部分组成,还可以按照需要编制结余设备材料明细表、应收应付款明细表、结余资金明细表等。由于小型建设项目内容比较简单,可将工程概况和财务情况一并编制成"竣工财务决算总表"。大、中型建设项目(经营性项目投资额在5 000万元以上,非经营性项目投资额在3 000万元以上)还须单独编制竣工工程概况表。

1.竣工财务决算说明书

竣工财务决算说明书是从总的方面反映竣工项目的建设成果和经验以及遗留问题的处理,是全面分析工程投资与造价的书面总结,文字说明。它包括了工程概况、设计概算、实施计划和执行情况、各项技术经济指标的完成情况、项目的成本和投资效益分析、项目实施过程中的主要经验、存在的问题、解决意见等。主要内容如下:

(1)建设项目概况;

(2)会计账务的处理、财产物资情况及债权债务的清偿情况;

(3)资金节余、基建结余资金等的上交分配情况;

(4)主要技术经济指标的分析、计算情况;

(5)基本建设项目管理及决算中存在的问题、建议;

(6)需要说明的其他事项等。

2.竣工财务决算报表

竣工财务决算报表的格式根据大、中型项目和小型项目的不同情况分别制定。

大、中型工程项目的财务决算报表有五种：
(1)工程项目竣工财务决算审批表；
(2)大、中型工程项目概况表；
(3)大、中型工程项目竣工财务决算表；
(4)大、中型工程项目交付使用资产总表；
(5)工程项目交付使用资产明细表；
(6)小型工程项目竣工财务决算总表。

7.1.3 项目成本决算编制的意义和作用

对于项目业主单位来说，只有通过竣工决算的编制，才能真正了解基本建设的计划和设计概预算的执行情况，才能分析工程项目的实际成本与预算成本之间存在差异的原因，从而总结经验、汲取教训，为有关部门制定类似项目的建设计划和修订概预算定额提供有意义的资料和经验。竣工决算是核定新增固定资产和流动资产，办理其交付使用的依据，是对建设项目的实际造价和投资效益的总结，是对建设项目进行财务监督的有效手段。因此，竣工决算的基本要求是内容完整、核对准确和真实可靠。

项目成本决算编制有五个方面的作用。

(1)能够正确地校核固定资产的价值，考核和分析项目投资的效果。而确定新增固定资产价值又具有及其重要的作用：如实反映企业固定资产价值的增减变化，保证核算的统一性；真实反映固定资产的占用额；正确计提固定资产折旧；反映一定范围内固定资产再生产的规模和速度；分析国民经济各部门的技术构成变化及相互之间适应的情况等。

(2)项目业主通过及时办理项目竣工决算，并且依此办理新增固定资产移交转账手续，可以缩短项目的建设周期，节约项目基本建设投资。如果不及时办理固定资产的移交手续，那么不仅不能提取固定资产折旧，而且所发生的维修费用、职工工资等都要在基建投资中支出。

(3)对于工业项目而言，通过办理竣工决算，项目业主可以正确地计算所投入的固定资产的折旧费，合理计算出生产成本和项目实施给企业带来的利润。

(4)通过办理竣工决算，业主能够全面地清理基本建设财务，便于及时总结经验，积累各项技术经济资料。

(5)编制正确的竣工决算，有利于业主正确地进行设计概算、施工预算和竣工决算之间的"三算"对比。

7.2 项目成本决算的编制

理解工程项目成本决算的编制要从两个方面着手。

7.2.1 竣工决算编制的依据

竣工决算编制的依据主要有以下10项:
(1)经批准的可行性研究报告及其投资估算;
(2)经批准的初步设计或扩大初步设计及其概算或修正概算;
(3)经批准的施工图设计及其施工图预算;
(4)设计交底或图纸会审纪要;
(5)招投标的标底、承包合同、工程结算资料;
(6)施工记录或施工签证单,以及其他施工中发生的费用记录;例如索赔报告与记录、停(交)工报告等;
(7)竣工图及各种竣工验收资料;
(8)历年基建资料、财务决算及批复文件;
(9)设备、材料调价记录;
(10)有关财务核算制度、办法和其他有关资料、文件等。

7.2.2 项目成本决算的步骤

竣工决算的编制包含以下九个步骤。

(1)收集、整理、分析原始资料。从建设工程开始就按照编制依据的要求,收集、整理、分析有关资料,主要包括建设工程档案资料,例如设计文件、施工记录、上级批文、概(预)算文件、工程结算的归集整理,财务处理、财产物资的盘点核实及债权债务的清偿,做到账账、账证、账实、账表相符。对各种设备、材料、工具、器具等要逐项盘点核实并填列清单,妥善保管,或者按照国家的有关规定处理,不得随意侵占和挪用。

(2)清理各项财务、债务和结余物资。在收集、整理和分析相关资料时,要特别注意建设工程从筹建到竣工投产或使用的全部费用的各项账务、债权和债务的清理,做到工程完毕账目清晰。既要核对账目,又要盘点实物的数量,做到以账管账,账账相符;以账管物,账物相符;对结余的各种材料、工器具和设备要逐项清点核实,妥善管理,按规定及时处理,收回资金。对各种往来款项要及时进行全面清理,为编制竣工决算提供准确的数据和结果。

(3)对照、核实工程变动情况,重新核实各单项工程、单工程的造价。要将竣工资料与设计图纸进行查对、核实,确认实际变更情况;根据审定的施工单位竣工结算等原始资料,按照有关规定对原概预算进行增减,重新核定工程造价。

(4)严格划分和核定各类投资。将审定后的待摊投资、设备工器具投资、建筑安装工程投资、工程建设其他投资严格划分和核定后,分别计入相应的建设成本栏目内。

(5)编制竣工决算说明书。

(6)填报竣工决算财务报表。我国财政部财基[1998]498号文件对建设工程竣工财务决算报表的格式作了统一规定,对竣工财务决算说明书的内容提出了统一要求。

(7)进行工程造价对比分析。为了便于进行比较分析,可以先对比整个项目的总概算,并分别将建筑安装工程费、设备工器具购置费用和其他工程费用逐一与竣工决算的实际工程造价进行对比分析,从中找出节约和超支的具体内容和原因。在具体实践中,要侧重分析主要的实物工程量、主要材料消耗量、建设单位管理费以及建筑安装工程费等内容。

(8)清理、装订好竣工图。建设工程竣工图是真实地记录各种地上地下建筑物、构筑物等情况的技术文件,是工程进行交工验收、维护改建扩建工程的依据,是国家重要的技术档案。国家规定各项新建、扩建、改建的基本建设工程,特别是基础、地下建筑、管线、结构、井巷、峒室、桥梁、隧道、港口、水坝及设备安装等隐蔽部位,都要编制竣工图。

(9)上报主管部门审查。至此,将上述编写的文字说明和填写的表格经核对无误,装订成册,即为建设工程竣工决算文件。将其上报主管部门审查,并将其中财务成本部分送交开户银行签证。竣工决算在上报主管部门的同时,抄送有关设计单位。建设工程竣工决算的文件,由建设单位负责组织人员编写,在竣工建设项目办理验收使用后一个月内完成。

7.3 项目成本决算的管理

7.3.1 项目财务经理的职责

项目财务经理在项目成本决算的工作中起着举足轻重的作用。项目财务经理主要负责组织管理合同项目的财务、会计业务,通常由公司总部的财务部派出,其主要职责包括:

(1)参加项目的经济决策和预测。

(2)负责组织编制项目财务资金计划,包括年度、季度、月度财务资金计划。

(3)负责实现企业或组织对项目的筹资计划,并按照合同和计划向业主催收各种款项。
(4)建立会计业务和账目,组织项目现金管理和成本核算。
(5)负责办理设备、散装材料付款和施工工程付款。
(6)处理工程欠款、拒付、索赔等事项。
(7)根据规定和需要办理各种保险,缴纳各种税款。
(8)定期进行财务结算,项目竣工时办理竣工决算。
(9)定期提出项目财务报告。
(10)项目结束时对参加本项目的财务会计人员提出考核意见。
(11)组织有关的财务、会计账目和资料整理归档,从而进行工作总结。

7.3.2 项目成本分析

(一)项目成本分析的原则

项目成本分析的根本目的是为了找出盈亏原因,改善管理,因此,从成本分析的角度出发,在成本分析过程中,应遵循下列原则。

(1)实事求是的原则。成本分析的目标是寻找盈亏,如果蓄意掩盖事实或用虚假搪塞,则势必影响分析结果的准确性。因此,在成本分析的过程中,不管是成绩还是失误,都应当实事求是地反映问题,并用"一分为二"的辩证方法对事物进行客观评价。

(2)定量分析的原则。定量分析与定性分析相比较,定量分析对成本的评价更精确,更令人信服。因此,要多采用定量分析的方法,充分利用统计资料进行定量分析。

(3)及时性原则。成本分析及时,发现问题及时,采取对策及时。

(4)权责发生制原则。凡是当月已经发生的收入和已经发生或应当负担的成本,不论款项是否收付,都应作为当月的成本数据。

(5)为施工生产管理服务的原则。成本分析不仅揭露矛盾,而且要分析矛盾产生的原因,并提出积极有效的解决问题的合理化建议,为项目部共同的事业——施工生产顺利进行而服务。

项目部需要建立规范的严格的月度成本分析制度,把月度成本分析作为总结成本管理业绩、改善和深化项目施工成本管理的重要工作来抓。

(二)项目成本分析的程序

项目经批准的概、预算是考核实际建设项目造价的依据,在分析时,可以将决算报表中所提供的实际数据和相关资料与批准的概预算指标进行对比,以反映竣工项目总造价和单方造价是节约还是超支,在比较的基础上,总结经验教训,找出原因,以利改进。

一系列成本决算报表完成后,由财务部长进行收集汇总,然后要经过经营副经理审核确认,并把概况信息通报项目经理。

成本分析活动一般采用会议讨论的方式进行,特殊情况下,也可以采用专人专项进行分析,无论哪种方式,都要指定专人做好会议记录或书面会谈记录,提交经营副经理确认,最后项目经理审核并存档。成本分析会要求成本分析小组成员全部参加,项目经理主持会议。

在考核概、预算执行情况时,首先应当积累概、预算动态变化资料,例如设备材料价差、人工价差和费率价差及设计变更资料等。其次,考查竣工项目实际造价节约或者超支的数额。为了便于进行比较分析,可以先对比整个项目的总概算,然后对比单项工程的综合概算和其他工程费用概算,最后对比分析单位工程概算,并分别将建筑安装工程费、设备工器具费和其他工程费用逐一与竣工决算的实际工程造价进行对比分析,找出节约和超支的具体内容和原因。

(三)项目成本分析的主要内容

在实际工作中,应当侧重分析以下内容。

(1)主要实物工程量。概、预算编制的主要实物工程量的增减必然使工程概、预算造价和竣工决算实际工程造价随之增减。因此,要认真对比分析和审查建设项目的建设规模、结构、标准、工程范围等是否遵循批准的设计文件规定,其中有关变更是否按照规定的程序办理,它们对造价的影响如何。对实物工程量出入较大的项目,还应当查明其原因。

(2)主要材料消耗量。在建筑安装工程中,材料费一般占直接工程费的70%以上,因此考核材料消耗是项目成本分析的重点。在考核主要材料消耗量的时候,要按照竣工决算表所列出的三大材料实际超概、预算的消耗量,查清是在哪个环节超出量最大,并查明超额消耗的原因。

(3)建设单位管理费、建筑安装工程其他直接费用、现场经费和间接费。要根据竣工决算报表中所列的建设单位管理费与概、预算所列的建设单位管理费数额进行比较,确定其节约或超支数额,并查明其中原因。对于建筑安装工程其他直接费、现场经费和间接费的费用项目的收费标准,国家和各地均有统一的规定,要按照有关规定查明是否多列或少列费用项目,有无重计、漏计、多计的现象以及增减的原因。

以上所列内容是项目成本对比分析的重点,应侧重分析。但是对于具体项目应当进行具体分析,究竟选择哪些内容作为考核、分析的重点,还得因地制宜,视项目的具体情况而定。

本章小结

决算是以实物量和货币为单位,综合反映项目实际投入和投资效益、核定交付使用财产和固定资产价值的文件。

竣工决算,是以实物数量和货币指标为计量单位,综合反映建设项目从筹建开始到项目竣工交付使用为止的全部建设费用、建设成果和财务情况的总结性文件,是竣工验收报告的重要组成部分。

成本决算主要包括承包商编制的项目成本决算和业主编制的成本决算。

项目成本决算的内容包括:文字说明、决算报表。

项目成本决算的结果:竣工财务决算说明书、竣工财务决算报表。

项目成本决算编制的作用以及项目成本编制的10个依据和九项步骤。

项目成本分析的原则:实事求是的原则、定量分析的原则、及时性原则、权责发生制原则、为施工生产管理服务的原则。

项目成本分析的主要内容:主要实物工程量、主要材料消耗量、建设单位管理费、建筑安装工程其他直接费用、现场经费和间接费用。

练 习 题

(一) 单选题

1. 施工项目成本决策与计划的依据是( )。
   A 成本计划   B 成本核算   C 成本预测   D 成本控制

2. 以货币形式编制施工项目在计划期内的生产费用、成本水平、成本降低率以及为降低成本所采取的主要措施和规划的书面方案,称为( )。
   A 成本预测   B 成本计划   C 成本核算   D 成本考核

3. 一个施工项目成本计划应包括( )所必需的施工成本,它是该施工项目降低成本的指导文件和设立目标成本的依据。
   A 从开工到竣工   B 从招标到定标
   C 从投标到竣工   D 从策划到投产

4. 在施工成本管理中,( )是指按照规定开支范围对施工费用进行归集,计算出施工费用的实际发生额,并根据成本核算对象,计算出总成本和单位成本。
   A 成本预测   B 成本计划   C 成本核算   D 成本考核

5. 在成本形成过程中,对施工项目成本进行的对比评价和总结工作称为( )。
   A 施工成本控制   B 施工成本计划
   C 施工成本管理   D 施工成本分析

6. 在施工项目完成后,对施工成本形成中的各责任者,按施工成本目标责任制的有关规定,评定施工成本计划的完成情况和各责任者的业绩,并给以相应的奖罚,这一工作称为

( )。
  A 成本核算 B 成本预测 C 成本分析 D 成本考核
 7. 施工成本按( )可分解为人工费、材料费、施工机械费、措施费和间接费。
  A 子项目组成 B 成本构成 C 工程进度 D 项目参与方
 8. 某项工程进行成本偏差分析后,已完工程实际施工成本－已完工程计划施工成本＞0,拟完工程计划施工成本－已完工程计划施工成本＜0,则表示( )。
  A 成本超支,进度提前   B 成本节约,进度提前
  C 成本超支,进度拖后   D 成本节约,进度拖后

<h2 style="text-align:center">思 考 题</h2>

1. 简述项目成本决算的含义。
2. 说明项目成本决算的内容及结果。
3. 简答项目成本决算的作用和意义。
4. 试述项目成本决算的编制程序。

<h2 style="text-align:center">阅读材料</h2>

<h3 style="text-align:center">项目成本决算的编制</h3>

一、目的

  了解项目成本决算编制的步骤和方法。掌握竣工成本决算是核定企业增固定资产和流动资产的依据,是对建设项目进行财务监督的有效途径。

二、准备

  掌握工程项目成本决算的概念,竣工决算编制的主要依据及其含义,熟悉竣工决算的编制步骤。

三、操作步骤

  以某10万吨自来水厂的建设项目竣工决算为例。

  (1)收集、整理、分析原始资料,清理各项财务、债务和结余物资。

  (2)对照、核实工程变动情况,重新核实各单项工程、单工程的造价。要将竣工资料与设计图纸进行查对、核实,确认实际变更情况;根据审定的施工单位竣工结算等原始资料,按照有关规定对原概预算进行增减,重新核定工程造价。

  (3)严格划分和核定各类投资。将审定后的待摊投资、设备工器具投资、建筑安装工程投资、工程建设其他投资严格划分和核定后,分别计入相应的建设成本栏目内。

  (4)编制竣工决算说明书。竣工决算说明书一定要力求内容全面、简明扼要、文字流畅,能够说明问题。

  (5)填报竣工决算财务报表。我国财政部财基[1998]498号文件对建设工程

竣工财务决算报表的格式作了统一规定,对竣工财务决算说明书的内容提出了统一要求。

表7-1 某水厂建设项目交付使用资产总表 （单位:元）

序号	单项工程项目名称	总计	固定资产					流动资产	无形资产	递延资产
			建筑工程	安装工程	设备	其他	合计			
1	综合楼	1 564 577.56	1 564 577.56				1 564 577.56			
2	总图部分	23 292 871.26	23 291 871.26				23 291 871.26			
3	取水工程	13 182 706.03	13 182 706.03				13 182 706.03			
4	净水厂工程	31 969 549.42	31 969 549.42				31 969 549.42			
5	浑水管工程	32 093 876.90	32 093 876.90				32 093 876.90			
6	其他土建工程	11 383 837.03	11 383 837.03				11 383 837.03			
7	安装工程	15 550 756.81		15 505 0756.81			15 550 756.81			
8	设备（需安装）	38 518 352.58			38 518 352.58		38 518 352.58			
9	合计	167 556 527.59	113 487 418.20				167 556 527.59			

表7-2 某水厂投资成本决算评审情况明细表　　　　（单位：元）

序号	项目名称（各项费用）	批准概算 (1)	送审投资 (2)	审定投资 (3)	与概算相比增减 (1)=(3)-(1)	与送审相比增减 (5)=(3)-(2)	增减率% (1)/(1)	增减率% (5)/(2)
1	工程费用	8 256.15	12 672.64	10 394.99	2 138.84	-2 277.64	25.91	-17.97
1.1	建筑工程	3 479.15	6 665.036	4 909.004	1 429.854	-1 756.032	41.10	-26.35
1.2	安装工程	2 465.00	3 667.097	3 160.835	695.835	-506.262	28.23	-13.81
1.3	设备购置费	2 312.00	2 340.504	2 325 154	13.154	-15.350	0.57	-0.66
2	其他费用	1 388.85	7 584.18	6 368.06	4 979.21	-1 216.12	358.51	-16.03
2.1	其他费用	912.00	1 842.69	1 443.48	531.48	-399.21	58.28	-21.66
2.1.1	管理费用		448.02	369.05		-78.970		-17.63
2.1.2	占地费		500.34	500.34		0.000		0.00
2.1.3	勘察设计费		167.96	167.96		0.000		0.00
2.1.4	工程监理费		81.90	81.90		0.000		0.00
2.1.5	其他		644.47	324.23		-320.240		-49.69
2.2	建设期利息	467.85	5 741.49	4 924.58	4 447.73	-816.91	932.83	-14.23
3	预备费用	1 922.00						
3.1	基本预备费	874.00						
3.2	涨价预备费	1 048.00						
	工程总投资 (1+2+3+4)	11 567.00	20 256.82	16 763.05	5 196.05	-3 493.76	44.92	-17.25

（6）进行工程造价对比分析。为了便于进行比较分析，可以先对比整个项目的总概算，并分别将建筑安装工程费、设备工器具购置费用和其他工程费用逐一与竣工决算的实际工程造价进行对比分析，从中找出节约和超支的具体内容和原因。

表7-3 某自来水厂竣工财务决算表
2005年12月31日   （单位：元）

资金来源	金额	资金占用	金额
一、基本建拨款	910 000.00	一、基本建设支出	167 556 527.59
1. 预算拨款	910 000.00	1. 交付使用资产	
2. 基建基金拨款		2. 在建工程	167 556 527.50
3. 进口设备转账拨款		3. 待核销基建支出	
4. 器材转账拨款		4. 非经营基础转出投资	
5. 煤代油专用基金拨款		二、应收生产单位投资借款	
6. 自筹基金拨款		三、拨付所属投资借款	
7. 其他拨款		四、器材	
二、项目资本	2 000 000.00	五、货币资金	4 803.89
1. 国家资本		六、预付及应收款	158 280.07
2. 法人资本	2 000 000.00	1. 应收垫付款	158 280.07
3. 个人资本		2. 应收预算拨款	
三、项目资本公积		3. 应收基建包干节余	
四、基建借款	30 000 000.00	4. 应收留成收	
五、上级拨入投资借款	45 200 000.00	七、有价证券	
六、企业国债资金	41 974 162.43	八、固定资产	
七、待冲基建支出		固定资产原价	
八、应付款	47 635 339.12	减：累计折旧	
九、未交款		固定资产净值	
1. 未交税金		固定资产清理	
2. 未交基建收入		待处理固定资产损失	
3. 未交基建包干节余			
4. 其他未交款			
十、上级拨入资金			
十一、留成收入			
合计	167 719 611.55		167 719 611.55

补充资料：1. 基建投资借款期末余额：3 000万元

2. 应收生产单位投资借款期末数：0万元

3. 基建结余资金：0万元

（7）清理、装订好竣工图，并上报主管部门审查。有关部门根据业主单位上报的工程项目竣工决算资料，对决算进行认真审查后，将审核意见填入下列"工程项目竣工决算审批表"中。

表7-4 工程项目竣工财务决算审批表

项目法人(建设单位)		建设性质	
工程项目名称		主管部门	
开户银行意见： 　　　　　年　月　日			盖章
专员办审批意见： 　　　　　年　月　日			盖章
主管部门或财务部门审批意见： 　　　　　年　月　日			盖章

第8章 项目成本审计与经济评价

导入案例

20世纪90年代后期Atlantic States化学实验室(ASCL)从Oretec公司接受了一份合同。Oretec公司在自己的实验室为商业目的进行研究的时候,合成了一种新合金,他们希望Atlantic States化学实验室对其进行一种特殊类型的化学分析。该合同对研究工作的质量和实验分析的进展速度都提出了要求。合同的截止日期是不封底的,每月支付的费用为10万美元。公司的联络官有权随时了解Atlantic States化学实验室的工作情况。

随着工作的不断进行,这位联络官出于时间的考虑而不断施压,要求研究团队改变自己的方法,并略去一些重复验证的程序。在两次偶然的机会中,Atlantic States化学实验室的研究团队所进行的分析表明,可以制造出一种能够获取商业成功的产品。联络官非常满意这些工作,并要求他们提供商业化生产的建议。但Oretec公司的测试表明,这些方法都无法奏效。随着项目的进程过半,对分析工作的结果和数量施加的压力日益增加,该联络官越来越容易冲动,并难以满足。在此后不久,Atlantic States化学实验室的总裁收到了Oretec公司的一封信,信中提出了大量抱怨,并要求立即终止合同。

这位总裁对客户的不满意深感意外,因为此前他没有从项目内部受到过任何可能会出麻烦的报告,于是总裁决定对该项目进行一次全面审计。

审计结果如下:

第一,总体观点

(1)项目最初的方法没有什么问题,但被客户的联络官做出了改动;即便如此,该项目仍然有很多重大研究成果。

(2)分析工作所采用的方法本身都是正确的。

(3)项目实施过程中有多项分析成果(每一种都提供了具体说明)。

(4)商业化的工作不是Atlantic States化学实验室的责任,而是Oretec公司的事,尽管Atlantic States化学实验室提出了一些可能性建议。

(5)该联络官过度参与了项目的管理工作,并且过于频繁地改变了研究工作的方向。

(6)项目管理的决策和改变都没有被该化学实验室文件化,并且没有及时与客户进行沟通。

第二,对客户批评的分析大约半数的批评理由是充分的,具体内容都列示出来了。

第三,进一步的分析

(1)该化学实验室所提出的商业化过程实际上在类似的例子中都取得了成功。客户检验的结果是不正确的。

(2)该化学实验室所提供的报告(被客户认为不完整)实际上是在联络官的影响下草草准备的。对项目取得的分析成果所进行的报告无法让客户的管理层理解,只是能够让技术人员和联络官看懂。

(3)管理层在客户关系方面没有给该项目的领导人提供充足的指导/支持。

第四,建议在签署合同的阶段就应为识别高风险的项目建立一套正规的程序,并对其偏离计划的情况做出认真的监控。那些构成高风险的因素包括没有得到充足的资金、没有足够的时间、成功的机会很低、客户不够成熟以及给予客户过多参与项目进程的机会。

8.1 项目审计的概述

项目审计是整个项目管理系统的一个组成部分。它是指国家或企业的审计机构依据国家的法令和财务制度以及企业的经营方针、管理标准和规章制度,对项目的全部或部分建设活动用科学的方法和程序进行审核检查,判定其是否合法、合理和有效,借以发现错误、纠正弊端、防止舞弊、改善管理,保证投资目标的顺利实施的一种活动。

项目审计独立于项目组织之外,其工作不受项目管理人员的制约,审计人员与项目无任何直接的行政或经济关系。审计人员的权力由国家或企业授予,代表国家或企业对项目建设实施审计监督并评价其经济责任,客观地向国家或企业报告审计结果。项目审计具有高度的权威性,其依据是法规和标准。法规是指法律、法令、条例、规章制度以及方针、政策等。标准则是指各种技术标准和管理标准,不代表任何个体的主观意志,因而审计结果具有很高的权威性。对项目建设实行审计制度可以有效地监督项目实施活动,防止不符合国家法规、企业标准的行为发生;可以对项目的计划、实施工作进行科学评价;可以对项目有关资料的真实性和正确性予以权威性的鉴定;可以为项目组织提供有力的支持,帮助其改善管理、提高工作效率,更加有效地利用现有资源,提高项目的经济效益。

项目审计工作的目的:一是对项目和企业的会计报表、资产、负债及所有者权益整体状况的真实性和合理性进行审计,突出项目和企业的内部控制重点;二是要审查项目收入、支出、盈亏的真实性,使审计的实施过程能深入项目的各业绩环节;三是注重对经营管理业绩和经济效益的审查。

8.2 项目审计的阶段

审计部门对项目进行审计时,从开始到结束需要依据一套程序进行,这一程序主要包括的步骤有:

(一)项目审计启动

在实施审计之前要进行充分周密的准备,这是保证审计工作达到预期目的的前提。项目审计能否发挥应有效用及效用的大小,在很大程度上取决于准备工作。主要包括以下工作。

1. 选择审计项目,明确审计目的,确定审计范围

进行工作项目审计,首先要确立审计项目,然后组织实施。有时候一个企业在建或拟建的项目很多,每个项目需要审计的范围也各不相同,因而在实行审计之前要对审计的项目和范围进行选择,同时明确审计的目的。这项工作通常在主管领导的指示或支持下进行,所选的项目及其审计领域一般会有明确的范围。这样做可以提高审计效率,做到有的放矢。

在选择审计项目和审计对象时可把握两个基本原则:

(1)普遍性原则。要分析影响总体经济效益的基本因素,从具有普遍性和共同性的问题着手,确定审计项目的范围。这可以从年度财务决算对项目成本明细表的审查分析中发现和寻找线索,抓住那些对总体经济效益影响较大的项目,再结合实际具体确定,比如工作进度控制、质量控制、费用控制矛盾较突出的项目;由于设计变更从而预算变更较大的项目,或通过其他的调查方式,寻找和发现线索。

(2)重要性原则。由于企业之间经济实力的差别、施工能力的差异等多种因素的存在,致使同等造价的项目在不同的企业中具有不同的地位和意义,因此在确立审计项目时要充分考虑项目对企业的重要程度,选择重要项目进行审计。

2. 建立审计工作组织

项目审计的工作组织应由主管领导和审计机关的领导协商确定,理想的形式是由审计机关的专职人员负责和组织,并根据审计内容的要求增加其他专家。在组建审计组织时,主要应该考虑审计领域对技术和非技术专家及其经验的要求。

3. 了解概况,准备资料

首先,要了解项目的基本状况,包括项目的组织形式、项目目的、参与项目的承包公司等;其次,要熟悉和收集有关项目建设的法规、政策、标准以及被审计项目的各种文件,如项目计划、项目合同。

4. 制定项目审计计划

主要是指根据审计的目的和范围,确定日程安排和工作步骤以及提出包括审计重点在内的详细提纲。

(二)建立项目审查基准

审查基准是指能够反映并评估项目实施好坏的具体标准。建立项目审查基准的具体工作包括:

(1)划分审计领域。
(2)对各领域建立一套评估基准。
(3)明确管理层对各个不同领域的绩效期望。
(4)建立收集信息的工作规范。

(三)实施项目审计

实施审计是整个审计工作最重要、工作量最大的阶段,它主要包括以下工作:

(1)针对确定的审计范围实施常规审查,从中发现常规性的错误和弊端。这项工作内容繁杂,既包括定性的审查,也包括定量的审查,有时还需要进行大量的计算。

(2)对可疑的环节或特殊领域进行详细审核和检查。如将贪污盗窃、营私舞弊、严重渎职等行为通过这一工作予以查清,问题较严重时还会涉及内查外调、查账对证、接受群众检举等,因而,搞好这项工作必须要掌握政策界限。

(3)协同项目管理人员纠正错误和弊端。对于在审计过程中发现的错误和舞弊现象,要帮助或协同项目管理人员及时纠正,避免影响日后的工作。一些重大的违法违纪问题,要在汇报主管领导或部门后再做处理。

(四)准备项目审计报告

审计报告是审计工作组集体的最终产品,审计工作的成果和后续行动的效果将取决于报告编写的质量和提出的方式。这个报告要在征求项目管理人员意见的基础上,对所获得的资料进行综合归纳,分析研究,进而对审计事项做出客观、公正和准确的评价。最后,将作为审计结果和结论的报告送交有关部门。

(五)项目审计终结

在审计报告的建议部分,审计人员应当明确采取纠正行动的部门和人员。当这些部门和人员属于项目组织之外的企业支持系统时,企业决策者应迅速作出决策,解决错弊和纠正偏差。审计的后续工作之二,是吸取被审项目的教训。项目审计结束之后,相关的人员要认真进行反思,杜绝日后发生类似问题,起到治标、治本的作用。项目审计的最大效益就在于此。最后,作为项目审计的后续工作,应将审计过程中的全部文件,包括审计记录以及各种原始材料整理归档,建立审计档案,以备日后参考和研究。

8.3 项目费用审计

项目费用审计可贯穿在项目的全过程中,包括项目计划时期的审计、实施过程中的审计、项目结束时的审计。

8.3.1 项目计划时期的费用审计

这一阶段的审计工作主要是进行成本估算和成本计划的审计。审计的主要内容包括审查成本估算采用了哪种方法;成本计划采用了哪种方法,是粗线条还是细线条,能否满足控制成本的要求;不可预见费用的数量是否合理等。审计的依据包括成本估计、成本预算。审计的结果是形成审计报告。

8.3.2 项目实施过程中的费用审计

这一阶段的审计重点有两项:

(1)对成本报告的审计。主要包括审核成本报告的内容是否全面,报告格式是否规范;核查报告与实际发生成本的吻合情况;结合进度报告和质量报告判断成本报告的真实性。审计的依据包括成本报告、进度报告、质量报告。审计的结果是形成审计报告。

(2)对实施成本的审计。主要工作包括审查成本的超出和实际支出偏低的情况,查明发生成本与计划成本的偏差幅度及其原因;审查发生的成本是否合理,有无因管理不善造成成本上升和乱摊成本的问题;审查成本控制方法、程序是否有效,是否有严密的规章制度;审查有无擅自改变项目范围;若存在成本失控问题,应查明原因,提出整改建议。审计的依据是成本报告、进度报告、质量报告。审查的结果是形成审计报告。

8.3.3 项目结束时的费用审计

这一阶段主要是进行项目成本审计,其做法是,对照项目预算审核实际成本的发生情况,看是超支还是节约。如果超支,要查明是因成本控制不利,还是因擅自扩大项目范围或乱摊成本所致;如果节约,则要查明是否缩小了项目范围或降低了实施标准。审计的依据是成本报告、度报告、质量报告。审查的结果是形成审计报告。

8.3.4 项目审计的生命周期

与项目本身相类似，审计工作也有自己的生命周期，其生命周期由一套秩序井然的程序构成。这一程序就是指审计部门对项目进行审计时，从开始到结束的全部过程以及其中采取的步骤。在实施审计之前要进行充分周密的准备，这是保证审计工作达到预期目的的前提。项目审计能否发挥应有效用以及效用的大小，在很大程度上取决于准备工作。

8.4 项目审计的内容

项目审计工作要对项目各个阶段、方方面面的工作进行深入系统的调查和监督。项目审计工作的内容主要有以下几方面：

(1) 检查审核项目的实施现状，是否按照项目计划完成工作。

(2) 检查审核项目建设活动是否符合相关规章制度的规定。

(3) 检查审核项目建设活动是否符合国家的政策、法律、法规和条例，有无违法乱纪、营私舞弊等现象。

(4) 检查审核项目建设活动是否合理。

(5) 检查审核建设项目的效益。在项目建设前期是指对投资效益进行审计；在项目建设期间则是指对有效利用资源进行审计。

(6) 检查和审核各类项目报告、会计记录和财务报表等反映项目建设和管理状况的资料是否真实和公允，有无弄虚作假或文过饰非的现象，有无只报喜不报忧的问题。

(7) 在检查审核项目建设和管理状况的基础上，提出改进建议，为企业决策者提供决策依据，促使项目组织改善管理工作。

(8) 项目审计的局限性。制约或影响本次项目审计工作的因素有哪些，如何消除。

以上8项任务都要在维护国家和企业的利益，将项目成功、顺利建成的前提之下完成。此外，项目实施阶段以前和以后的各项工作也是项目审计的工作内容。包括对项目可行性研究工作的审计，对项目计划的审计，对项目组织审计（指对项目组织形式、项目经理和项目成员进行的审查），对项目招投标工作的审计，对项目合同的审计，对项目竣工验收的审计，对项目建设经济效益的审计，对项目成员绩效的审计。

为了更好地配合审计组的工作，发挥审计工作的特殊职能，项目经理应该树立正确的态度，不应该将项目审计组置于同项目组织完全对立的一面，要消除抵触情绪,积极配合工作。项目经理应该准备好有关的项目资料,及时提交给审计人员。这些资料主要包括关于项目一般性描述的文件,有关项目环境的文件,项目组织机构和成员状况,项目的工作计划,项目目前状态报告,最近一次审查要求解决的问题,目前存在的问题和计划解决措施等。

8.4.1 工程项目竣工决算审计

对工程项目竣工决算审计的主要内容包括：

(1) 项目竣工决算报表及说明书是否真实、全面、合法。

(2) 项目建设成本的真实性、合法性。即工程量的计算是否真实,套项及价格是否正确,计取各项费用及执行文件、选用定额版本是否准确、各个地方合规定。

(3) 竣工决算的编制依据是否符合规定,资料是否齐全,手续是否完备,各项清理工作是否全面、彻底。

(4) 建设项目概(预)算最终执行情况如何；项目建设规模及总投资控制情况。

(5) 项目交付使用资产的真实性、合法性和完整性,交付资产是否及时办理财务入账手续,是否符合交付使用条件,移交手续是否齐全、符合规定,成本核算是否准确,有无挤占成本、提高造价、转移投资等问题。

(6) 转出投资、应核销投资、支出等收支依据是否充分,手续是否完备,内容是否真实,核算是否符合规定,有无虚列投资问题。

(7) 甩尾工程的未完工程量与所需投资计算是否准确、符合规定。

(8) 项目建设资金到位的情况和资金管理与使用的真实性、合法性；项目基建收入的来源、分配、上缴和留成使用的真实性、合法性。

(9) 项目投资包干指标完成的真实性和包干结余资金分配的真实性、合法性。项目结余资金情况包括银行存款、现金、其他货币资金是否真实、准确；库存物资实际存量是否真实,有无积压、隐瞒、转移、挪用等问题；往来款项是否真实、合法,有无转移、挪用建设资金和债权债务清理不及时等问题。

(10) 各种税费计缴的真实性、合法性。

(11) 需要审计的其他事项。

8.4.2 工程项目竣工财务决算报表审计

对工程项目竣工财务决算报表审计的主要内容包括：

(1) 审计竣工财务决算报表编制的真实性、完整性和合法性。竣工财务决算报表具体包括"国有建设单位决算报表"、"资金平衡表"、"基建投资表"、"待摊投资明细表"、"基建借款情况表"、"主要指标表"、"本年基建投资情况表"等报表。

(2) 审查竣工财务决算说明书的真实性、准确性及完整性。

8.5 有效进行工程项目审计

进行工程项目审计,首先要确立审计项目,然后组织实施。审计工作的目的是既要对工程项目和企业的会计报表、资产、负债及所有者权益整体状况的真实性和合理性进行审计,又要突出工程项目和企业的内部控制的重点;既要审查工程收入、支出、盈亏的真实性,又要使审计的实施过程能深入项目的各业绩环节,注重对经营管理业绩和经济效益的审查,进而提出改进项目管理的建议和措施。

实施工程项目审计时应注意两方面的工作。

(一)审计项目的选择

大型施工企业常年施工项目有近百个,就企业目前的审计力量而言,加大了审计风险和审计工作的难度。要对其进行逐一审计是不可能的,也没有必要,因此如何通过对有限工程项目的审计来最大限度地发挥项目审计的作用,这对审计项目和审计对象的选择提出了要求,在选择工程项目时可把握两个基本原则,即普遍性原则和重要性原则(见8.2节)。

(二)工程项目审计程序

工程项目审计实施过程就是实现项目审计目的的过程。这一过程具有一般审计项目共有的实施程序,即下达审计通知书,制定审计方案,组织实施审计,编写审计报告,交换审计意见等。严格按审计工作规范程序实施审计是控制审计质量和降低审计风险的必要保证,因此,工程项目审计实施时要充分考虑审计目的对方案的要求,在实施过程中有效地运用规范的审计程序去完成审计任务。

进行工程项目审计,要实现预期的审计目的,起到促进项目部加强管理、提高效益的作用,取得较好的审计成效,要注意以下几点:

(1)从亏损项目审计入手,是开展工程项目审计的有效途径。一般地讲,由于工程项目的亏损、成本控制不严、费用开支过大、管理不善等问题较容易暴露出来,也容易引起领导和职工的关注,从亏损项目着手进行审计能够使审计贴近企业经济生活的"热点"。开展工程项目审计应以真实性为基础,以检查内部控制为切入点,通过对被审计单位最容易出错的环节进行审计,能较好地抓住亏损的主要原因,对已发生的事实能够进行符合实际的客观评价;同时对症下药提出的审计意见,有较强针对性及较强的现实意义,能够产生较好的审计效应,增强企业各管理层对审计工作的认识和"加强管理、争创效益"的意识。

(2)工程项目审计要以成本费用为重要审计内容。在工程结算收入较为确定的情况下,项目经理部若控制住了工程成本,就是抓住了项目管理的核心。对于工程项目审计也是如此,工程项目的审查重点在于对工程项目施工组织,人、材、物的供应、机具的配置等进行分析，抓住影响效益的关键因素。

在进行成本费用审计时，一是要重点加强对分包工程的审计监督。就目前施工企业的现状来看，分包工程大量存在，而且有的项目分包工程所占比重较大，若监督不力，效益很容易因此流失。二是要加强对项目合同的审计，着重审查合同的签订、修改、变更制度是否健全，是否按授权范围及工作程序进行。三是要加强对人工、材料、机械等结算价格的审查，评价其价格信息制度是否完善，能否及时掌握市场价格变动情况。

(3) 工程项目审计要深入到影响项目业绩的环节。目前审计工作的重点放在内部控制制度上，主要采用符合性测试及实质性测试等方法检测企业及项目部的内部控制制度的完整性、合理性及有效性，但这种测试仅停留在企业内部控制的表面，没有深入到企业生产经营的业绩环节，忽略企业及项目部的经营风险。有一个好的项目，又有了一定的投入，并不一定就能产生好的效益。管理不善或资金使用不当，或施工组织不科学、机械设备及施工临时设施布局不合理，都可能影响这个项目效益的发挥。因此，工程项目审计就要查明被审项目的所耗和所得，并加以分析对比，评价其是否节约，是否有效利用人力、物力和财力，是否达到预定的目标和预期的效果，从中发现问题，提出提高经济效益的措施，促进项目部改善经营管理。

(4) 组织相关职能部门人员的联合审计组进行审计是工程项目审计的有效方式。目前内部审计人员结构、素质难以适应对工程项目全面审计，传统的财务收支审计只是项目审计的一部分，而对影响工程成本的施工组织方案、材料物资供应、施工机械的配置与调度、分包工程成本等重要因素的审计，没有相应的专业人员的参与很难达到一定的深度，使审计工作存在较大风险。有鉴于此，由工程技术、经营计划、机务物资及审计等部门具有适当学历和工作经验的专业人员组成联合审计组，是进行项目审计的内在需要，同时也是实施项目审计的有效方式。

(5) 进行项目审计要选择恰当的时机。项目审计的主要目的是促进项目部加强各项管理，促进提高工程项目的盈利水平。管理制度的实施及其改进的效果只有在实际执行后才能体现，工程利润只有通过组织施工，办理工程结算后才能实现，因此，施工过程的完结，结算（就分包工程而言）工作的办理，标志着项目管理的完成和工程利润的定型。项目审计时机的选择就是要充分考虑时间因素对审计效率的影响，以使审计建议、管理建议等有采纳的时间，所以选择工程项目期中和竣工前进行审计是较为恰当的。

(6) 工程项目审计风险的防范。工程项目的审计风险存在于工程项目收入的不确定性中。一般说来，施工的工程项目几乎不可能不修改设计方案，施工工程量也随之变动，增加了工程量确认的难度。业主经常要在工程竣工结算前办理概算调整，有时还要考虑多种因素才能最终确定，但施工单位实际费用已结算支付。工程价款收入的这种滞后性为工程项目审计留下了风险。

另外,近年来由于施工规模的扩展,工程量的增大,跨年度施工和分包工程也随之日益增多。由于资金等多种因素的影响,总承包方往往难以及时办理分包结算,这也为项目实际支出的不确定性留下伏笔,审计人如不注意防范,工程项目审计的事中审计风险就较大。如某工程公司某一工程项目,前两年度会计报表一直反映是盈余,后经审计才发现大额的分包工程款未结算完毕,分包工程量未做确认,而分包工程量已由监理签字验收,经审计调整后,最终出现了大额的亏损。如果忽视分包单位的工程结算审计,就会出现审计结论与客观事实相违背的结果,必然会导致审计失败,其后果较为严重。

工程项目审计是施工企业内部审计实现从以财务收支审计为主,向以经济效益审计为主转变的一种有效途径和方式,搞好工程项目审计是施工企业内部审计的一项基本功。当前建筑业全面推行"项目法"施工,对工程项目这种一次性的组织机构形式进行经济责任、成本、效益审计更显得十分必要和富有现实意义,工程项目审计在国有施工企业向现代企业制度迈进中,会对"项目法"施工的完善和发展起到极大的促进作用。

8.6 项目财务评价

经济评价是项目可行性研究工作的重要组成部分,也是投资者最关心的内容。经济评价的内容、深度和侧重点在可行性研究工作的不同阶段有不同的要求。

在机会研究阶段,一般是投资者根据直觉、经验或根据粗略的估计来判断这个项目是否会盈利,是否会有前途。

在初步可行性研究阶段,其重点是围绕项目立项建设的必要性和可能性,分析论证项目的经济条件及经济状况,采用的基础数据、评价指标和经济参数可适当简化。而可行性研究报告中的经济评价工作,必须按国家规定的要求对项目建设的必要性和可行性做出全面、详细完整的评价。

关于建设项目的经济评价,前国家计委和建设部制定了统一的要求。其他项目的评价方法与参数目前还没有统一规定,一般参照建设项目的经济评价进行。

经济评价的要求主要包括以下几个方面:

(1)项目经济评价应遵循效益与费用计算口径一致的原则。

(2)项目经济评价以动态分析为主,静态分析为辅。动态分析即要考虑资金的时间价值,将不同时期的资金流入和流出折算到同一时点进行比较,使评价更加合理。

(3)财务评价的主要参数,如基准收益率,基准投资回收期等由行业测定;国民经济评价的重要参数,如社会折现率等由国家有关部门测定发布。

(4)要求对全寿命周期进行评价。传统的评价,往往只重视建设期投资的多少,而忽视竣工交付以后生产成本的高低、流动资金的占用,现代项目的经济评价强调对全寿命周期进行分析,计算期应包括建设期和生产期。

项目的经济评价包括财务评价和国民经济评价两部分内容。本节我们着重介绍项目财务评价的具体内容和方法,关于国民经济评价的内容将在8.7节中介绍。

项目财务评价是根据国家现行财税制度和价格体系,从项目或企业的微观角度,分析计算项目直接发生的财务效益和费用,编制财务报表,计算评价指标,考察项目的盈利能力、清偿能力以及外汇平衡等财务状况,据以判别项目的财务可行性。

8.6.1 财务预测

(一)财务预测的概念

预测是进行科学决策的前提,它是根据所研究现象的过去信息,结合该现象的一些影响因素,运用科学的方法,预测现象将来的发展趋势,是人们认识世界的重要途径。

所谓财务预测,就是财务工作者根据企业过去一段时期财务活动的资料,结合企业现在面临和即将面临的各种变化因素,运用数理统计方法以及结合主观判断,来预测企业未来财务状况。进行财务预测需要明确以下几点:首先是明确预测对象。预测对象不同,对预测资料的搜集、预测模型的建立、预测方法的选择也会不同。其次是搜集相关资料。即根据确定的预测对象,有针对性地广泛搜集内外部与之相关的资料。根据这些资料,建立合理的财务预测的假设条件。最后是建立预测模型,即根据影响预测对象的各因素之间的相互关系以及前一步所作出的假设条件,建立相应的预测模型。

(二)财务预测的作用

现代企业面临复杂多变的客观经济环境,经济效益的高低、财务状况的优劣又关系着企业的兴衰成败,作为企业经营预测的组成部分的财务预测,便越来越显示其重要的作用。具体而言,财务预测的作用表现在以下几个方面。

(1)财务预测是企业进行经营决策的重要依据。企业所处的大的经济环境以及所在行业的商场状况是不断变化的,了解大的经济环境及所在行业的现状和发展前景,并综合企业自身可以运用的人财物等资源,针对复杂多变的内外条件,运用合理、科学的财务预测,从备选方案中选择最佳方案,可以使企业规避风险,减少不必要的损失。因此,财务人员的财务预测结果是公司管理层作出经营决策的重要依据。

(2) 财务预测为各项措施提供预测效果,为计划管理提供可靠信息。企业的生产经营和资金使用安排都需要很好地计划,以确保公司的经济效益及经营目标的实现。公司进行生产订货安排及资金的筹集和使用安排,都需要通过财务预测来确定未来生产及资金使用模型,使得公司的运转按照预定的方向发展。

(3) 财务预测可以配合变化的环境预测不同的发展结果。由于企业所处的环境的变化,财务预测可以通过不断修正其预测假定条件及影响因素,针对不同环境预测出不同的结果,企业管理层可以根据预测出的不同结果了解经营目标实现的可能性。

8.6.2 基本数据预测

财务评价只考虑项目的直接效益与直接费用。以新建工业项目为例,项目的直接效益表现为生产经营的产品销售(营业)收入。项目的直接费用主要表现为总投资、经营成本和税金。相关的计算方法我们在前面已经详细介绍过,这里着重介绍项目财务评价所涉及的内容和相关计算方法的选择。

(一) 销售收入

$$销售收入 = 销售量 \times 产品单价$$

计算销售收入时,假定生产出来的产品全部售出,即销售量=生产量,则生产量可根据项目的生产规模来确定。销售价格一般采用出厂价格,也可根据需要采用送达用户的价格或离岸价格。

$$年销售收入 = 项目设计生产能力 \times 生产能力利用率 \times 产品单价$$

(二) 总投资

1. 固定资产投资

(1) 工程费用:建筑工程费、设备购置费、安装工程费等。

(2) 其他费用(土地征用费,与建筑安装设备购置无关但又必须支出的费用)。

(3) 预备费:基本预备费(不可预见费)和涨价预备费。

在初步可行性研究阶段,可根据同类企业的情况,采用指数估算法;在可行性研究阶段,应分项详细估算,编制固定资产投资估算表。

2. 建设期借款利息

建设期间没有盈利,建设期利息可转入本金,在生产期间支付,每年的支付数额依偿还能力而定,如偿还能力尚不足付息,可将欠息部分转入下年年初借款与利息累计。

在财务评价中,凡国内外借款,无论实际上如何计息,一律简化为按年计息,即将名义利率换算为有效年利率,即

$$\text{有效年利率} = \left(1 + \frac{r}{m}\right)^m - 1$$

式中　r——各义年利率；

　　　m——每年计息次数。

3. 流动资金

金流动资金是指维持生产所占用的全部周转资金。流动资金由生产领域和流动领域的流动资金构成。生产领域的流动资金包括储备资金（原材料及主要材料、辅助材料、低值易耗品、修理用备件、包装物）和生产资金（在制品、自制半成品、待摊及预期费用）。流动领域的流动资金包括成品资金（库存成品、待售半成品）、结算资金（发出商品、应收及预付款）和货币资金（银行存款、库存现金）。

在初步可行性研究阶段，估算流动资金可以按销售收入的一定比例估算，通常取25%；或者按固定资产投资的一定比例估算，一般按10%～20%；还可以参照同类企业，按单位产量占用流动资金的比率来确定。

在可行性研究阶段，进行流动资金估算时，就要分项详细估算，并编制流动资金估算表。

（三）经营成本

(1) 总成本费用。总成本费用是指项目在一定时期内（一般为一年）为生产和销售产品而花费的成本的费用，包括生产成本、管理费用、财务费用和销售费用等。

(2) 经营成本。经营成本 = 总成本 - 折旧费 - 摊销费 - 借款利息。

(3) 固定成本与可变成本。

（四）税金

税收是国家凭借政治权力参与国民收入分配和再分配的一种方式，具有强制性的特点。税收不仅对国家建设积累资金起到重要作用，而且又是调节经济活动的重要杠杆。

8.6.3　编制财务评价的基本报表

根据上一步的分析、估算，可着手编制项目的财务报表，包括基本报表和辅助报表。为分析项目的盈利能力需要编制的主要报表包括现金流量表、损益表及相应的辅助报表；为分析项目的清偿能力需要编制的主要报表有资金来源与运用表、资产负债表及相应的辅助报表；对于涉及外贸、外资及影响外汇流量的项目，为考虑项目的外汇平衡情况，尚需编制项目的财务外汇平衡表等。

8.6.4　财务分析

所谓财务分析就是利用一些财务数据进行分析。

(一)财务分析的概念

目前学术界关于财务分析的定义不止一种。有人认为,财务分析的本质在于搜集与决策有关的各种财务信息,并加以分析与解释的一种技术。也有观点说,财务分析是一种判断的过程,旨在评估企业现在或过去的财务状况及经营成果,其主要目的在于对企业未来的状况及经营业绩进行最佳预测。也有人认为,财务分析以审慎选择财务信息为起点,作为探讨的根据;以分析信息为重心,以揭示其相关性;以研究信息的相关性为手段,以评核其结果。

这里,我们采用较为普遍认同的一种定义:财务分析是以财务报表和其他资料为依据和起点,采用专门方法,对企业的经营成果、财务状况及其变动进行系统分析和评价,反映企业在运营过程中的利弊得失、发展趋势,从而为改进企业财务管理工作和优化经济决策提供重要的财务信息。

(二)财务分析的目的

财务分析的目的,随分析主体的不同而不同。财务分析的主体,包括投资者、债权人、管理人员、政府机构及其他与企业有利益关系的人士。他们出于不同目的使用财务报表,需要不同的信息,采用不同的分析程序。

(1)投资者。投资者作为企业的产权所有人,不直接参与企业的经营管理,但会关心其资本的保值和增值状况,分析企业的资产和盈利能力及利润分配政策;同时,投资者向企业提供的是没有期限的永久性资本,而不是短期资本。因此,他们主要关注的是企业的获利能力、长期发展的可能性、偿债能力及分配政策。

(2)债权人。债权人是指借款给企业并得到企业还款承诺的人。债权人不能参与企业剩余收益的分配,这就决定了他最关心企业是否具有偿还债务的能力。因此,分析企业偿还债务的能力、支付利息的能力以及提供资金有无重大风险等,是债权人分析的重点。经理人员是指被所有者聘用的、对公司资产和负债进行管理的个人组成的团体,有时称之为"管理当局"。

(3)管理人员。管理人员肩负"受托责任",为了履行和完成这个责任,他们需要对公司的财务状况、盈利能力和持续发展的能力进行全方位的分析。管理人员可以获取外部使用人无法得到的内部信息,他们分析报表的主要目的是改善报表。

(三)财务分析的内容

不同的会计信息使用者在进行财务分析时有不同的重点,也有共同的要求。企业财务分析的基本内容,主要包括以下几个方面。

(1)企业偿债能力。企业偿还短期债务和长期债务的能力强弱,是企业经济实力和财务状况的重要体现,也是衡量企业是否稳健经营、财务风险大小的尺度。对企业偿债能力进行的分析,不仅可以反映企业利用财务杠杆的水平,观察企业资产负债比例是否适度,促进企业合理负债,保持适度的资产负债比例结构,而且可以确定企业的资信情况。

(2) 企业资产营运水平。资产营运情况是反映企业资产管理水平和使用效率的一个重要内容。资产营运管理的主要目的是加快资产的周转速度,谋求等量资产创造更多的收益。分析企业的资产营运情况,可以促进企业加强资产管理,提高资产使用效率,增加盈利能力。分析企业的资产营运水平,主要包括分析企业的总资产、流动资产的周转情况,同时对企业存货、应收账款及固定资产使用等影响企业资金周转的重要因素作进一步的深入分析。

(3) 企业获利能力。获利能力反映企业的综合素质。企业的所有者或投资者关心的是资本能否保值增值,能否给其带来预期的回报;而债权人关心的是借出资本的安全,但债权安全也要以企业良好的经营效益作为保障。对企业获利能力的分析,不能仅看其获取利润的绝对数,还应分析其相对指标。

(4) 企业发展能力。企业的发展能力,也称企业的成长性,是企业通过自身的生产经营活动,不断扩大积累而形成的发展潜能。企业能否健康持续地发展取决于多种因素,包括外部经营环境、企业内在素质及资源条件等。影响企业价值增长的因素主要包括销售收入、资产规模、净资产规模、资产使用效率、净利润等。

8.6.5 财务指标的分析

财务指标是利用会计报表数据计算的比率。不同的财务指标能够从不同的角度反映企业某一方面的财务特征,对于直观地了解和评价企业的财务状况和经营成果有着极其重要的作用。由于财务指标摆脱了会计报表具体数据的影响,一方面使不同企业之间的对比分析成为现实;另一方面有助于更多的人了解有关企业财务的基本情况。因此,财务指标的计算与分析是整个财务分析不可或缺的重要一环。财务指标主要包括偿债能力指标、资产管理能力指标和盈利能力指标,分别反映企业的偿债能力、资产管理能力和盈利能力。

(一) 偿债能力指标与偿债能力分析

偿债能力是指企业偿还各种债务的能力。对企业来说,偿债能力至关重要,如果企业因偿债能力低下而不能及时清偿到期债务,有可能影响企业的生存。因此,为了生存与发展,企业必须保持良好的偿债能力。

偿债能力分析就是采用一定的方法对企业的偿债能力作出评价。除了通过资产负债表直接进行分析外,最常用的方法是通过计算一系列偿债能力指标进行分析。

现将常用的偿债能力指标分述如下。

1. 资产负债率

资产负债率是企业负债总额与资产总额的比率,也称为负债比率或举债经营

比率。其计算公式为

$$资产负债率 = \frac{负债总额}{资产总额}$$

从形式上看,该指标反映了在某一特定时点上企业的全部资产中有多少资产是通过负债方式取得的,但从本质上看,它反映了在某一特定时点上企业有多少资产可用于清偿全部债务。因为当企业的全部债务同时需要清偿的时候,企业必须将全部资产首先用于清偿全部债务,清偿完毕后如果还有省剩余资产,才能向股权投资者分配。由此可见,资产负债率实际上体现了企业的总体偿债能力。一般来说,该指标越低,总体偿债能力越强;反之,越弱。

关于资产负债率的评价,站在不同的角度,能够得出不同的结论。

企业的债权人希望资产负债率越低越好。资产负债率低,表明企业的资产主要是依靠股东提供的权益资金形成的,债权人投入的资金不多,权益资金对债务资金的保障程度高,万一企业经营失败,企业的全部资产足以清偿全部债务,债务资金的安全性高;反过来,如果资产负债率高,表明企业的资产主要是依靠债权人提供的债权资金形成的,万一企业经营失败,企业的全部资产可能不足以清偿全部债务,必然给债权人造成损失。

企业的股东希望资产负债率越高越好。资产负债率高,表明企业的资产主要是依靠债权人提供的债权资金形成的,股东投入的资金不多,企业如果经营成功,只需向债权人支付一定的利息,而全部净利润均归股东所有,使股东获得巨大的财务杠杆收益;如果经营失败,股东蒙受的最大损失不过是投资而已,至于企业的全部资产能否清偿全部债务,是否会给债权人造成损失,就与股东无关了。

企业的经营者对资产负债率的态度取决于多种因素,包括筹资需求、股东压力、盈利水平、资产管理水平和经营前景等。例如,需要进行债务筹资时,希望资产负债率低一些,以便债权人能够承受;受到股东压力时,希望资产负债率高一些,以便充分利用债务资金的杠杆作用。

2. 产权比率

产权比率是指负债总额与所有者权益总额的比率。它反映债权人提供的资本与股东提供的资本的相对关系,即在企业清算时债权人权益的保障程度,反映企业基本财务结构是否稳定。这一比率越低,说明企业长期偿债能力越强。由于股东权益 = 资产总额—负债总额,所以,产权比率可以认为是资产负债率的另一种形式,其计算公式为

$$产权比率 = 负债总额/所有者权益总额$$

产权比率与资产负债率对评价公司偿债能力的作用基本相同,主要区别是:资产负债率侧重于分析债务偿付安全性的物质保障程度,产权比率则侧重于揭示财务结构的稳健程度以及主权资本对偿债风险的承受能力。

为了对企业偿债能力的变动趋势有一个更加确切的把握,可以对上述各项偿债能力指标连续若干期进行考察,如计算各项指标的增长率等。此外,还可以通过计算现值指数的方法对其长期偿债能力进行估测。因为从长期的意义上讲,只要未来现金有效流入量大于现金流出(其中包括各种债务支付)必要量,就有理由判定公司具备良好的债务偿付能力。

3. 流动比率

在全部负债中,真正能够给企业形成偿债压力的负债是一年内需要清偿的流动负债,而可用于清偿流动负债的资产主要是能够在一年内变现的流动资产。反映企业在某一特定时点上以流动资产清偿流动负债的短期能力的指标叫做流动比率,其计算公式为

$$流动比率 = 流动资产/流动负债$$

一般来说,该指标越高,短期偿债能力越强;反之,越弱。需要说明的是,流动资产主要是企业为了从事生产经营活动购买材料和商品、支付工资和费用等预备的,而不是专门为了清偿流动负债而准备的。如果以流动资产清偿流动负债后所剩无几,必然影响企业正常的生产经营活动,因此,为了给企业的生产经营活动准备必要的流动资金,一般要求流动比率必须大于1。比如,制造业一般要求最低的流动比率为2,理由是在制造业的流动资产中变现能力最差的存货约占整个流动资产的一半,存货以外的流动性较大的流动资产至少要等于流动负债,才能维持最低的短期偿债能力。但这个观点无法从理论上予以证明。

4. 速动比率

流动比率所反映的是全部流动资产对全部流动负债的清偿能力。由于存货和待摊费用等流动资产短期内难以变现甚至不能变现,从而使得流动比率所反映的短期偿债能力有可能被夸大。为此,需从全部流动资产中剔除存货和待摊费用等项目,重新计算反映短期偿债能力的指标。由于流动资产剔除存货和待摊费用等项目后的余额叫做速动资产,因而速动资产与流动负债的比率就叫做速动比率,其计算公式为

$$速动比率 = 速动资产/流动负债$$

该指标越高,短期偿债能力越强;反之,超弱。

一般要求最低的速动比率为1,小于1则短期偿债能力偏低。与流动比率一样,这个结论无法从理论上予以证明。

需要说明的是,偿债能力指标的高低,只能在一定程度上反映企业清偿债务的可能性大小,并不能说明企业实际能否清偿到期债务。企业能否及时清偿到期债务,关键取决于企业对即将到期债务的监控力度和现金调度能力。

(二)资产管理能力指标与资产管理能力分析

企业筹措的资金,最初主要表现为现金,在生产经营活动中,不断地变换表现形态,但最终还要回到现金的表现形态,这就是资金的运动过程,它既是现金的回收过程,又是利润的创造过程。作为前者,它影响着企业的偿债能力;作为后者,它影响着企业的盈利能力。资金运动速度的快慢,取决于企业管理资产能力的高低。为了考察这种能力,需要计算能够反映各类资产变现速度的指标,这类指标一般叫做资产管理能力指标。

现将常用的资产管理能力指标分述如下。

1. **总资产周转次数和总资产周转天数**

总资产的周转速度能够反映企业管理全部资产的总体水平,以通过总资产周转次数和总资产周转天数来反映。

总资产周转次数的一般计算公式为

$$总资产周转次数 = \frac{销售收净额}{总资产平均余额}$$

上式中,销售收入净额应当是主营业务收入净额与其他业务收入净额之和,如果有关其他业务收入净额的资料难以获取或其金额很小,可以忽略不计。总资产平均余额一般取年初资产总额与年末资产总额之和的一半。

总资产周转次数表明平均每1元资产本年度周转了多少次,形成了多少元的销售收入。该指标越大,说明企业对全部资产的利用程度越高,资产总体变现速度越快,企业总体资产管理能力越强;反之,说明企业对全部资产的利用程度越低,资产总体变现速度越慢,企业总体资产管理能力越低。

总资产周转天数是根据总资产周转次数计算的,一般计算公式为

$$总资产周转天数 = \frac{360}{总资产周转次数}$$

总资产周转天数表明全部资产每周转一次需要多少天,即从投入现金开始直到重新收回现金总共需要的天数。该指标着重反映了总资产的变现速度,进而反映了企业的资产管理能力。总资产周转天数越短,说明资产总体变现速度越快,企业总体资产管理能力越强;反之,说明资产总体变现速度越慢,企业总体资产管理能力越低。

2. **应收账款周转次数和应收账款周转天数**

企业的流动资产由多项具体资产构成,其周转速度是各项具体资产周转速度的综合结果。由于在流动资产中应收账款占有较大比重,其周转速度对流动资产周转速度有着重要影响,因此需要单独考察应收账款的周转速度。

应收账款的周转速度能够反映企业应收账款的管理水平。应收账款的周转速度可以通过应收账款周转次数和应收账款周转天数来反映。

应收账款周转次数的一般计算公式为

$$应收账款周转次数 = \frac{赊销收净额}{应收账款平均余额}$$

上式中,赊销收入净额应当是主营业务赊销收入净额与其他业务赊销收入净额之和。如果有关其他业务赊销收入净额的资料难以获取或其金额很小,可以忽略不计;在无法取得有关赊销收入净额资料的情况下,一般采用销售收入净额替代。应收账款平均余额一般取年初应收账款余额与年末应收账款余额之和的一半。

应收账款周转次数表明平均每1元应收账款本年度周转了多少次,形成了多少元的赊销收入。该指标越大,说明企业对应收账款所占用资金的利用程度越高,应收账款回收速度越快,企业的应收账款管理能力越强;反之,说明企业对应收账款所占用资金的利用程度越低,应收账款回收速度越慢,企业的应收账款管理能力越低。

应收账款周转天数是根据应收账款周转次数计算的,一般计算公式为

$$应收账款周转天数 = \frac{360}{应收账款周转次数}$$

应收账款周转天数表明应收账款每周转一次需要多少天,即从应收账款形成开始直到收回现金总共需要的天数。该指标着重反映应收账款的回收速度,进而反映企业的应收账款管理能力。应收账款周转天数越短,说明应收账款回收速度越快,企业的应收账款管理能力越强;反之,说明应收账款回收速度越慢,企业的应收账款管理能力越低。

3. 存货周转次数和存货周转天数

存货在流动资产中同样占有较大比重,因此也需要单独考察其周转速度。存货的周转速度能够反映企业对存货的管理水平。存货的周转速度可以通过存货周转次数和存货周转天数来反映。

存货周转次数的一般计算公式为

$$存货周转次数 = \frac{销售成本}{存货平均余额}$$

上式中,销售成本应当是主营业务销售成本与其他业务销售成本之和。如果有关其他业务销售成本的资料难以获取或其金额很小,可以忽略不计。存货平均余额一般取年初存货余额与年末存货余额之和的一半。

存货周转次数表明平均每1元存货本年度周转了多少次,形成了多少元的销售成本。该指标越大,说明企业对存货所占用资金的利用程度越高,存货变现速度越快,企业的存货管理能力越强;反之,说明企业对存货所占用资金的利用程度越低,存货变现速度越慢,企业的存货管理能力越低。

存货周转天数是根据存货周转次数计算的,一般计算公式为

$$存货周转天数 = \frac{360}{存货周转次数}$$

存货周转天数表明存货每周转一次需要多少天,即从购买存货开始直到收回现金总共需要的天数。该指标着重反映存货的变现速度,进而反映企业的存货管理能力。存货周转天数越短,说明存货变现速度越快,企业的存货管理能力越强;反之,说明存货变现速度越慢,企业的存货管理能力越低。

(三)盈利能力指标与盈利能力分析

盈利是企业发展的经济基础,更是偿债能力形成的经济基础,为此需要对企业的盈利能力进行分析。反映企业盈利能力的指标叫做盈利能力指标。

现将常用的盈利能力指标分述如下。

1. 总资产净利率

企业要获利,必然要投入的总资产就是企业在生产经营过程中投入的全部经济资源,而净利润则是企业运用全部资产所获得的最终回报。因此,可以通过总资产净利率反映企业投入资产的总体盈利能力,其计算公式为

$$总资产净利率 = \frac{净利润}{总资产平均余额}$$

总资产净利率表明企业每占用 1 元的资产平均能获得多少元的净利润。该指标越大,表明总资产的利用效果越好,企业的盈利能力越强;反之,表明总资产的利用效果越差,企业的盈利能力越弱。

(2)营业净利率

企业取得的营业收入与其他收益一起,抵补全部成本、费用、支出和损失后,形成企业全部经营活动的最终成果——净利润。尽管营业收入不是净利润形成的唯一途径,但在多数情况下却是主要途径。为了考察营业收入获取净利润的综合盈利能力,需要计算营业净利率,其计算公式为

$$营业净利率 = \frac{净利润}{营业收入}$$

营业净利率表明企业每取得 1 元的营业收入平均能获得多少元的净利润。该指标越大,说明企业的综合盈利能力越强;反之,该指标越小,说明企业的综合盈利能力越弱。

3. 权益净利率

所有者权益是股东的全部投资,包括直接投入的资金和以利润积累的方式间接投入的资金。净利润是企业运用股东的全部投资获得的最终回报。为了考察股东全部投资的盈利能力,需要计算权益净利率,其计算公式为

$$权益净利率 = \frac{净利润}{所有者权益平均余额}$$

上式中，所有者权益平均余额一般取年初所有者权益余额与年末所有者权益余额之和的一半。

权益净利率表明企业每使用1元的股东全部投资能够获取多少元的净利润。它一方面反映股东全部投资所获得的回报水平，另一方面反映企业对股东全部投资的利用效果，反映企业使用股东全部投资的盈利能力。该指标越大，表明股东全部投资获得的回报水平越高，企业对股东全部投资的利用效果越大，企业使用股东全部投资的盈利能力越强；反之，表明股东全部投资获得的回报水平越低，企业对股东全部投资的利用效果越小，企业使用股东全部投资的盈利能力越弱。

8.6.6 项目财务评价的作用

项目的财务评价无论实际对项目投资主体，还是对为项目建设和生产经营提供资金的其他机构或个人，均具有十分重要的作用。

(1) 为项目指定适宜的资金规划，确定项目实施所需资金的数额。根据资金的可能来源及资金的使用效益，安排恰当的用款计划及选择适宜的筹资方案，是财务评价要解决的问题。项目资金的提供者们据此安排各自的出资计划，以保证项目所需资金能及时到位。

(2) 考察项目的财务盈利能力。项目的财务盈利水平如何，能否达到国家规定的基准收益率，项目投资的主题能否取得预期的投资效益，项目的清偿能力如何，是否低于国家规定的投资回收期，项目债权人权益是否有保障等，是项目投资主体、债权人以及国家、地方各级决策部门、财政部门共同关心的问题。因此，一个项目是否值得兴建，首先要考察项目的财务盈利能力等各项经济指标，进行财务评价。

(3) 为协调企业利益和国家利益提供依据。有些投资项目是国计民生所急需的，其国民经济评价结论好，但财务评价不可行。为了使这些项目具有财务生存能力，国家需要用经济手段予以调节。财务评价可以通过考察有关经济参数（如价格、税收、利率等）变动对分析结果的影响，寻找经济调节的方式和幅度，使企业利益和国家利益趋于一致。

8.7　国民经济评价

8.7.1 国民经济评价的含义

国民经济评价也称经济评价，是按照资源合理配置的原则，从国家整体角度考虑项目的效益和费用，用影子价格、影子汇率、社会贴现率、贸易费用率和通用参数等经济参数,分析计算项目对国民经济的净贡献,评价项目的经济合理性。国民经济评价是与财务评价方法相对照的评价方法,是进行大型项目或公共工程项目决策的重要依据。

8.7.2 与财务评价的比较

对大型投资项目进行国民经济评价,与财务评价既有相同之处,又有明显区别,二者的相同之处是:

(1) 评价目的类同,都是为寻求最有利的投资项目或方案。

(2) 评价基础相同,都是在完成项目产品市场分析、方案构造、投资估算及资金筹措等的基础上进行。

(3) 基本分析方法和主要评价指标类同,都是以现金流量分析(国民经济评价中称费用效益流量分析)为主要方法,通过编制基本报表计算内部收益率、净现值等主要评价指标。

两者的区别主要有:

(1) 评价的角度不同。财务评价是从项目本身微观角度进行分析评价,侧重于直接效益和费用,即财务报表中的货币流入和流出。国民经济评价是从全社会宏观角度,评价项目需要国家付出的代价和项目对国民经济的影响,既要考察项目的直接费用和效益,又要考察间接费用和效益。

(2) 费用、效益的含义及划分范围不同。财务评价根据项目的直接财务收支计算项目的费用和效益,国民经济评价则根据项目实际耗费的有用资源及向社会提供的有用产品(服务)来考虑项目的费用和效益。

(3) 费用、效益的计算价格不同。财务评价采用实际可能的财务价格来计算项目的费用和效益,国民经济评价则采用能够反映资源真实经济价值的影子价格来计量项目的费用和效益。

(4) 评价的判据不同。财务评价的主要判据是行业基准收益率或设定的折现率,国民经济评价的主要判据则是社会折现率。

(5) 主要参数不同。财务评价时一般采用行业基准收益率。国民经济评价要采用国家确定的社会折现率。当涉及外汇对人民币的折算时,财务评价采用的是官方汇率,而国民经济评价采用的是影子汇率。

(6) 评价采用的价格不同。财务评价采用现行价格,国民经济评价采用影子价格。

8.7.3 财务评价与国民经济评价结论的最终处理

对大多数建设项目而言,一般是先进行财务评价,然后进行国民经济评价。对投资规模小、产出效益简单的小项目,一般可只进行财务评价而不进行国民经济评价。对涉及面广、影响深远的国家重点项目,一般是先做国民经济评价,后做财务评价。

由于财务评价与国民经济效益费用的计算范围不同、重要参数不同,因此结果可能有所不同,当二者结果发生矛盾时,应以国民经济评价结论为准。

国民经济评价、财务评价都可行的,项目可行。

国民经济评价、财务评价都不可行的,项目不可行。

国民经济评价不可行,财务评价可行的,项目不可行。

国民经济评价可行,财务评价不可行的,项目可行,但可向主管部门提出采取相应的优惠政策,使项目具有财务生存能力。

8.7.4 影子价格

(一)影子价格的含义

影子价格是国民经济中所采用的货物的价格,它反映社会对项目投入物与产出物真实价值的度量。某种资源的影子价格实质上是这种资源在最优利用状况下单位效益的增量价值。在国民经济评价中使用影子价格,是为了消除价格扭曲对投资项目决策的影响,合理度量资源、货物与服务的经济价值。在进行财务评价时,所采用的价格是现行市场价,而市场上的价格,有时会严重背离货物的真实价值,所以为了能够真实地反映一个项目需要国家的投入和为国家的贡献,在国民经济评价中要对价格进行调整,采用能真实反映货物价值的影子价格。

影子价格的含义是科学的,但要确定每种货物的真实价值却是很困难的,它取决于一定社会折现率条件下国内生产价格体系、国际市场价格、货物稀缺程度或供求关系以及国家税收等因素,通常由国家组织有关人员对重要货物的影子价格进行测算,其他货物的影子价格按规定的方法对财务评价所采用的价格进行必要的调整。

(二)影子价格的确定方法

确定项目投入物和产出物的影子价格,首先要将它们划分为:

(1)外贸货物(直接出口间接出口或直接进口间接进口)。

(2)非外贸货物(不能出口也不允许进入)。

(3)特殊投入物(劳动力、土地)。

然后,根据不同类型的货物分别确定。

8.7.5 国民经济评价中的费用和效益

(一)项目的效益

项目的效益是指项目对国民经济所做的贡献。项目效益包括直接效益和间接效益。

1. 直接效益。

直接效益是指由项目产出物产生并在项目范围内计算的经济效益。表现在：

(1)增加该产出物数量满足国内需求的效益。

(2)替代其他相同或类似企业的产出物,使被替代企业减产以减少国家有用资源耗费的效益。

(3)增加出口(或减少进口)所增收(或节支)的国家外汇等。

2. 间接效益

间接效益是指由项目引起而在直接效益中未得到反映的那部分效益。表现在：

(1)企业的辐射效益。

(2)拟建项目为就业提供的直接就业机会或间接就业机会。

(3)技术扩散的效益。

(二)项目的费用

项目的费用是指国民经济为项目所付出的代价,包括直接费用和间接费用。

1. 直接费用。

直接费用是指项目使用投入物所产生并在项目范围内计算的经济费用。表现为：

(1)其他部门为供应项目投入物而扩大生产规模所耗用的资源费用。

(2)减少对其他项目投入物供应而放弃的效益。

(3)增加进口(减少出口)所耗用(或减收)的外汇。

2. 间接费用。 间接费用是指由项目引起而在项目的直接费用中未得到反映的那部分费用。如工业项目的废水、废气和废渣引起的环境污染。

对间接效益和间接费用能定量的要做定量分析,计入项目的效益和费用。不能定量的应做定性描述。

8.7.6 国民经济评价的程序

进行国民经济评价,大致可按以下几个步骤进行。

(1)根据国民经济评价指标所要求的基础数据,列出需进行调查和调整的内容。

(2)针对需调查和调整的内容,逐项确定其影子价格。

(3)将影子价格引入后测算出项目的费用和效益。

(4)计算国民经济评价的费用、效益、各项评价指标及现金流量表,包括静态指标和运用资金时间价值计算的动态指标。

(5)选定评价基准。
(6)评价、决策。

一般项目应先进行财务评价,然后进行国民经济评价,在进行国民经济评价时,应当剔除在财务评价中已计算为效益或费用的转移支付,增加财务评价中未反映的间接效益和间接费用。用影子价格、影子工资、影子汇率和土地影子费用等代替财务价格及费用,对销售收入、固定资产投资、流动资金、经营成本等进行调整,并以此计算项目的国民经济评价指标。

8.7.7 国民经济评价的指标计算

(一)国民经济盈利能力分析

1. 经济内部收益率(EIRR)

经济内部收益率是反映项目对国民经济净贡献的相对指标。它是项目在计算期内各年经济净效益流量的现值累计等于零时的折现率,其表达式为

$$\sum_{t=1}^{n}(B-C)_t(1+EIRR)^{-t} = 0$$

式中 B——效益流入量;

C——费用流出量;

$(B-C)_t$——第 t 年的净效益流量。

当 $EIRR \geq i(s)$ 时,项目可行;$EIRR \leq i(s)$ 时,项目不可行。

$i(s)$ 称为社会折现率,反映国家对资金时间价值的度量,由国家统一测定发布。目前 $i(s) = 12\%$。

当经济内部收益率大于或等于社会折现率时,项目可以考虑接受。

2. 经济净现值(ENPV)

经济净现值是反映项目对国民经济净贡献的绝对指标。它是指用社会折现率将项目计算期内各年的净效益流量折算到建设期初的现值之和,其表达式为

$$ENPV = \sum_{t=1}^{n}(B-C)(1+i_s)^{-t}$$

当经济净现值大于等于零时,项目可以考虑接受。

(二)外汇效果分析

涉及产品出口创汇及替代进口节汇的项目,应进行外汇效果分析,计算经济外汇净现值、经济换汇成本和经济节汇成本。

1. 经济外汇净现值($ENPV_f$)

经济外汇净现值($ENPV_f$)是反映项目实施后对国家外汇收支直接或间接影响的指标,用以衡量项目对国家外汇真正的净贡献或净消耗,其表达式为

$$ENPV_f = \sum_{t=1}^{n} (FI - FO)_t (1 + i_t)^{-t}$$

式中　FI——外汇流入量；

　　　FO——外汇流出量。

2. 经济换汇成本

经济换汇成本即换取 1 美元外汇所需的人民币金额，其表达式为

$$经济换汇成本 = \frac{\sum_{t=1}^{n} = DR'_t (1 + i_s)^{-t}}{\sum_{t=1}^{n} (FI' - FO')_t (1 + i_s)^{-t}}$$

式中　DR'_t——项目在第年为出口产品投入的国内资源；

　　　FI'——生产出口产品的外汇流入；

　　　FO'——生产出口产品的外汇流出。

3. 经济节汇成本

经济节汇成本即节约 1 美元外汇所需的人民币金额，其表达式为

$$经济节汇成本 = \frac{\sum_{t=1}^{n} = DR''_t (1 + i_s)^{-t}}{\sum_{t=1}^{n} (FI'' - FO'')_t (1 + i_s)^{-t}}$$

式中：DR''_t——项目在第 t 年为生产替代进口产品投入的国内资源；

　　　FI''——生产替代进口产品的外汇流入；

　　　FO''——生产替代进口产品的外汇流出。

当经济换汇成本或经济节汇成本小于或等于影子汇率时，表明该项目产品出口或替代进口是有利的。

我们这里介绍的是通用的方法，不同的项目由于内容不同、特点不同，在具体评价过程中会有所不同，但原理、方法、指标计算方式都是一样的，只是效益费用所含的具体项目不同。另外，对技术改造项目而言的评价，要采用有无对比的方法，现金流量表应是有这个项目和没有这个项目各年净现金流量之差的流量表，费用中还应包括进行技改造成停产等的损失。

本章小结

项目审计是整个项目管理系统的一个组成部分。它是指国家或企业的审计机构依据国家的法令和财务制度以及企业的经营方针、管理标准和规章制度，对项目的全部或部分建设活动用科学的方法和程序进行审核检查，判定其是否合法、合理和有效，借以发现错误、纠正弊端、防止舞弊、改善管理，保证投资目标的顺利实施

的一种活动。

项目审计程序主要包括的步骤有：项目审计启动、建立项目审查基准、实施项目审计、准备项目审计报告、项目审计终结。

项目费用审计包括：项目计划时期的费用审计、项目实施过程中的费用审计、项目结束时的费用审计。

审计项目的内容。

财务预测：所谓财务预测，就是财务工作者根据企业过去一段时期财务活动的资料，结合企业现在面临和即将面临的各种变化因素，运用数理统计方法以及结合主观判断，来预测企业未来财务状况。

财务分析：它是以财务报表和其他资料为依据和起点，采用专门方法，对企业的经营成果、财务状况及其变动进行系统分析，反映企业在运营过程中的利弊得失、发展趋势，从而为改进企业财务管理工作和优化经济决策提供重要的财务信息。

财务分析的指标：主要包括偿债能力指标、资产管理能力指标和盈利能力指标。

思 考 题

1. 项目审计的含义是什么？
2. 简述项目审计的几个阶段？
3. 试述项目审计的内容？
4. 有效进行工程项目审计应注意哪些事项？

阅读材料

一、掌握项目成本审计的两种方法

（1）以项目建设资金为主线，采取财务审计和工程审计相结合的方式，寻找审计突破口。建设项目的审计包括工程和财务两个方面。要想核实建设项目成本的真实性，必须采取财务审计和工程审计相结合的方法，才能找到审计的突破口。该建设项目的审计，就是审计组在审计中紧紧抓住资金这条主线，通过财务审计中暴露的线索，产生了对项目工程结算是否真实的质疑，从而抽查部分子项目的工程结算，在实地查看现场、核对图纸、审查套取的定额基础上，发现施工单位存在虚报、调换数量、高估单价等方式多计结算费用的问题，并针对在抽审结算时发现的材料结算单价高于招投标所定价格情况进行延伸审计，确定材料结算采购加价的违规事实。

(2) 采取项目审计与审计调查相结合的方式,通过运用计算机辅助审计技术,开展项目效益审计。该项目在审计的同时还包含了对部分内容的审计调查,而审计调查最终的结果也将直接揭示该项目建设效果。为了实事求是地反映该项目建设的效果,并提高调查的科学性,审计组结合目前投资审计工作提出的建设项目审计向经济效益审计延伸的审计思路,采取项目审计与审计调查相结合的方式,以审计中收集的资料和数据为基础,运用计算机辅助审计技术,对该项目开展经济效益评审。并针对效益评审的结果,仔细分析和调查,找到影响项目效益的敏感性因素。

此外,还要熟悉项目成本审计报告的基本格式。

二、了解项目审计的操作步骤

工程项目成本审计,主要是审计工程项目成本的预算收入、实际支出及成本计划的执行情况。

第一步,熟悉、研究送审结算资料。在审计实施前熟悉、研究投标报价书及结算书等相关资料,对投标报价书中每个综合定额子目包括哪几个单项子目、每个单项子目包括哪几项工作内容都要进行充分了解;对结算书中包括哪些计价内容,做到心中有数,使得在踏看施工现场过程中有针对性、重点性地落实变更项目。如图纸设计楼地面采用水磨石面层,在工程实施过程中,建设单位变更内墙面采用瓷砖墙裙,施工单位在结算中增加了内墙面贴瓷砖子目,减少了相应的内墙面抹灰及涂料子目,看似已对变更作了调整调减。审计人员经过对原投标报价书及标底等相关资料研究后,发现原投标报价书中,楼地面水磨石面层综合定额子目中包含水磨石贴脚线单项子目,而通过现场踏看,实际施工中取消了该项目。因此,认为还应扣除原投标书中水磨石贴脚线单项子目。又如图纸设计屋面防水采用 SBS 防水卷材,通过现场踏看,并经过审计人员及甲、乙双方认定,实际施工只做了一层 SBS 防水卷材。审计人员经过对原投标报价书及标底等相关资料查看后,发现投标报价书套用了综合定额 SBS 卷材子目,又没有对子目进行相关换算,认定已按二层 SBS 防水卷材计入报价中,因此,应扣除原投标报价书中 SBS 防水卷材二层与一层之间的差额。

第二步,对工程项目预算成本收入审计。在实施工程项目预算成本收入审计时,应根据预算成本收入的组成内容,审查已完工工程,看有否高估冒算或少算、漏算;设计变更和隐蔽工程等增减项目的工作量有否作为当期收入,未完工程的工作量有否剔除;统计、业务、会计"三算"是否一致;临时设施、管理费用、劳保基金、计划利润"四项费用"是否按规定分解提取,由于压标造成减少"四项费用"收入而影响工程项目预算成本收入的幅度;对预算成本收入项目(指人工费、材料费、机械费等)的分解是否合理。

第三步,对工程项目实际成本支出审计。工程项目实际成本支出项目内容多,涉及面广,审计时主要看工程项目实际成本支出的核算、分配、结转是否合法、合规、合理;工程预算成本收入和实际成本支出的口径是否一致;预提费用、待摊费用、周转材料摊销、材料(产品)成本差异分配和结转是否合理;属于项目成本开支的期间费用(如管理费、间接费)的核算是否合理,有否乱摊乱挤项目成本。具体应审计以下内容:

(1)人工费支出审计。主要审计工程项目人工费结算情况和节超原因;有否任意扩大工程量和提高结算单价;估工、包工开支的人工费是否合理;预算收入的人工单价与实际支出的人工单价是否一致,有否人为地多估冒算或重复计算人工费等。

(2)材料费审计。工程项目的经济效益主要来源于材料费用的节余,如果材料费用管理不善,容易发生被盗、毁损、盘盈、盘亏等。因此,材料费用的审计是工程项目实际成本审计的重点。材料费的审计必须从材料购入(调拨)、耗用和管理等环节入手,着重审计造成材料量差和价差的因素。

①材料采购审计。主要审计材料采购价格是否合理,是否货比三家、价比三家;材料质量是否符合要求,有否以次充好,材料有否短斤少两;材料运输损耗是否合理,运输途中材料有否丢失或短缺。

②材料耗用审计。对材料耗用的审计,主要审计工程项目预算收入的材料费用与实际耗用是否相配比;预算配料的材料数量与实际耗用的材料数量是否一致,有否人为地多耗或少耗;周转材料是否按财务规定进行摊销,大堆材料有否按配比报销;材料差异是否按规定进行分配;对盘盈、盘亏、毁损的材料是否按规定手续进行财务处理。

③材料管理审计。主要是对材料计划的申请、材料采购(调拨)、运输、保管、库存材料的多少等过程进行审计。首先看材料计划是否合理,是否按工程进度要求进料,材料保管有否被盗、毁损;库存材料有否积压;材料的账物是否相符,材料收发手续是否完备,有否出现漏洞等。

(3)机械费用审计。机械费用主要审计施工组织设计,施工方案的选择,机械化施工程度和机械利用率、完好率,机械油料消耗定额执行情况以及机械正常保养、维修,内部单位的机械台班费结算是否合理等。

(4)工程项目间接审计。工程项目间接审计主要审计属于工程项目开支的间接费用,如工程项目的非生产人员有否超编,差旅费、办公费等有关费用有否扩大,工程项目内部经济分配是否合理,工资、奖金、补贴等发放是否符合有关规定等。

第四步,出具审计报告。

参 考 文 献

[1] 赵涛,潘新鹏.项目成本管理[M].北京:中国纺织出版社,2004.
[2] 李春好,曲久龙.项目融资[M].北京:科学出版社,2004.
[3] 刘明.最新 PMP 认证考试指南与练习[M].北京:电子工业出版社,2003.
[4] 陈良华.成本管理[M].北京:中信出版社,2006.
[5] 杰克·吉多,詹姆斯·克莱门斯.成功的项目管理[M].张金成,等译.北京:机械工业出版社,1999.
[6] 毕星,翟丽.项目管理[M].上海:复旦大学出版社,2000.
[7] 美国项目管理学会(PMI).项目管理知识体系指南[M].卢有杰,王 勇译.北京:电子工业出版社,2006.
[8] 郭继秋,唐慧哲.工程项目成本管理[M].北京:电子工业出版社,2005.
[9] 白思俊.现代项目管理[M].北京:机械工业出版社,2002.
[10] 孙慧.项目成本管理[M].北京:机械工业出版社,2005.
[11] 科兹纳.项目管理:案例与习题集[M].7 版.杨爱华,译.北京:电子工业出版,2002.
[12] 王景山.项目投资与管理[M].北京:机械工业出版社,2004.
[13] 帕维兹·拉德.项目估算与成本管理[M].北京广联达慧中软件技术有限公司,译.北京:机械工业出版社,2005.
[14] 林师健.项目成本管理[M].北京:对外经济贸易出版社,2007.
[15] 赵涛.项目成本管理[M].北京:中国纺织出版社,2004.
[16] 王凡林,石贵泉,关红军.现代项目管理精要[M].济南:山东人民出版社,2006.
[17] 吴之明,卢有杰.项目管理引论[M].北京:清华大学出版社,2000.
[18] 钱明辉,凤陶.项目管理——晋升为经理人的敲门砖[M].北京:中华工商联合出版社,2001.
[19] 袁义才,陈军.项目管理手册[M].北京:中信出版社,2001.
[20] 凯西·施瓦尔贝.IT 项目管理.王金玉,时彬,译[M].北京:机械工业出版社,2006.
[21] 纪燕萍,张娴娜,王亚惠.世纪项目管理教程[M].北京:人民邮政出版社,2008.